پیاری آپی کے لیے

از طرف
معین منصور
22-11-13.

کھیل تماشا

اشفاق احمد

سنگِ میل پبلی کیشنز ۔ لاہور

891.4393 Ishfaq Ahmad
Khail Tamasha/ Ishfaq Ahmad.-
Lahore : Sang-e-Meel Publications, 2007.
216pp.
1. Urdu Literature - Novel.
I. Title.

2007
نیاز احمد نے
سنگ میل پبلی کیشنز، لاہور
سے شائع کی۔

ISBN 969-35-1087-9

Sang-e-Meel Publications
25 Shahrah-e-Pakistan (Lower Mall), P.O. Box 997 Lahore-54000 PAKISTAN
Phones: 7220100-7228143 Fax: 7245101
http://www.sang-e-meel.com e-mail: smp@sang-e-meel.com
Chowk Urdu Bazar Lahore. Pakistan. Phone 7667970

حاجی حنیف اینڈ سنز پرنٹرز، لاہور

اپنے والد

اور

انکے دوستوں چاچا شیر سنگھ

بھائی کرتار سنگھ اور تایا لابھ سنگھ

کے نام

ا

بازار سے گزرتے ہوئے میں نے دیکھا کہ چوک میں بہت سے لوگ جمع ہیں اور انہوں نے کسی شخص کو گھیر رکھا ہے۔ مجھے وہ شخص تو نظر نہیں آیا البتہ گروہ کے شور اور لوگوں کی تعداد سے اندازہ ہوا کہ کوئی اہم واقعہ ہو گیا ہے اور لوگ بہت ہی غصے میں ہیں۔

ہمارے تخت پور کا یہ چوک نانک شاہی اینٹوں کے فرش کا پکا چوک تھا اور اس کے چاروں طرف منیاری' کپڑے' صرافے' برتنوں اور پنساریوں کی بڑی بڑی دکانیں تھیں۔ ان کے درمیان نک سک کی دوسری چھوٹی چھوٹی دکانیں بھی تھیں جن کے کوٹھے ننگے تھے اور ان پر بوریوں کے ٹاٹ والے چھوٹے چھوٹے بیت الخلا تھے۔ بڑی دکانوں پر ان کے سائز کے مطابق پکے چوبارے تھے جن کی سیڑھیاں دکانوں کے پہلو سے چڑھتی تھیں اور کھڑکیاں چوک میں کھلتی تھیں۔

چوک کے درمیان میں سیمنٹ کا ایک خشک فوارہ تھا جسے کمیٹی نے پانی کا کنکشن نہیں دیا تھا' حالانکہ یہ فوارہ بھی کمیٹی کا تھا اور پانی بھی کمیٹی کا لیکن محصول چنگی کے کسی آئٹم پر جھگڑے کی وجہ سے فوارے کو پانی سے محروم کر دیا گیا تھا۔ اس فوارے کے اندر مزدور اپنی پگڑیاں بچھا کر اور بوریوں کو گچھا مچھا کر کے تکیے بنا کے سوتے تھے۔ فوارے کے باہر ان کی ہتھ گاڑیاں کھڑی ہوتیں اور گاڑیوں کے نیچے بازار کے کتورے اور ان کے دوست کتورے چھوٹے چھوٹے پیشاب کر کے دیر دیر تک سویا کرتے۔

جن لوگوں نے چوک میں ایک شخص کو گھیرا ہوا تھا وہ اس فوارے کے پاس جمع تھے اور آگے بڑھ بڑھ کر اس شخص کو لپڑ' مکے اور ٹھڈے مار رہے تھے۔ وہ شخص زمین پر گرا ہوا تھا اور آدمیوں کا گروہ اس کے گرد ایک قد آدم تنور کی طرح گھیرا ڈالے کھڑا تھا۔ میں نے آگے بڑھ کر اس تنور کے شگاف میں اپنی تھوتھنی گھسا کر دیکھا کہ ایک نوجوان سا لڑکا ہے۔ سر پر

ڈبیوں والا رومال کس کے بندھا ہوا کالر والی نیلی قمیص، سفید شلوار، پاؤں میں ادھوڑی کے جوتے اور چہرے پر ڈاڑھی کی نئی نئی فصل۔ وہ چوک کے نانک شاہی فرش پر اکڑوں بیٹھا تھا اور اس نے اپنا سر زانوؤں میں دبا رکھا تھا۔

جب لوگوں نے "مارو مارو...... اور مارو" کا نعرہ بلند کیا تو لالہ رام چند صراف نے عینک اتار کر کہا: "بھائی قانون کو اپنے ہاتھ میں نہ لو اسے پولیس کے حوالے کر دو۔"

"ٹھیک ہے بالکل ٹھیک ہے۔" سب نے لالہ جی کی تائید کی اور چور کو کھڑے ہونے کا حکم دیا۔

چور نے بھائی گور بخش سنگھ کتابوں والے کی دکان سے تاج کمپنی کا ایک قرآن شریف چرایا تھا اور اِدھر ادھر دیکھ کر اپنی قمیص کے اندر اڑس لیا تھا۔ بھائی گور بخش سنگھ کی دکان پر آدھی قیمت پر پرانی کتابیں بیچنے اور نئی کتابیں خریدنے والے طالب علموں اور ان کے والدین کا ہجوم تھا، کسی نے کوئی توجہ نہ دی۔ سامنے پر نامی شربت والے نے چوری کے اس سارے عمل کو سلو موشن میں بڑی تفصیل سے دیکھا تھا۔ اس نے چور کے کامیاب اقدام کو اپنی منحوس آواز سے ذلت و رسوائی میں تبدیل کر دیا۔ بھائی گور بخش سنگھ اپنے پھٹے سے ننگے پاؤں کود کر چور کو گردن سے پکڑ لائے اور سب کے سامنے اس سے مال مسروقہ برآمد کر لیا۔

یہ ہلکے سنہرے کارڈ بورڈ کی جلد والا قرآن شریف تھا، جس کی سورۃ فاتحہ پانچ رنگے بلاکوں میں چھپی تھی اور باقی کا سارا قرآن شریف دو رنگا تھا۔ ترجمہ مولوی فتح محمد جالندھری کا تھا اور حاشیوں پر ضروری وضاحت درج تھی۔

جب غصے میں بپھرا ہوا گروہ نوجوان کو دونوں بازوؤں سے پکڑ کر تھانے کی طرف لے چلا تو ماسٹر بالی اپنے چوبارے کی کھڑکی سے اس کشاں کشاں جلوس کو دیکھ کر ننگے پاؤں چوک میں اترے اور بھائی گور بخش سنگھ کا راستہ روک کر بولے: "کتنے کا ہے بھائی جی؟"

بھائی جی نے غصے سے ہاتھ جھٹک کر کہا: "خدا کا کلام انمول ہے اس کی کوئی قیمت نہیں ہوتی۔"

"میرا مطلب ہے تجارتی ادلا بدلا کتنی ہے؟" ماسٹر بالی نے شرمندگی ٹالتے ہوئے کہا:

"چھ روپئے" بھائی جی نے چور کو غصے سے گھورا اور اسے مارنے کو ایک بار پھر ہاتھ اوپر اٹھایا۔

ماسٹر بالی نے اپنے کلف لگے ململ کے کرتے کی جیب میں ہاتھ ڈالا اور ہلکے سے خوف سے ان کا چہرہ ذرا سا سنجیدہ ہو گیا۔ اس میں سے پانچ کا ایک نوٹ برآمد ہوا اور ماسٹر بالی نے

دھیمی آواز میں کہا: ”آپ یہ رکھیں بھائی جی میں ایک روپیہ جا کے بھجواتا ہوں۔“

جب بھائی گور بخش سنگھ نے پانچ کا نوٹ پکڑ لیا تو گروہ کا تنور مرغیوں کے الٹے ٹاپے کی طرح کھل گیا۔ پھر چھدرا ہونے لگا اور آہستہ آہستہ لوگ پرے ہٹتے ہٹتے غائب ہو گئے۔

میں نے ڈرتے ڈرتے جارج ششم کی مورت والا ایک روپیہ اپنی جیب سے نکالا اور ماسٹر بالی کی طرف اجازت طلب نگاہوں سے دیکھا۔ انہوں نے مسکرا کر اثبات میں سر ہلایا اور میں نے آگے بڑھ کر وہ روپیہ بھائی گور بخش سنگھ کو دے دیا۔ اپنے چھ روپے پورے ہو جانے کے بعد بھائی جی بڑبڑ کرتے اور گالیاں بکتے اپنی دکان کی طرف مڑ گئے۔

وہ نوجوان ابھی تک اسی طرح کھڑا تھا اور اس کی ناک سے خون بہہ رہا تھا۔ جب ماسٹر بالی نے محبت سے چمکار کر کہا: ”جاؤ بیبا جاؤ“ تو اس کی آنکھوں سے آنسوؤں کا سیلاب بہہ نکلا۔ وہ روتا جاتا تھا۔ قرآن شریف کو چومتا جاتا تھا اور نکسیر کی وجہ سے سنہرے کارڈ بورڈ کا ٹائیٹل کتھئی ہوتا جا رہا تھا۔

ماسٹر بالی نے جاتے ہوئے نوجوان پر اپنی نگاہیں گاڑ کر دونوں ہاتھ دعا کیلئے اٹھائے۔ دل ہی دل میں کچھ کہا اور میری طرف دیکھے بغیر فرمایا: ”کل میرے چوبارے پر تشریف لا کر روپیہ لے جائیے گا۔ آپ کا بہت بہت شکریہ۔“

ماسٹر بالی کلارنٹ بجاتے تھے اور لچھو بساطی کے چوبارے میں اکیلے رہتے تھے۔

ہمارا تخت پور کوئی بڑا شہر نہیں تھا ضلع کی ایک تحصیل تھی۔ پہلے اس کو سرکاری کاغذات میں قصبہ لکھتے تھے لیکن 1935ء میں جارج پنجم کی سلور جوبلی پر اسے شہر لکھا جانے لگا۔ بائیس ہزار کی آبادی۔ ایک بڑا تحصیلدار ایک چھوٹا۔ ایک سب انسپکٹر ایک اے ایس آئی۔ تھانے کے علاوہ گھڑ سوار درلی جتھہ۔ چھوٹی گیج کا چار سگنلوں والا ریلوے سٹیشن۔ ایک ایل ایس ایم ایف ڈاکٹر۔ دو ٹرینڈ کمپاؤنڈر۔ لاریوں کے اڈے ساتھ برف کا کارخانہ۔ گئوشالہ کی تنگ گلی میں ٹھنڈو رام کی بوتلیں بھرنے والی مشین اور قبرستان کے پاس لالہ نتھو رام کی جننگ فیکٹری۔ لوگ شام کے وقت اس فیکٹری کے پھاٹک پر لالہ جی کی ذاتی بجلی کے لاٹو جلتے دیکھنے جاتے تھے۔ ہمارے شہر میں سب کچھ تھا بس ایک بجلی نہیں تھی اور بجلی کے نہ ہونے سے باہر کے لوگ ہمارے شہر کو قصبہ ہی سمجھتے تھے اور قصبہ ہی کہتے تھے حالانکہ یہاں دنیا بھر میں دوسرے نمبر کا گوردوارہ تھا اور نہنگوں کا بہت بڑا استھان تھا۔

موگا تو صرف آنکھیں بنانے والے ڈاکٹر متھرا داس کی وجہ سے مشہور تھا، لیکن ہمارا

شہر ضلع بھر میں سب سے بڑی اناج منڈی اور اپنے گوردوارے کی وجہ سے پنجاب میں شہرت رکھتا تھا۔ یہاں کے لوگ بڑے بانکے اور اپنی مرضی کے مالک تھے۔ بڑی بڑی...... اور سورما قسم کی عورتوں کو ادھال کر لے جانا ان کا محبوب مشغلہ تھا۔ لمبی لمبی جیلیں کاٹ کر جب ملزم واپس اپنے شہر آتے تو ریلوے سٹیشن پر بینڈ باجے کے جلو میں اپنے گھر جاتے جہاں بڑے بڑے تنبوؤں میں میٹھے چاول کی دیگیں غریبوں میں تقسیم کی جاتیں اور مٹی کے آبخوروں میں برف ڈال کر شکر کا شربت پلایا جاتا۔

ماسٹر بالی بینڈ میں کلارنٹ بجاتے تھے، لیکن بینڈ والوں کی وردی نہیں پہنتے تھے۔ سفید کلف لگا ململ کا کرتہ اور چابی کے لٹھے کی کھڑ کھڑ کرتی شلوار۔ کانوں میں سونے کی نیتیاں اور آنکھوں میں بھاری سرمہ۔ چھوٹی چھوٹی سیاہ مونچھیں۔ چوڑا ماتھا۔ پاؤں میں ریشمی ٹائی کی سیاہ گرگابی اور کلائی پر موٹے شیشے کی ویسٹ اینڈ گھڑی۔ بینڈ سے الگ تھلگ ایک طرف ہو کر کلارنٹ بجاتے اور دھن کا ساتھ نہ دیتے۔ جب وقفہ ہوتا تو دھیمے سروں میں اپنا ساز چھیڑتے اور سروں کی سیڑھیاں چڑھتے چڑھتے ایک اونچی کوک فریاد قائم کر کے بند دروازے پر ایک صدا سی لگاتے اور کلارنٹ منہ سے نکال کر کھڑے ہو جاتے۔ وہ بینڈ کا ایک حصہ نہیں تھے' بینڈ ان کا ایک جزو تھا۔ خود بینڈ والوں میں شامل نہیں تھے سارا بینڈ ان کی فرع تھا' پتہ نہیں وہ اس کام کی اجرت بھی لیتے تھے یا نہیں البتہ وہ بینڈ والوں کے کہنے پر آ ضرور جاتے تھے۔ واپسی پر وہ اپنا کلارنٹ کیس ہاتھ میں لٹکائے جاتے بھی اکیلے تھے اور اسی طرح آتے بھی اکیلے تھے۔ میں نے انہیں نہ تو کبھی گلیوں بازاروں میں گھومتے دیکھا اور نہ دوستوں یاروں کی سنگت میں موجود پایا۔ کچھ اس طرح سے تھے کہ یہیں کہیں تھے اور کچھ ایسے رہتے تھے کہ ہر وقت غیر حاضر سے نظر آتے۔ چلتے تو نا معلوم سے گزر جاتے۔ انتہائی خاموشی کے باوصف ان کی آنکھوں میں بلا کی فصاحت تھی۔ اپنی نرم روی اور خوشگوار مسکراہٹ سے انہوں نے اپنے اور لوگوں کے درمیان لاتعلقی کا ایک پردہ کھینچ رکھا تھا اور لاتعلقی کی یہ نرمی اس قدر سخت تھی کہ اس پردے کی اوٹ سے کچھ بھی نظر نہ آتا تھا۔

جب میں سکول میں پڑھتا تھا تو ماسٹر بالی میرے ہیرو تھے اور جب میں کالج میں داخلہ لے کر گرمیوں کی چھٹیوں میں واپس گھر آیا تو ان کی شکل ایسے محبوب کی سی ہو گئی تھی جس کے ساتھ ہر وقت بھاگ جانے کو جی چاہنے لگے۔ وہ عمر میں مجھ سے تین چار سال بڑے ہوں گے، لیکن رتبے میں بہت آگے پہنچے ہوئے تھے۔ اتنے آگے کہ اس سے آگے اور کچھ ہوتا ہی

نہیں۔نہ منزل نہ نشان نہ خیال نہ واہمہ۔

میں ماسٹر بالی سے ملنا چاہتا تھا اور مل نہ سکتا تھا۔بات کرنی چاہتا تھا اور میرا حوصلہ نہ پڑتا تھا۔دیکھنا چاہتا تھا اور وہ نظر نہیں آتے تھے۔ان کی ذات میں ایک عجیب طرح کا شفقت آمیز تہور تھا جیسے ایرینا میں داخل ہونے والے بُل کے وجود پر ہوتا ہے۔اسے معلوم تو ہوتا ہے کہ وہ مغلوب ہو جائے گا، لیکن یقین نہیں ہوتا۔ماسٹر بالی بھرے پرے شہر کے سنسان ایرینا میں سنگھارے ہوئے بُل کی طرح موجود تھے حالانکہ نہ ان کی کوئی تعلیم تھی، نہ امیر تھے، نہ عالی نصب، نہ ہی ان کی کوئی بیک گراؤنڈ تھی۔

اگلے روز جب میں ان سے اپنا روپیہ واپس لینے کیلئے ان کی سیڑھیاں چڑھا تو چارپائی پر آلتی پالتی مارے اپنا کلارنٹ صاف کررہے تھے۔مجھے دیکھ کر مسکرائے اور سامنے پڑے ہوئے مونڈھے پر بیٹھ جانے کا اشارہ کیا۔وہ بڑی دیر تک اپنے کلارنٹ کے ٹوٹے صاف کرتے رہے اور میں بڑی دیر تک اس طرح بیٹھا رہا۔پھر انہوں نے چہرہ اوپر اٹھائے بغیر آہستہ سے کہا "وہ نوجوان کسی قریبی گاؤں کا معلوم ہوتا تھا۔"

"جی" میں نے مرعوب ہو کر ویسی ہی آہستگی سے جواب دیا۔

"اگر اپنے تخت پور کا ہوتا تو پہلے بھی کہیں ضرور نظر آتا۔"

"جی! درست ہے" میں نے ان کا فرمانا تسلیم کرتے ہوئے کہا "وہ کسی قریبی گاؤں ہی کا تھا اور قرآن شریف لے کر اپنے گاؤں ہی چلا گیا۔"

"لوگ بھی بڑے مؤرکھ ہوتے ہیں" انہوں نے دکھی لہجے میں کہا۔

"جی بیشک، مورکھ بھی ہوتے ہیں اور ظالم بھی۔"

"اور یہ سارا ظلم مورکھتائی کی وجہ سے ہے" انہوں نے سر اوپر اٹھائے بغیر کہا "اگر بات سمجھ میں آجائے تو انیائے ختم ہو جاتا ہے۔پر بات سمجھ میں آتی نہیں، ادھر ادھر سے گزر جاتی ہے......اسے مارنا نہیں چاہیے تھا۔"

"اس نے چوری جو کی تھی ماسٹر جی" میں نے حوصلہ کر کے کہا "تو پھر لوگوں نے اسے مارنا ہی تھا ناں۔"

وہ تھوڑی دیر اسی طرح چپ چاپ بیٹھے رہے پھر اپنے آپ سے کہنے لگے "صاحبزادے! ہم سبھی چور ہیں، کوئی مول کا چور کوئی بیاج کا چور۔کوئی چور کا چور کوئی یار کا چور! یہ سارا بادھا پسارا چوری یاری کا ہی ہے۔وہ چور نہیں تھا یار تھا۔"

''کون چور نہیں تھا'' میں نے گھبرا کر پوچھا۔

''وہی نوجوان جس نے قرآن شریف چرایا تھا۔''

پھر وہ اپنے سامان کو اسی طرح چھوڑ کر اندر کمرے میں چلے گئے۔

ماسٹر بالی کا چوبارہ ایک مستطیل کمرے اس کے سامنے تقریباً اسی سائز کے برامدے اور برامدے سے ذرا سے بڑے صحن پر مشتمل تھا۔ برامدے اور صحن کے رقبے پر شطرنجی ٹائیلوں کا فرش تھا۔ صحن کی بازار والی سائیڈ سرخ سیمنٹ کی تھی جس میں دس بارہ آدمیوں کے بیٹھنے کی ایک نشست گاہ تھی۔ سرخ سیمنٹ کی اسی نشست گاہ میں بیٹھے آدمی ذرا سی گردن گھما کر نیچے بازار میں دیکھ سکتے تھے اور بازار سے گزرنے والا شخص ذرا سی نگاہ اٹھا کر اوپر بیٹھے ہوئے آدمیوں کی سریاں دیکھ سکتا تھا۔ برامدے کے کونے میں پانی سے بھرا ایک نمناک گھڑا تھا جس کے گلے میں چنبیلی کے نازک نازک پھولوں کا ایک ہار تھا۔ ساتھ ہی ایک چھوٹی سی تپائی پر مٹی کی ایک کوری کنالی میں شیشے کا گلاس اوندھا رکھا ہوا تھا اور کنالی چنبیلی کے پھولوں سے بھری ہوئی تھی۔

تھوڑی دیر بعد ماسٹر بالی کمرے سے برآمد ہوئے' ان کے ہاتھ میں نیلے رنگ کا ایک ربن تھا اور دوسرے ہاتھ کی مٹھی بند تھی۔ ان کے آنے پر میں مونڈھے سے اٹھ کر کھڑا ہو گیا تو انہوں نے بیٹھنے کا اشارہ کرتے ہوئے اپنی مٹھی کھول کر جارج ششم کا ایک قدرے میلا سا روپیہ میری طرف بڑھا کر کہا ''صاحبزادے یہ آپ کا روپیہ ہے''...... میں نے روپیہ ان کے ہاتھ سے لے لیا اور اسی طرح کھڑا رہا۔ وہ اپنی چارپائی پر بیٹھ کر کلارنٹ کیس پر نیلا ربن باندھنے لگے اور میں اپنی جگہ پر بدستور کھڑا رہا۔

انہوں نے نگاہیں اوپر اٹھائے بغیر دھیمے سروں میں کہا ''بیٹھو صاحبزادے' بیٹھو'' تو میں نے حوصلہ کر کے اپنے دائیں ہاتھ کے نیچے بایاں ہاتھ رکھ کر وہ روپیہ ان کی طرف بڑھاتے ہوئے ہولے سے کہا ''مجھے اپنا شاگرد کر لیں'' وہ میرے رویے کی اس اچانک تبدیلی پر حیران ہو کر میری طرف دیکھنے لگے اور ہنس کر بولے ''شاگرد! آپ کو! وہ کس لیے؟''

میں نے کہا ''میں بانسری بجانا چاہتا ہوں اور آپ کی شاگردی میں آنے کا خواہشمند ہوں۔''

''ناں بھائی ناں'' انہوں نے نفی کے انداز میں اپنا ہاتھ ہلایا اور خوشگوار لہجے میں بولے ''میں استادی شاگردی نہیں کرتا۔ ناں میرے میں اتنی قابلیت ہے کہ کسی کو اپنا شاگرد

بناؤں۔ یہ تو بس ایسے کھیل تماشا ہے۔ تمہاری مہربانی۔"

میں آگے بڑھ کر ان کی چارپائی کے پاس زمین پر بیٹھ گیا اور لجاجت سے بولا "آپ میں قابلیت ہو یا نہ ہو' یہ سب کھیل تماشا ہو یا نہ ہو' میں آپ کی شاگردی میں آنا چاہتا ہوں اور آپ کا شاگرد ہو کر رہنا چاہتا ہوں۔" انہوں نے کہا "تم ایک معزز گھرانے کے فرزند ہو اور یہ کسب مانگت لوگوں کا ہے۔ تمہارے گھر والے یہ کس طرح برداشت کریں گے کہ ان کا بیٹا فقیر ہو جائے اور کوک فریاد کرنے لگے۔ اس خیال کو دل سے نکال دو اور پڑھو لکھو۔ بڑے افسر بنو۔ ماں باپ کا نام روشن کرو اور اس شہر کی عزت بناؤ کہ ہم بھی کہہ سکیں ہمارے تخت پور کا بیٹا ڈپٹی کمشنر لگا ہوا ہے۔"

میں نے کہا "صاحب میرے میں ڈپٹی کمشنر بھی ہو جاؤں گا اور ماں باپ کا نام بھی روشن کر لوں گا' لیکن میں آپ کا شاگرد بن کر بھی رہنا چاہوں گا' مجھے قبول فرمائیے۔"

انہوں نے کہا "تم بانسری کیوں بجانا چاہتے ہو؟"

"اس لیے کہ بانسری کی آواز مجھے اچھی لگتی ہے۔"

"اگر تم کو بانسری سے بھی اچھی کوئی اور آواز مل گئی تو کیا بانسری چھوڑ دو گے؟"

میرے پاس اس سوال کا کوئی جواب نہ تھا۔

کہنے لگے "اگر اپنے محبوب سے کوئی اچھا چہرہ نظر آ گیا تو محبوب کو چھوڑ دو گے۔ اپنے دین دھرم سے کوئی اچھا دین دھرم مل گیا تو اپنے دین کو چھوڑ دو گے؟"

میں اسی طرح بے جواب اور بے کلام' نکھرا سا فرش پر بیٹھا رہا تو انہوں نے روپیہ میرے ہاتھ کے کوزے سے اٹھا لیا اور کہا "استادی شاگردی کوئی نہیں' آج سے تم میرے چھوٹے بھائی ہو اور جب تک ہم دونوں میں سے کوئی بھی موجود ہے تم میرے بھائی ہی رہو گے۔" میں نے ان کا ہاتھ اپنی مٹھیوں میں بھینچ کر چہرے سے لگا لیا اور میرا رونا نکل گیا!

پیتل کی وہ بانسری جس پر میں نے دو تین دھنیں پکی کی ہوئی تھیں وہ میرے استاد کو پسند نہ آئی۔ دراصل انہیں میرے بجانے کا انداز اور میری کارکردگی مناسب معلوم نہ ہوئی اور انہوں نے مجھے یہ کہہ کر روک دیا کہ جب تک صحیح قسم کی بانسری نہیں ملتی مشق جاری نہیں کرائی جا سکتی اور جب تک مشق جاری نہیں ہوتی اس وقت تک صرف میل جول اور بات چیت پر اکتفا کیا جاتا ہے۔

گرمیوں کی چھٹیاں تھیں اور میں شام پانچ کے بعد ان کی خدمت میں حاضر ہوتا تھا۔ کبھی

کبھی ان کے پاس کوئی ایسا آدمی بھی نظر آجاتا جس سے میں بالکل ناواقف ہوتا۔ وہ اس کے ساتھ میرا تعارف نہیں کراتے تھے' البتہ باتوں میں خود ہی کھل جاتا تھا کہ کون آدمی ہے اور کس غرض سے آیا ہے۔ ان لوگوں میں بیشتر لوگ اہل حرفہ ہوتے تھے۔ کوئی ترخان کوئی جولاہا' کوئی کمہار اور کوئی گانے بجانے والا جو کسی راگ راگنی کا الٹ پھیر سمجھنے کیلئے ان کے پاس آتا تھا۔ گوردوارہ صاحب کے نیلی پگڑیوں والے اکالی اور پٹی جوڑی بجانے والے راگی تقریباً ہر روز ہی وہاں آتے تھے اور شبد کیرتن کے بارے میں ان سے رائے لیا کرتے تھے۔ ان لوگوں کی آپس کی باتیں میرے لئے بڑی مفید ہوتیں اور راگ ودیا کی سکھشا میں بہت مدد دیتیں۔

ماسٹر صاحب مجھے "صاحبزادہ" کہہ کر بلاتے تھے اور مجھے اس تخاطب سے بڑی کوفت ہوتی تھی۔ ایک روز میں نے جرأت کر کے ان سے کہہ ہی دیا کہ اس خطاب سے مجھے بڑی ندامت ہوتی ہے اس لیے مجھے میرا نام لے کر بلایا کریں تو انہوں نے مسکرا کر کہا "بھئی تمہارا نام اتنا بے وزن اور بے سرا ہے کہ ہم سے پکارا نہیں جاتا۔" میں نے کہا 'آپ جس نام سے مجھے پکارنا چاہیں وہی میرا اصل نام ہوگا۔"

کہنے لگے "پھر ٹھیک ہے' اپنا پہلا اور آخری حرف چھوڑ دو۔ میں تمہیں شفا کے نام سے بلایا کروں گا۔" میرے لئے اس سے اچھا اور کیا نام ہو سکتا تھا' بخوشی منظور کر لیا اور اپنے آپ کو شفا ہی سمجھنے لگا۔ تھوڑے دنوں بعد جب ان کے ملنے ملانے والوں نے میرے نام کو ندائیہ صورت دی تو میں شفائی کہلانے لگا۔ لیکن میرا یہ نام صرف ان کی محفل تک محدود تھا۔ میرے گھر والوں یا شہر کے لوگوں کو اس تبدیلی نام کا کوئی علم نہ تھا۔

لوگوں کی محفل میں میں ماسٹر صاحب کو "جناب" کہہ کر مخاطب کرتا۔ اکیلے ہوتے تو میں "سرکار" کہہ کر بلاتا اور جب کسی کیفیت کا عالم ہوتا تو میرے منہ سے بے اختیار "مہراج" نکل جاتا۔

سیالکوٹ سے چھ چابیوں والی بوزی کی پکلو فلوٹ پہنچ چکی تھی اور میں نے باقاعدگی سے اس پر سرگم کی پریکٹس شروع کر دی تھی۔ ایک مہینہ گزرنے کے باوجود اور لگن دھیان کی پریکٹس کے باوصف انہوں نے مجھے آگے کوئی سبق نہ دیا۔ البتہ ان کی غیر موجودگی میں چوری چوری میں کچھ ایسی خود ساختہ بندشیں بجانے لگا تھا جو مجھے بڑا لطف دیتیں اور میں اپنے آپ کو داد دیتے ہوئے خود ہی سر دھنا کرتا۔ ایک روز انہوں نے سیڑھیاں چڑھتے ہوئے رک کر کوئی ایسی ہی بندش سنی تو اوپر آکر فرمایا "شفائی! یہ کام جو تم نے شروع کیا ہے ٹھیک

نہیں، اس سے کوئی مسئلہ حل نہیں ہو گا۔"

میرے اوسان خطا ہو گئے اور اپنی چوری پکڑے جانے پر میں پتھر کی مورت بن گیا!

انہوں نے چارپائی پر بیٹھتے ہوئے اپنا کلارنٹ اٹھایا اور ایک زمزمہ لے کر سرگم بجانی شروع کر دی۔ میں سمجھا یہ میرے لیے سنگت کا حکم ہے۔ پکلو ہونٹوں سے لگا کر میں نے بھی سرگم میں ساتھ دینا شروع کیا تو انہوں نے سر کے اشارے سے روک دیا۔ تھوڑی دیر سرگم کے الٹ پھیر کے بعد انہوں نے ہاتھ میری طرف بڑھایا اور کلارنٹ پکڑا کر بولے "اسے بجاؤ اگر کچھ بجانا ہے تو۔ یہ فلوٹ وغیرہ واہیات ساز ہیں، مصنوعی عشق بازی کے بہانے۔"

میرے ہاتھوں کے طوطے اڑ گئے۔ اتنا بڑا ساز، ٹیڑھی سیدھی چابیاں، استادوں کا ورثہ، گورو کا ناد۔ میں اسے کس طرح اپنا سکتا ہوں۔ ساری عمر بھی ریاض کروں تب بھی سرگم کے جال سے نہیں نکل سکتا۔ یہ تو جل دیوتا کا ساز ہے جو آدھی رات کو سمندر سے نکل کر بجاتے ہیں اور پھر آخری سروں کے ساتھ سمندر ہی میں ڈوب جاتے ہیں۔ میں اسے کدھر سے بجالوں گا! اور میں وہ پھونک کہاں سے لاؤں گا جو مرنے اور جینے کے درمیان ہوتی ہے اور خود ہی فیصلہ کرتی جاتی ہے کہ کلارنٹ نواز کو جینا ہے کہ مرنا ہے۔ کلارنٹ کو ہاتھ سے چھوٹ کے گرنا ہے یا پھر سے ٹوٹے ہو کر کیس میں بند ہونا ہے۔ میں مہراج کا کلارنٹ ہاتھوں میں لئے بیٹھا تھا اور مہراج چارپائی پر بیٹھے میری طرف غور سے دیکھ رہے تھے۔

ماسٹر صاحب کا معمول تھا کہ سردیاں گرمیاں فجر سے پہلے منہ اندھیرے اٹھ کر اپنے صحن میں آ کھڑے ہوتے اور گوردوارہ صاحب کے کلس کی طرف منہ کر کے کلارنٹ پر آسا کی وار بجاتے۔ بازار کا خاموش اور چپ چاپ چوک وار کی آنس دینے لگتا اور ساری خاموش فضا اس آواز سے لبریز ہو جاتی۔ ہرنام سنگھ سوڈھی جو ہمارے علاقے کے بہت بڑے بلکہ سب سے بڑے زمیندار تھے اپنی ریڑھی میں سوار ہو کر اس آواز سے بہت پہلے چوک میں پہنچ جاتے۔ ان کا ملازم جسا سوڈھی صاحب کی ریڑھی آہستہ آہستہ حویلی سے دھکیلتا ہوا چوک میں لے آتا اور دکان کے پھٹے پر بیٹھ جاتا۔ سردار صاحب پچھلے دس سال سے فالج کے مریض تھے اور سوائے اس ایک وقت کے اپنی حویلی سے باہر نہیں نکلتے تھے۔ جب تک کلارنٹ بجتا رہتا سردار صاحب کی آنکھوں سے آنسوؤں کی جھڑی ان کی داڑھی اور گلے کے صافے کو بھگوتی رہتی۔ ان کے بچوں پوتوں اور نواسوں نے کئی مرتبہ کہا کہ وہ شدید گرمی اور سردی میں اسی طرح باہر نکل کر چوک میں نہ جایا کریں جب ضرورت پڑے ماسٹر بالی کو حویلی پر بلا کر

آسا کی وار سن لیا کریں لیکن سوڈھی صاحب نہیں مانتے تھے۔ خود ماسٹر صاحب نے ان کی خدمت میں حاضر ہو کر عرض کی تھی کہ آپ بزرگ ہیں اور بزرگوں کی سیوا ہمارا دھرم ہے میں حویلی میں آکر وار سنا جایا کروں گا' لیکن سوڈھی صاحب نے ان کی درخواست یہ کہہ کر ٹال دی تھی کہ تھوڑی دیر کو میں کھلی ہوا میں نکل کر واہگرو کے موسم کا نظارہ کر لیتا ہوں مجھے آنے ہی دو۔

اندھیرے چوک میں سوڈھی ہرنام سنگھ کی ریڑھی آجانے پر ماسٹر صاحب کو بھی علم ہو جاتا اور وہ کلارنٹ کی لے اور اونچی کر دیتے۔ کئی مرتبہ یہ وار سن کر سردار صاحب کی سسکیاں اتنی اونچی ہو جاتیں کہ وہ وار کی آنس دیتے ہوئے چوک کے ساتھ جھگڑا کرنے لگتیں اور ان کے درمیان گہری نوک جھونک ہوتی۔ جسّا اپنی افیون کی جھوک میں اسی طرح پھٹے پر گچھا مچھا پڑا رہتا اور سردار صاحب کی "داڑھی لوگڑ کی طرح بھیگتی رہتی۔ کئی مرتبہ وہ اپنی سسکیوں کے درمیان جسّے کو ہلکی ہلکی آوازیں دے کر بلاتے کہ "لے یہ ماسٹر بالی کو دے آ۔" "اٹھ جیایہ بالی کو بھینٹ کر آ" پر جسّے کو اپنے تن بدن کا ہوش نہ ہوتا اور وہ پل پر پڑی خچر کی طرح ناک اور نتھنوں سے آوازیں نکالے جاتا۔ مجھے یہ سب اس لیے معلوم ہے کہ صبح سویرے میں بھی چوک میں جانے لگا تھا اور قریب ہی لالہ رام چند صراف کے پھٹے پر بیٹھ کر آسا کی وار سننے لگا تھا۔ اس وار کے آخر میں سرکار کچھ سریں ایسی لگاتے تھے جو میری سمجھ میں نہیں آتی تھیں۔ جوڑ تو راگ کے اندر لگتا تھا پر سرتیاں کچھ باہر کی ہوتی تھیں' جیسے زمین پر چلتے چلتے کوئی سواری ہوا میں اڑنے لگے اور ہلکی سی بڑھت کے بعد پھر زمین پر لینڈ کر جائے۔ یہ بات پوچھنے کا مجھ میں حوصلہ نہیں تھا پر جاننے کیلئے ہر وقت بے چین رہتا تھا۔

مستری دان سنگھ میرے صاحب کا بڑا اچھا یار تھا۔ منہ پھٹ کافی اجڈ' غلیظ گفتگو کا رسیا۔ علم سے کورا اور راہ چلتوں سے ٹھٹھول کرنے کا عادی۔ لیکن حالات حاضرہ پر ایسے اچھے کبت جوڑتا تھا کہ جس دکان پر جا کر بیٹھتا لوگوں کے ٹھٹھ لگ جاتے اور سننے والے تالیاں بجا بجا کر اس کے کبتوں کی تان اٹھاتے۔ کلارنٹ کو وہ پھونکنی کہتا تھا۔ جب بھی ماسٹر صاحب کے چوبارے پر آتا سب سے پہلے یہی پوچھتا "او بھئی۔ کدھر ہے تیری پھونکنی۔ ایک دو پھونکیں مار کر ہمارے سینے کی انگیٹھی بھی سلگا دے' ایک پراٹھا ہم بھی سینک لیں۔" ماسٹر صاحب اس کی باتیں سن کر بہت خوش ہوتے اور اس کے لئے نیچے سے سوڈا واٹر ضرور منگواتے۔ مستری دان سنگھ گرمی سردی ایک کچھا اور ایک لمبا کرتہ پہن کر گھوما کرتا۔ پاؤں میں

بغیر تسموں کے فلیٹ بوٹ اور سر پر پگڑی کے بجائے ہاتھ بھر لمبا صافہ۔ سر کا جوڑا ہمیشہ ڈھیلا اور گردن کے کیس کھلے۔ بدن سے کبھی ٹاہلی کی خوشبو آتی کبھی دیار کی۔ جب کاٹھ کا کام نہ کر رہا ہوتا تو جسم سے کچے گارے کی پھبک آیا کرتی جیسے کوئی کوٹھا لیپ پوت کر ابھی اٹھایا گیا ہو۔ اپنی بیوی ہردئی سے بہت ڈرتا تھا جو اس کو ڈوئی سے اور چمٹے سے مارتی اور گھر سے باہر نکال کر اندر سے دروازہ بند کر لیتی تھی۔ دو تین مرتبہ ہردئی نے ڈانگ لے کر خوب اس کی ہڈیاں سینکی تھیں لیکن زخموں چوٹوں کی تاب نہ لا کر زندہ بچ گیا اور معافی مانگ کر پھر اپنے گھر چلا گیا۔ اصل میں مستری دان سنگھ ٹھکر کیے بغیر نہ رہ سکتا تھا۔ اپنے اڈے کے سامنے سے گزرتی ہوئی عورتوں پر ایسا ذومعنی فقرہ کستا کہ وہ دوہتڑ مارتی سیاپا کرتیں ہردئی کے پاس شکایت لے کر آتیں۔ ہردئی بات کی تحقیق کیے بغیر سوٹا لے کر اندر سے نکلتی اور کام پر بیٹھے مستری کی ہڈیاں توڑنے لگتی۔ وہ اٹھ کر بھاگتا تو ہردئی لاریوں کے اڈے تک اس کا پیچھا کرتی اور آستینیں چڑھا کر جو کچھ اس کے منہ میں آتا بکے جاتی۔ لوگ اکٹھے ہو کر ہردئی کا کلیان سنتے اور تالیاں بجا بجا کر "شاوا تائی۔ شاوا تائی" کے نعرے مارتے۔ اس مارا ماری اور زورازوری میں ایک مرتبہ مستری دان سنگھ پر قتل کا مقدمہ بھی بن گیا تھا اور دو تین سال سیشن سپرد گی کی قید کاٹ کر بڑی مشکل سے رہا ہوا۔ اس خوفناک مقدمے سے دان سنگھ کی رہائی بھی میرے صاحب کی بدولت ہوئی تھی اور وہی اُس کو چھڑا کر لائے تھے۔

ہوا یوں تھا کہ ایک مرتبہ مستری دان سنگھ نے گھریلو جھگڑوں سے تنگ آ کر اور ہردئی کے ہاتھوں بھرے بازار میں ذلیل ہونے کے بعد خودکشی کا پروگرام بنایا اور گلے میں رسہ ڈال کر پھانسی لینے کے سارے انتظامات مکمل کر لئے۔ ایک روز جب ہردئی دربار صاحب ماتھا ٹیکنے گئی ہوئی تھی مستری دان سنگھ نے اپنے اوزاروں والے صندوق سے پھانسی کا موٹا رسہ نکالا اور اسے اپنے کوٹھے کے بڑے شہتیر میں ڈال کر پہلے تو دو جھونٹے لے کر اس کی مضبوطی کا معائنہ کیا پھر سٹول پر چڑھ کر اس میں گول پھندے کی گانٹھ ڈالی۔ ساتھ ہی ایک چھوٹے رسے کے سرے کو پھندے کے ساتھ اس طرح پیوست کیا کہ گردن پر کھینچ نہ پڑے اور وجود آرام کے ساتھ لٹکا رہے۔ دیکھنے والوں کو یوں لگے کہ پھانسی لگ چکی ہے پر لٹکا ہوا وجود مزے سے سانس لیتا رہے اور آنکھوں کی جھری میں سے حالات کا جائزہ لیتا جائے۔

مستری دان سنگھ بڑا کاریگر اور مکینکل ذہن کا آدمی تھا۔ اپنے محفوظ پھندے میں دو مرتبہ گردن ڈال کر اس نے ٹرائی لی اور کامیابی کے ساتھ نیچے اتر آیا۔ اسے یقین تھا کہ جونہی

ہر دئی دربار صاحب سے واپس آکر کوٹھے کا دروازہ کھولے گی پہلے ایک زور کی چیخ مارے گی پھر اونچے اونچے بین کرنا شروع کر دے گی۔ لوگ اس کے بین سن کر اس کے گھر کی طرف بھاگیں گے اور وہ رو رو کر اور اپنے گھر والے کی لاش کی طرف ہاتھ اٹھا اٹھا کہے گی "مجھے کیا پتا تھا دان سنگھا کہ تو اتنا بڑا فیصلہ کر لے گا۔ مجھے کیا خبر تھی کہ تو میرے دکھوں کے ہاتھوں جان دے دے گا۔ میری اپنی کرنی سے مارا جائے گا۔ میرے ظلم سے شہید ہو جائے گا۔ وے میرے سوہنے بادشاہا۔ میرے راٹھا' میرے وریا میاں۔ آخری باری مجھے معافی تو دیتا جا میرے قصور تو معاف کرتا جا......" پھر وہ بیہوش ہو کر گر پڑے گی اور عورتیں اسے پنکھا جھلتے ہوئے منہ پر ٹھنڈے پانی کے ترڑے دینے لگیں گی۔ لوگ داتری سے رسہ کاٹ کر میری لوتھ زمین پر اتاریں گے' کچھ پنڈے کی مالش شروع کر دیں گے کچھ ڈاکٹر کی طرف بھاگیں گے اور باقی کے ہر دئی کو تسلی دینے میں لگ جائیں گے......

جب ہر دئی کے گوردوارہ صاحب سے واپس آنے کا وقت قریب آیا تو دان سنگھ واہگرو کا نام لے کر پھانسی کے پھندے سے لٹک گیا اور لات مار کو سٹول پرے گرا دیا۔ ابھی اسے پھانسی پر لٹکے ڈیڑھ دو منٹ ہی ہوئے تھے کہ ہر دئی کی جگری دوست کرپو اپنی سہیلی کو آوازیں دیتی ہوئی اندر داخل ہوئی۔ جب کرپو نے بھاپا جی کی "لاش" کو رسے سے لٹکے دیکھا تو اس نے زور کی ایک چیخ ماری اور باہر بھاگ گئی۔ باہر جا کر کرپو نے نہ تو کوئی واویلا کیا اور نہ ہی دوسری چیخ مار کر لوگوں کو اپنی طرف متوجہ کیا۔ وہ آرام سے پھر کوٹھے کے اندر گئی اور بھاپا جی کی لاش کو دیکھنے لگی۔ بھاپا جی کی زبان باہر نکلی ہوئی تھی۔ دونوں ہاتھ کمر پر رسی سے بندھے تھے اور دونوں ٹانگیں چمٹے کی طرح کھلی ہوئی تھیں۔ سرخ سرخ آنکھوں کے ڈھیلے اوپر کو چڑھ گئے تھے اور بھاپا جی کے ہونٹوں پر جھاگ کا ایک چھوٹا سا پھوہا سوکھ گیا تھا۔

کرپو نے جلدی جلدی ہر دئی کا سامان اٹھانا شروع کر دیا۔ شیشے کا جگ' الماری میں رکھی ہوئی تلے دانی' پیسوں والی پٹاری اور بادام روغن نکالنے والی مشین۔ یہ ساری چیزیں جمع کر کے جب وہ فرش پر چادر بچھا کر ان کی گٹھڑی باندھ رہی تھی تو مستری دان سنگھ کو پھانسی پر لٹکے بڑا غصہ آیا۔ اس نے گٹھڑی باندھتی کرپو کے چوتڑوں پر زور کا ایک ٹھڈا مارا اور ساتھ ہی اونچی آواز میں ماں کی گالی دی۔ لاش سے ٹھڈا کھا کر اور ماں کی گالی سن کر کرپو اوندھے منہ فرش پر گری اور اس نے وہیں پران دے دیئے۔ تھانے والے مستری دان سنگھ کو گرفتار کر کے لے گئے اور اس پر کرپو کے قتل کا مقدمہ بن گیا۔

۲

گرمیوں کی ایک تپتی دوپہر میں پرانی منصفی کے پاس کھجور والی گلی کے دہانے پر ایک نوجوان لڑکی نے میرا راستہ روک کر کہا "ویر میرا ایک کام کر دے گا۔"

میں اس لڑکی کے قدبت، شکل و صورت اور موہنی چھب کو دیکھ کر سکتے میں آ گیا اور اس کے سامنے بیوقوفوں کی طرح ہکلانے لگا۔ اس نے پھر بڑی لجاجت سے کہا "میری بات مانے گا۔"

میں نے منہ پکا کر کے کہا "کیا بات ہے بی بی؟"

کہنے لگی "مجھے ماسٹر بالی سے ملا دے گا۔"

اپنے استاد کا نام اس خوبصورت لڑکی کے منہ سے مجھے میٹھا میٹھا سا لگا اور میں نے اعتماد بھرے لہجے میں کہا "کیوں نہیں ضرور ملا دوں گا، وہ تو ہر ایک سے مل لیتے ہیں۔"

اس نے کہا "میں پنڈت شنکر داس کی بیٹی ہوں اور میرا نام رجنی ہے۔ میں نے دیپو کے بیاہ میں ماسٹر جی کو باجہ بجاتے دیکھا تھا اور ان کو پرنام بھی کیا تھا لیکن انہوں نے میرے پرنام کا جواب صرف سر ہلا کر دیا تھا کوئی بات نہیں کی تھی۔ تو میری ان سے بات کرا دے گا؟"

میں نے کہا "میں بات تو کرا دوں گا پر تجھے یہ کیسے پتہ ہے کہ میں ان کو جانتا ہوں۔"

کہنے لگی "میں نے تم کو اکثر ان کے پاس آتے جاتے اور ان کی سیڑھیاں چڑھتے دیکھا ہے۔ تم ان سے باجہ بجانا سیکھتے ہو؟"

"باجہ نہیں" میں نے چڑ کر کہا "میں ان سے کلارنٹ سیکھتا ہوں۔ وہ باجہ نہیں بجاتے کلارنٹ بجاتے ہیں۔" رجنی اپنی غلطی پر شرمندہ سی ہو گئی۔

میں نے کہا "تم کب ان سے ملنا چاہتی ہو؟"

کہنے لگی "جب بھی وہ ملنا پسند کریں۔"

"ان کے چوبارے میں آسکتی ہو؟"

"بازار میں آنا تو میرے لیے مشکل ہے البتہ انہیں کسی اور جگہ ضرور مل سکتی ہوں۔"

"کسی اور جگہ وہ آنا پسند نہیں کریں گے۔"

"تو پھر جونسی جگہ وہ پسند کریں وہاں آسکتی ہوں۔"

"تمہارے گھر والے تو ناراض نہیں ہوں گے۔"

"وہ تو ضرور ناراض ہوں گے اور اگر انہیں پتہ چل گیا تو میرا گھر سے نکلنا بھی بند کردیں گے۔"

"پھر تو مشکل ہے۔"

"کیوں؟ مشکل کیوں ہے؟"

"مشکل اس لیے کہ شاید سرکار بھی اس کو پسند نہ کریں۔"

"اسی لئے تو میں نے تمہارے آگے واسطہ ڈالا ہے۔ تم چاہو گے تو سرکار ضرور پسند کرلیں گے۔"

میں نے کہا "میں پکا وعدہ نہیں کرتا البتہ کوشش ضرور کروں گا...... لیکن تم ان سے مل کر کیا کروگی؟"

"میں ان کو دیکھوں گی۔"

"کوئی بات نہیں کروگی؟"

"نہیں"

"پھر کیا فائدہ! دیکھ تو انہیں تم کہیں بھی سکتی ہو۔"

"اس دیکھنے اور اس دیکھنے میں بڑا فرق ہے۔ میں انہیں پاس سے دیکھنا چاہتی ہوں۔"

یہ کہہ کر وہ خاموش ہو گئی اور سر جھکا کر اپنے پاؤں دیکھنے لگی جس میں مہین سٹریپ والی سبک سی چپلی سی تھی اور انگوٹھوں کے پاس سرس کے پھولوں جیسے اون کے دو پھمن تھے۔ جب ادھر سے کرم دین کمہار اپنے گدھے پر نمودار ہوا تو وہ ہولے سے نمستے کہہ کر آگے کو روانہ ہو گئی۔

میں رات بھر دیوار سے ڈھو لگا کر اس لڑکی کے بارے میں سوچتا رہا جس کو کئی سال پہلے میں نے سکول سے آتے جاتے دیکھا تھا لیکن اس کے بارے میں کبھی سوچا نہ تھا۔ کسی سے گفتگو کرنے کے بعد آدمی اس کے بارے میں سوچنے بھی لگ جاتا ہے اور سوچ گفتگو سے

بہت آگے بڑھ جاتی ہے۔ اس میں ایسی ایسی باتیں آجاتی ہیں جو لمبی لمبی کہانیوں سے بھی طویل ہوتی ہیں اور جن پر سے رسے کے پلوں کی طرح سے گزرا جاسکتا ہے۔ نیچے خوفناک چٹانوں والے گہرے گہرے' شور مچاتے جھاگ اڑاتے دریا ہوتے ہیں اور گزرنے کے لئے ایک رسہ پاؤں کے نیچے اور دوسرا ہاتھ سے پکڑنے کیلئے ہوتا ہے۔

میرا خیال تھا رجنی کو مجھ سے عشق ہوگیا ہے اور اس نے ماسٹر صاحب کا بہانہ ڈال کر مجھ سے تعلقات بڑھانے کی راہ نکالی ہے۔ اس کے پتاجی میرے اباجی کو بہت اچھی طرح جانتے تھے اور دونوں ہندوستان کی آزادی کے بارے میں ایک دوسرے سے تبادلہ خیال کیا کرتے تھے۔ پنڈت جی کشمیری پنڈت تھے اور نمدے پٹو کا کاروبار کرتے تھے۔ ان کی عورتیں جب شام کو سیر کرنے کیلئے باہر نکلتیں تو شہر کے ویران علاقے بھی کشمیر بن جاتے۔ وہ دراز قد' بھرے ہوئے جسم' سیاہ آنکھوں اور گوری رنگت کی عورتیں تھیں لیکن رجنی ان سب میں خوبصورت تھی۔ اس کے ماتھے پر ایک عجیب طرح کی سرخی تھی جو شام کو اور بھی نمایاں ہو جاتی اور دن کے وقت ہلکی پیلی دھوپ کی طرح سر کے بالوں تک پہنچ جاتی۔ اگر کسی کو اس کے ماتھے پر گال رکھنے کا موقع میسر آتا تو اسے اس پیلی دھوپ سے زعفران کی خوشبو بھی ضرور آتی!

اس روز ماسٹر صاحب نے اپنی بندش کے جس ٹکڑے کا مجھے درس دیا وہ ٹکڑا کچھ اتنا اچھا نہیں تھا۔ جتنی باتیں انہوں نے کیں وہ ساری میری پہلے کی سنی ہوئی تھیں اور صبح کے وقت آسا کی جو وار انہوں نے بجائی اس میں رس کم تھا اور استادی زیادہ تھی۔ میں نے ان سے رجنی کی بات کرنا چاہی لیکن کسی نے میرا گلا دبوچ لیا اور میں ان سے بات کیے بغیر ہی واپس چلا آیا۔

جب سے میری رجنی سے ملاقات ہوئی تھی میرے دن اور رات' صبحیں اور شامیں تبدیل ہوگئی تھیں اور میری ٹیوشن میں رخنے پڑنے لگے تھے۔ میں نے پرانی منصفی کے پاس کیکروں سے داتن توڑنے کے بہانے رجنی کی گلی کے چکر لگانا شروع کر دیئے تھے' لیکن اس کی صورت نظر نہ آتی تھی۔ ایک روز میں نے اس کے گھر کے دروازے سے اندر جھانک کر دیکھا۔ دوسرے سبھی لوگ موجود تھے مگر رجنی نہیں تھی۔ شاید اس کے گھر والوں کو علم ہو گیا تھا اور انہوں نے اس کا باہر نکلنا بند کر دیا تھا' لیکن اگر سوچا جائے کہ گھر والوں کو کیا علم ہو گیا تھا تو کچھ بھی نہیں تھا۔ کوئی ایسی بات ہی نہیں تھی جس پر شک گزرتا کہ کسی پر اس کی توجہ ہے یا کسی کے ساتھ میل ملاقات

ہے یا کوئی اشارہ کنایہ ہے۔

دراصل میرے دل کے اندر ایک چور سا گھس گیا تھا جو نہ سامان اٹھا کر جاتا تھا اور نہ چوری کرنے پر آمادہ ہوتا تھا۔ میرے گھر کے اندر بیٹھا گھر کا ایک فرد سا بنتا جا رہا تھا اور مجھ پر حکم چلا رہا تھا۔ میں ڈر کے مارے کسی کو اطلاع بھی نہ کرتا تھا کہ میرے گھر کے اندر ایک چور گھس آیا ہے اور گھر کا مالک بن گیا ہے۔ نکال اس لیے نہ سکتا تھا کہ اس کے چلنے کے بعد گھر کے ویران ہو جانے کا اندیشہ تھا۔ ایک عجیب طرح کی الجھن تھی جس نے مجھے بے حال کر دیا تھا اور میں خالی خالی سا ہو گیا تھا۔ ماسٹر صاحب نے کئی مرتبہ مجھ سے اس ویرانی اور بے سروسامانی کا سبب پوچھا تو میں نے یہ کہہ کر ٹال دیا کہ میرا ساز بجانے میں دل نہیں لگتا اور میں اس کام کو چھوڑ رہا ہوں۔ انہوں نے کہا "ریاض کرنا چھوڑ دو لیکن ملنا ملانا تو رکھو۔ تم تو اب ملتے بھی نہیں ہو۔"

میرے لیے ایسے شخص سے ملنا ہی مشکل ہو گیا تھا جو میری راہ کا پتھر بن گیا تھا اور مجھی کو خوفزدہ کیے جا رہا تھا بھلا کوئی استاد اس طرح کا بھی ہو سکتا ہے جو اپنے ہی شاگرد کی بساط لپیٹ کے کونے میں رکھ دے اور اسے ہونے سے نہ ہونا کر دے۔

رجنی مجھے اچھی ضرور لگی تھی لیکن میں اس کے عشق میں مبتلا نہیں تھا۔ پیاری پیاری ضرور تھی پر میری محبوب نہ تھی۔ بے شمار خوبیوں کی مالک تھی لیکن اس کا یہ عیب بہت بھیانک تھا کہ وہ ماسٹر صاحب سے ملنا چاہتی تھی۔ ملنے میں بھی شاید کوئی خرابی نہ تھی لیکن وہ ان کی داسی بن کر رہنا چاہتی۔ رہنا کیا چاہتی وہ اندر ہی اندر ان کی داسی بن چکی تھی۔ اب یہ کوئی اچھی بات تو نہیں کہ ایک انسان دوسرے انسان کا غلام بن جائے۔ اس کی پوجا کرنے لگے۔ اس کے ہاتھ میں اپنی ذات کی مہار پکڑا دے۔ آخر خودداری بھی تو کوئی چیز ہے۔ خودی کا بھی تو ایک مقام ہے۔ یہ کیا ہوا کہ انسان ہو کر دوسرے انسان کے آگے ماتھا ہی ٹیک دیا۔ اس کے آگے اپنا سب کچھ پامال کر دیا۔ آخر ایک حد ہوتی ہے!

جب میں دس بارہ روز تک ماسٹر صاحب کے چوبارے پر نہ گیا تو ایک روز وہ مجھے گھر ملنے آ گئے۔ میں نے انہیں گھر کے دروازے پر ہی یہ کہہ کر ٹلا دیا کہ میرے گھر والے اس میل ملاقات کو پسند نہیں کرتے جس روز مجھے ضرورت ہو گی، میں خود آ جاؤں گا۔ وہ میرے اس رویے سے دل برداشتہ ہو کر واپس چلے گئے اور پھر مہینہ بھر میری ان سے ملاقات نہ ہوئی۔ ایک مرتبہ بازار میں ملے تو ادھر ادھر کی باتوں کے بعد وہ اپنی راہ چلے گئے اور میں اپنے

گھر آگیا۔

لیکن کبھی یہ ہو سکتا ہے کہ بیٹھے بٹھائے محبوب رقیب بن جائے اور راحت جاں کلفت جاں کا روپ اختیار کر لے۔ عشق بلاخیز کا ساگر سوکھ جائے اور زمین چیخ کر پپڑیوں میں تبدیل ہو جائے۔ ٹھنڈی نرم ہوا کے جھونکے لو دینے لگیں اور بدن کے اندر آبلے پڑ جائیں۔ ہنستے بستے گھر میں آہیں اور کراہیں داخل ہو کر سارے ماحول کو ماتم کدے میں تبدیل کر دیں! اگر پہلے اس طرح سے کبھی نہیں ہوا تو میرے ساتھ ضرور ہوا۔ حالانکہ رجنی سے نہ تو مجھے عشق تھا اور نہ میں اسے اچھی طرح سے جانتا ہی تھا۔

اپنے رویے پر نادم اور اپنے عمل سے شرمندہ جب ایک گہری شام میں رندھے ہوئے گلے اور ڈبڈبائی آنکھوں سے ماسٹر صاحب کی سیڑھیاں چڑھا تو رجنی میرے والے مونڈھے پر بیٹھی ماسٹر صاحب سے باتیں کر رہی تھی۔ اس کا چہرہ خوشی سے مہک رہا تھا اور سارا وجود تپسیا میں ڈوبا ہوا تھا۔ مجھے دیکھ کر چہک کے بولی "ویرجی آپ نے تو اپنا وچن پورا نہ کیا' آج میں ہمت کر کے خود ہی آگئی۔"

میں نے کہا "میں ماسٹر صاحب سے بات کرنے والا ہی تھا لیکن تم نے مجھے مہلت ہی نہیں دی۔"

مہلت کا لفظ سن کر وہ خوب ہنسی اور مٹھار کر بولی "آپ کی مہلت میں تو چاہے بندا مر ہی جائے۔ اتنی لمبی مہلت" ماسٹر صاحب نے کہا "یہ بادشاہ آدمی ہے اور بادشاہوں کی مہلتیں لمبی ہی ہوا کرتی ہیں۔" پھر انہوں نے کرسی کی طرف اشارہ کر کے مجھے بیٹھنے کیلئے کہا لیکن میں بیٹھا نہیں اسی طرح کھڑا رہا۔

رجنی کہنے لگی "سرکار ہم دونوں کا کمپی ٹیشن ہے آج گورو پریم میں یہ بڑھا ہوا ہے کل میں اس سے بڑھ جاؤں گی۔" ماسٹر صاحب دھیرے سے بولے "پریم کا دعویٰ وہ کرے جسے باقی رہنا ہو۔ یہ سب تو بس کھیل تماشا ہے۔ کھیل کھیلے' تماشا کیا اور چلے گئے۔"

رجنی نے کہا "کھیل بھی کوئی کوئی ہی کھیل سکتا ہے۔ گوروجی اور تماشا کرنا تو بہت ہی مشکل بات ہے۔ ہر ایک کے بس کا روگ نہیں۔"

اس کی یہ فلسفیانہ بات سن کر میں چڑ سا گیا اور ضد میں آ کر بولا "ہر کوئی تماشا کر سکتا ہے' یہ کونسی مشکل بات ہے۔" اور جب میں جانے کیلئے پلٹا تو میری طرف دیکھ کر بولی "ویر جی مجھے ساتھ لے کر اترنا۔ اکیلے جاتے ہوئے مجھے ڈر لگتا ہے۔"

"اکیلے آتے ہوئے ڈر نہیں لگا تھا؟" میں نے پوچھا۔

"نہیں"

"پھر چلی بھی اسی طرح جانا راستے میں کونسا سمندر پڑتا ہے۔"

"ٹھیک ہے" اس نے بے پروائی سے جواب دیا اور ماسٹر صاحب نظریں اٹھا کر میری طرف دیکھنے لگے۔ ان کے چہرے پر نہ کوئی خوف تھا نہ ملال۔ نہ ہی ان کو اس بات کا اندیشہ تھا کہ کوئی سیڑھیاں چڑھ آئے گا تو کیا کہے گا۔ اٹھے اور اٹھ کر اندر سے لاکھ کا ایک کنگن نکال لائے۔ رجنی کو دے کر بولے "تم پہلی دفعہ آئی ہو تمہارے لئے کوئی سوغات تو ہونی چاہیے۔"

رجنی نے کنگن لے کر پہلے تو ماتھے سے لگایا' پھر چوما اور آنکھوں سے لگا کر بولی "یہ تو ماتھے کا جھومر ہے ہاتھ میں تو نہیں پہنوں گی۔"

ماسٹر صاحب نے مسکرا کر کہا "کچھ بھی نہیں' فقیروں کا کڑا ہے۔ کڑا بھی کیا بس کھیل تماشا ہے۔ پہننے کی کوئی ضرورت نہیں۔"

میں ماسٹر صاحب کو ہاتھ سے بھونڈے سے سلام کا اشارہ کر کے سیڑھیاں اتر گیا۔ نیچے لچھو اپنی دکان بڑھا رہا تھا اور پھٹے جوڑ کر دروازہ بند کر رہا تھا۔

۳

اب مجھ پر اخلاقیات کا بھوت سوار ہو گیا تھا اور میں نہیں چاہتا تھا کہ رجنی جو ایک عالی نسب اور مہا پنڈت گھرانے کی لڑکی تھی اس طرح خراب و خوار ہوتی پھرے اور ایک بجنتری کے عشق میں مبتلا ہو جائے۔ مجھے ماسٹر بالی سے زیادہ اس احمق لڑکی پر غصہ آتا تھا جو اپنے پریوار اور لوک لاج کی پروا کئے بغیر منہ اٹھا کر چوبارے پر آگئی تھی اور بے فکری سے ایسے باتیں کر رہی تھی جیسے اپنی موسی کے گھر بیٹھی ہو۔

رات بھر میں انگاروں پر لوٹتا رہا اور اٹھ اٹھ کر پانی پیتا رہا۔ اگر وہ میرے گھرانے کی لڑکی ہوتی تو اب تک میں نے اس کا گلا گھونٹ دیا ہوتا لیکن وہ ایک غیر ذات اور غیر گھرانے کی لڑکی تھی اس لئے میں نے مناسب یہی سمجھا کہ اس کا گلا گھونٹنے کے بجائے اس کے گھر والوں کو اطلاع کر دی جائے اور ان کی ہر طرح سے مدد کی جائے۔

میں نے کتابوں میں پڑھا تھا اور اپنے بزرگوں سے بھی یہی سنا تھا کہ مصیبت کے وقت دوسروں کی مدد کرنی چاہیے اور مشکل میں ان کے کام آنا چاہیے۔ ہمارے شہر میں دوسروں کی بروقت مدد کرنے والے اور بھی بہت سے لوگ تھے جن کا زیادہ تر یہی کام تھا کہ وہ لوگوں کو آنے والی مصیبتوں سے آگاہ کرتے رہتے اور ان کے گھریلو مسائل سلجھاتے رہتے۔ یوں تو ہمارے قصبے میں چھ سات وکیل بھی تھے، لیکن وہ فیس لے کر مسائل سلجھایا کرتے اور ان کی فیس کافی زیادہ ہوتی، پر وہ لوگ جو بغیر فیس کے یہ ڈیوٹی سر انجام دیتے، ان کے مقام وکیلوں سے بلند تھے اور ان کے درجے عام آدمیوں سے اونچے تھے۔ آدھا قصبہ ان کی وجہ سے عذاب میں مبتلا تھا!

جب میں نے رجنی کے گھر جا کر اس کی ماں سے اس گھمبیر صورتحال کا ذکر کیا تو اس نے ہاتھ باندھ کر کہا "تو میرے بیٹوں جیسا ہے اور مجھے انہی کی طرح پیارا ہے اس کا تذکرہ کسی اور

سے نہ کرنا نہ ہی پنڈت جی کو بتانا میں یہ سارا کام خود سنبھال لوں گی۔" جب میں وعدہ کر کے چلنے لگا تو اس نے میرے سر پر پیار دیتے ہوئے کہا 'اگر پھر کبھی رجنی ادھر جائے تو فوراً آکر مجھے اطلاع کرنا اور اطلاع کرنے کیلئے کوئی بہانہ بنا کر آنا۔" میں نے سچے دل سے درگا ماسی سے اس نیک کام کی ہامی بھر لی اور اپنے گھر چلا آیا۔ میرے سینے سے پہاڑ جیسا بوجھ کم ہو گیا تھا اور میں ایک انجانی خوشی سے ابابیل کی طرح فضاؤں میں تیرنے لگا تھا۔ کبھی کبھی کچھ نیک کام انسان سے ایسے بھی سر انجام ہو جاتے ہیں کہ اسے پتہ بھی نہیں چلتا کہ اس کے لئے جنت کا ایک دروازہ کھل گیا ہے اور اندر سے ٹھنڈی ٹھنڈی ہوا آرہی ہے۔

اس ٹھنڈی ٹھنڈی ہوا کے پیچھے گرمیوں کی چھٹیاں تیزی سے گزر رہی تھیں اور میرے کالج جانے کا وقت قریب سے قریب تر آرہا تھا۔ ماسٹر صاحب سے سبق لینے اب میں نے پھر باقاعدگی سے جانا شروع کر دیا۔ اس لیے نہیں کہ مجھے سبق میں کوئی دلچسپی تھی یا ماسٹر صاحب مجھے اچھے لگتے تھے بلکہ صرف اس لیے کہ میں درگا ماسی سے اپنے وعدے کا پالن کرنا چاہتا تھا اور اپنے وچن پر سختی سے قائم تھا۔

ایک مرتبہ جب ماسٹر صاحب نے قدرے ترشی سے کہا کہ ساز کی سکھلائی دونی کا پہاڑا نہیں ہے کہ آگے پیچھے جھوم کر دو تین دن میں یاد کر لیا۔ اس کے لئے محنت کرنی پڑتی ہے اور ساری عمر کا ریاض اپنانا پڑتا ہے' تو میں نے ہنس کر ماسٹر صاحب کو یقین دلا دیا کہ میں اس کام کے لئے کچھ زیادہ سنجیدہ نہیں ہوں۔ یہ تو بس ایسے ہی میری وقت کٹی کا ایک بہانہ ہے۔ ماسٹر بالی کو میری اس بات کا دکھ تو ہوا لیکن وہ خاموش ہو گئے۔ پلٹ کر کچھ کہا نہیں۔

چھٹیاں ختم ہونے سے کوئی ایک ہفتہ پہلے 'عید میلاد النبی کے روز ہم نوجوانوں نے جامع مسجد کے گرد سوکھے سڑے پیڑوں کو بالٹیوں سے پانی اُچھال اچھال کر دھویا۔ مشکیں بھر بھر کر سارے ارد گرد کو ٹھنڈا ٹھار کیا۔ پھر مسجد کے دروازے سے کوئی سو فٹ جگہ چھوڑ کر سبز شاخوں اور کیلے کے تنوں کا دروازہ بنایا۔ اس پر سبز جھنڈیاں اور سنہرے پھول لگائے۔ مسجد کے باہری احاطے میں سٹیج بنا کر اور لوگوں کے گھروں سے دریاں اور کھیس منگوا کر زمین پر بیٹھنے کا بندوبست کیا۔ انہی دنوں ہمارے شہر میں سڑک کوٹنے کا انجن آیا تھا جو پرانی اور شکستہ سڑکوں کی مرمت پر مامور تھا۔ جب یہ انجن آگے پیچھے چلتا تو اس کے ہمراہ لوگوں کا ایک بڑا ہجوم ساتھ ساتھ حرکت کرتا انجن ڈرائیور نذر حسین گھنگھریالے بالوں والا ایک عاشق مزاج نوجوان تھا جس کی کلائی سے موٹے نمبروں والی گٹ گھڑی بندھی تھی اور جو اپنے بائیں

بازو کی آستین بغل تک لپیٹ کر رکھتا تھا۔ نذر حسین کو سڑک پر سے گزرتی ہوئی عورتوں کے علاوہ سکول کی جوان لڑکیاں بھی رک کر دیکھتیں اور اس سے بات کرنے کی آرزو ساتھ لے کر چلی جاتی تھیں۔ دراصل نذر حسین میں اتنا کوئی کمال نہیں تھا سارا اس کی مشین کا جادو تھا جو عجیب گڑگڑاہٹ کے ساتھ آگے پیچھے چلتی تھی اور جس پر تین سقے تینوں پہیوں پر لگاتار پانی چھوڑتے ساتھ ساتھ چلتے تھے۔ یہ سقے بھی ہمارے شہر کے جانے پہچانے سقے تھے لیکن مشین کے ساتھ کام کرنے کی وجہ سے ان کے اندر اپنی اہمیت کے قمقمے سے روشن ہو گئے تھے۔ اپنی آسانی کیلئے آپ یوں سمجھ لیں کہ نذر حسین گویا ایک جیٹ پائیلٹ تھا جس کے کرُو میں تین سقے شامل تھے۔ ان چاروں کی وجہ سے مشین چلتی تھی اور اس ایک مشین کی وجہ سے یہ چاروں زمین سے دو دو بالشت اوپر چل رہے تھے۔

اس روز نذر حسین نے انجن چلانے کی چھٹی کر دی اور سٹیج پر آ کر جس خوش الحانی سے نعت پڑھی اس کے سامنے ضلع سے منگوائے ہوئے دونوں نعت خواں مٹی ہو گئے۔ سڑک کوٹنے کے انجن کا ڈرائیور ہونے کی حیثیت سے وہ ہیرو تو پہلے ہی تھا اب سب کی آنکھوں کا تارا ہو گیا۔ اب لوگ اس کے ساتھ ساتھ اور اس کے آگے پیچھے یوں بھاگنے لگے جیسے وہ انجن کے ساتھ ساتھ بھاگا کرتے تھے۔ سارے میں ایک عجیب سی کیفیت پیدا ہو گئی اور کچھ اور ہی طرح کا سماں بندھ گیا۔ ہمارے قصبے نے پہلی مرتبہ ایک آرٹسٹ دریافت کیا اور اس کے در و بام تفاخر سے لبریز ہو گئے۔

شام کے وقت مغرب کی نماز سے پہلے ماسٹر بالی اپنی کلف لگی شلوار قمیص پہنے، خس کا عطر لگائے، کالی سیاہ ریشمی ٹائی والی کالی سیاہ گرگابی پہنے چوبارے سے اترے اور آ کر سیدھے مسجد کے سامنے کھڑے ہو گئے۔ اس شاخوں، ٹہنیوں، پھولوں والے دروازے کے سامنے جس کے ساتھ کیلے کے پیڑ گاڑھے ہوئے تھے۔ اس دروازے اور ماسٹر صاحب کے درمیان بس ایک سڑک تھی جس پر ٹریفک رواں تھا۔ اس دروازے سے سو ڈیڑھ سو فٹ پرے مسجد کا دروازہ تھا۔ مسجد کے دروازے سے تقریباً اتنی ہی دور منبر تھا جس پر مولوی صاحب کھڑے ہو کر خطبہ دیا کرتے تھے۔

سڑک کے اس پار، سر سبز شاخوں والے دروازے کی طرف اپنی کلارنٹ کا رخ کر کے ماسٹر بالی نے اپنی خوبصورتی کالی گرگابی اتاری اور اپنے دھلے دھلائے سبک سے پاؤں زمین پر رکھ کر عید میلاد النبیؐ کی شان میں بسنت بہار بجانی شروع کر دی اور تھوڑی دیر کے بعد بیخود

سے ہو کر دائیں بائیں بہکنے سے لگے۔ میں نے ان کو مشکل مشکل راگ اور پیچیدہ راگنیاں بجاتے سنا تھا لیکن ان کی ناک کا بانسہ جہاں ستواں ہو جاتا تھا وہیں رہتا تھا' نہ سر کو جنبش ہوتی نہ کندھوں کو' نہ کہنیوں کے زاویے میں فرق آتا نہ چہرے پر کوئی اتار چڑھاؤ پیدا ہوتا۔ نہ آنکھیں بند ہوتیں نہ ان کے ڈورے سفید ہوتے۔ سارا بت جامد رہتا بس ایک انگلیوں میں حرکت ہوتی اور وہی سارے وجود کو زندگی اور حرارت عطا کئے جاتی۔ لیکن اب سارا ٹریفک رک گیا تھا۔ لوگ اپنی اپنی جگہوں پر ساکت ہو گئے تھے۔ ایک نہنگ جو بھنگ پی کر اور تلوار نکال کر اٹھکیلیاں کر رہا تھا پتھر کے بت کی طرح ہاتھ باندھ کر قبلہ رو کھڑا ہو گیا تھا اور تھوڑی تھوڑی دیر بعد "ست نام سری واہگورو۔ ست نام سری واہگورو" کی آواز نکالتا تھا اور پھر خاموش ہو جاتا تھا۔ ایک ایک چیز رک گئی تھی۔ لوگ' ٹریفک' زمین' ہوا' وقت ہر شے ساکت ہو گئی تھی صرف ماسٹر بالی دائیں بائیں جھوم رہے تھے اور ہر لے' ہر فالی اور ہر تان کے ساتھ لہک رہے تھے۔ اصل میں وہ قربان ہو جانا چاہتے تھے اور ہو نہیں پاتے تھے۔ نثار ہونے کی کوشش کر رہے تھے اور ان سے جگہ نہیں بن رہی تھی۔ وہ اس کھیل میں مر جانا چاہتے تھے لیکن زندہ کھڑے تھے اور تماشا بنے ہوئے تھے۔

تھوڑی دیر بعد ہم نے دیکھا رجنی اپنے گھر سے ننگے پاؤں بھاگی آرہی ہے۔ اس کے سر پر ایک موٹی سی پھلکاری تھی جس میں اس کا چہرہ تانبے کی طرح تمتمایا ہوا تھا اور سانس پھولی ہوئی تھی' حالانکہ اس کا گھر مسجد سے کچھ ایسا دور نہیں تھا۔ وہ آئی اور آکر ماسٹر صاحب کے ساتھ کھڑی ہو گئی۔ اتنی نزدیک جیسے ایک ہی تنے کی دو شاخیں ہوں یا جیسے میاں بیوی ہوں' بھائی بہن ہوں' قریبی رشتہ دار ہوں' گورو اور چیلی ہوں!

مغرب کی اذان سے ٹھیک ایک منٹ پہلے ماسٹر صاحب نے ترانہ ختم کیا۔ گرگابی پہنی' بھیگے ہوئے کلارنٹ کو سر سے بندھا گیروا رومال اتار کر صاف کیا اور جدھر سے آئے تھے ادھر کو چلے گئے۔

اگلے دن صبح سویرے ہمارے علاقے کی دو جمعدارنیاں سروں پر اپنے اپنے ٹوکرے اٹھائے کہتی جا رہی تھیں: "باھمنوں کی بیٹی ہو کر مسجد کے سامنے یوں کھڑی تھی جیسے مسلمانی ہوئے۔"

۴

گرمیوں کی چھٹیاں ختم ہو گئی تھیں اور میں واپس اپنے کالج جا رہا تھا۔ گھر والوں سے رخصت ہو کر جب میں سٹیشن پہنچا تو ماسٹر صاحب پہلے سے وہاں موجود تھے۔ گو میں نے اپنی روانگی سے متعلق انہیں دن اور وقت سے آگاہ نہیں کیا تھا لیکن وہ ٹاہلی کی چھدری چھاؤں میں کھڑے اپنے چہرے کو بار بار رومال سے پونچھ رہے تھے۔ مجھے اپنی طرف آتے دیکھ کر انہوں نے ہاتھ اٹھا کر سلام کیا اور مسکرا کر بولے "آخر میں نے پتہ لگا ہی لیا کہ تم کس وقت جا رہے ہو۔" میں کھسیانا سا ہو گیا تو میری شرمندگی ٹالنے کیلئے کہنے لگے "وہاں صدر میں کباڑی بازار سے رکن الدین کباڑیئے سے ایک پرانا کلارنٹ لے لینا۔ میرا نام لینا اور قیمت کے بارے میں اس سے جھگڑا نہ کرنا۔" پھر انہوں نے اپنی جیب سے ایک پڑیا نکال کر کہا "اس میں دو پتیاں ہیں۔ لگا کر پریکٹس کرتے رہنا اور جب کوئی پتی سوکھ جائے یا ٹوٹ جائے تو مجھے خط لکھ کر ایک پتی اور منگوا لینا میں لفافے میں ڈال کر بھیج دوں گا۔ لیکن ریاض جاری رکھنا۔" میں نے ان کے ہاتھ سے پتیوں کی پڑیا لے لی اور "اچھا جی" کہہ کر گاڑی کے ڈبے میں بیٹھ گیا۔

وہ اسی طرح ٹاہلی کی چھدری چھاؤں میں کھڑے تھے اور رومال سے اپنا چہرہ پونچھ رہے تھے۔

کالج ہمارے ضلع کے صدر مقام میں واقع تھا اور ضلع میرے شہر سے پورے پچاس میل کی دوری پر تھا۔ پچیس میل کے فاصلے پر چھوٹی گاڑی چھوڑ کر براڈ گیج کی لائن اختیار کرنا پڑتی تھی اور دو گھنٹے کی مسافت کے بعد آدمی ضلع پہنچ جاتا تھا۔ ضلع اور چھاؤنی کے درمیان تین میل کا فاصلہ تھا جو بڑے بزرگ اور عورتیں تانگے میں طے کرتے تھے اور نوجوان سائیکلوں پر آتے جاتے تھے۔ گورا پلٹن کے باہر یونین جیک لہرایا کرتا تھا جہاں دو ٹامی پہرے پر مامور تھے۔ اس جھنڈے کے سامنے سائیکل سے اتر کر چند قدم پیدل چلنا پڑتا تھا پھر

سائیکل پر سوار ہونے کی اجازت تھی۔

کالج میں تعلیم کے ساتھ ساتھ اپنی شخصیت کو بنانے، سنوارنے اور ابھارنے کیلئے میرے سامنے تین راستے تھے۔ کلارنٹ نوازی میں مہارت پیدا کروں۔ علامہ عیش کی شاگردی اختیار کر کے شاعری میں نام پیدا کروں یا باطن کا سفر اختیار کر کے ایک صوفی اور یوگی کی دھار نادھاروں۔ مہینہ بھر کی سوچ بچار کے بعد میں نے فیصلہ کیا کہ مجھے شاعر بننا چاہیے اور اختر شیرانی کو پیچھے دھکیل کر اس کے مقام سے آگے نکل جانا چاہیے۔ میں نے اپنی سائیکل نکالی ایک نئی کاپی اور نئی پنسل خریدی اور شاعر بننے کیلئے علامہ عیش کے ٹال کی طرف چل دیا۔ صدر بازار کے دہانے پر ساعتی کا کتب خانہ تھا جو ادبی کتابیں بیچنے کے ساتھ ساتھ ٹائٹل اتار کر ایسی کتابیں کرائے پر بھی دیا کرتا تھا۔ میں نے اپنی سائیکل ساعتی کی دکان کے باہر کھڑی کی اور ساتھ والی گلی میں پوجیہ پنڈت رگھو نندن جی کے آشرم میں چلا گیا۔

بوسیدہ دیواروں والے ٹھنڈے فرش پر ایک پرانی سی دری بچھی تھی۔ دس پندرہ آدمی چوکڑی مارے گیتا کا پاٹھ سن رہے تھے اور رگھو نندن جی تین بڑے گاؤ تکیوں کے چولہے میں کنول آسن جمائے گیتا بودھ پر بھاشن دے رہے تھے۔ پانچواں ادھیائے تھا اور پنڈت جی کہہ رہے تھے:

ھے ارجن! کرم سنیاس یعنی کرموں کا تیاگ اور کرم یوگ یعنی کرموں کا کرنا دونوں ہی خوب ہیں مگر دونوں میں سے کرم تیاگ افضل ہے۔

میں نے کچھ سمجھے بغیر جلدی جلدی یہ بھاشن اپنی کاپی پر لکھنا شروع کر دیا۔ یہ وہی کاپی تھی جو میں نے مشق سخن کیلئے خریدی تھی اور جسے لے کر میں علامہ عیش کی درسگاہ میں جا رہا تھا۔

پوجیہ پنڈت جی اپنی رانوں پر رکھے ہوئے دونوں پاؤں کے تلووں پر ہولے ہولے ہاتھ مار کر کہہ رہے تھے سن ارجن! کسی سے کینہ نہ رکھنے والا اور کسی سے کسی چیز کی خواہش اور اچھیا نہ رکھنے والا مکت ہو جاتا ہے۔ اسے سنیاسی کہنا چاہیے، لیکن کرم یوگ کے بغیر سنیاس میں کامیابی محال ہے مگر کرم کرنے والا یوگی اپنے من کی شدھی ہی سے بہت جلد پار برھم کو پالیتا ہے۔

ھے ارجن! اندریوں کی لذت کو اپنانا اور ان کی تکمیل کے بعد آنند حاصل کرنا دکھ کا باعث ہیں۔ ایسی لذتیں عارضی ہوتی ہیں، اس لئے گیانی ان میں محو نہیں ہوتے۔

پنڈت جی جو کچھ کہتے تھے میں لکھتا جارہا تھا لیکن میری سمجھ میں خاک نہیں آرہا تھا کہ اس کا مطلب کیا ہے۔ البتہ جب وہ اشوک کی تشریح کرتے تھے اور ساتھ مثالیں دیتے تھے تو بات آپ سے آپ کھلنے لگتی تھی۔ ان کا بیان اس قدر سحر انگیز تھا اور اردو ہندی الفاظ کی آمیزش ایسی دلکش تھی کہ میں نے شاعر بننے کا اور اختر شیرانی کو شکست دینے کا ارادہ ان کے آسن پر ہی ترک کر دیا اور یوگ ابھیاس کی سکھشا کا پالن کر لیا۔ میں اپنی کاپی پر صرف اشلوک لکھتا تھا اور تشریح کیلئے ہمہ تن گوش ہو کر ان کی بات سنتا تھا۔ جب وہ اس اشلوک پر پہنچے کہ اندریوں کی کامناؤں کی تکمیل کے خیال کو ترک کر کے جو شخص اپنے ابروؤں کے درمیان دونوں آنکھوں کو جما کر پران اور اپان دایو کو برابر رکھ کر پرانایام کرے اس کو نہ تو نیند کا ڈر رہتا ہے اور نہ ہی اس کا دل خواہشات کی طرف دوڑتا ہے اور پرانایام کرنے میں سہولت ہوتی ہے۔

پھر انہوں نے "اوم" کی گونج میں اپنی دونوں آنکھیں بند کر کے "پرانایام" کا مظاہرہ کیا اور بڑی دیر تک چپ سادھ کر پرانایام کی مشق بتائی۔ پہلے ان کے دونوں ابروؤں کے درمیان ایک رگ پھڑ پھڑائی اور پھر وہاں ایک گومڑا سا نمودار ہوا۔ اس گومڑے میں ایک لپک سی پیدا ہوئی اور آہستہ آہستہ یہ دل کی طرح دھڑکنے لگا۔ پھر اس میں تیزی کے آثار پیدا ہوئے اور جب یہ تیزی اپنے عروج کو پہنچی تو اس چڑھاؤ میں اتار آنے لگا اور دیکھتے دیکھتے یہ گومڑا بالکل زائل ہو کر ماتھے کی جلد کے ساتھ ہموار ہو گیا۔ انہوں نے آنکھیں کھول دیں۔ مسکرا کر لوگوں کو دیکھا اور نمسکار کر کے بولے: "پانچواں ادھیائے ختم ہوا کل اسی وقت چھٹے ادھیائے کا پاٹھ ہو گا۔ میری اور سے آپ لوگوں کو جانے کی آگیا ہے۔"

جب لوگ چلے گئے تو میں کھسکتا کھسکتا پنڈت جی کے سامنے آکر بیٹھ گیا اور سر جھکا کر بولا "مہاراج میں مسلمان ہوں اور پرانایام کی مشق کرنی چاہتا ہوں کیا مجھ کو اس کی اجازت مل سکتی ہے؟" انہوں نے بڑی خندہ پیشانی سے اپنی شفقت کا ہاتھ میرے سر پر رکھا اور کہا "اس میں دین دھرم کی کوئی قید نہیں بابا۔ یہ تو من کو شانت کرنے کا اور بھگوان سے ملنے کا ایک مارگ ہے۔ پر ہے بڑا کٹھن اور اس کیلئے ابھیاس کی ضرورت ہے' پرنتو یہ ابھیاس دوسری قسم کا ہے۔ تم سے ہو گا نہیں۔

میں نے کہا "مہاراج میں بڑا ضدی اور ہٹیلا انسان ہوں جس کام پر اڑ جاتا ہوں اس کو پورا کر کے چھوڑتا ہوں۔ آپ مجھے اس کا بھید بھاؤ بتلائیں میں پورا کر لوں گا۔"

انہوں نے مسکرا کر کہا" یہاں ضد اور ہٹ کا کام نہیں ہے اور نہ ہی یہاں کوشش کے کارن کچھ بنتا ہے۔ اس میں تو بس ایک نیم کرنے کی ضرورت ہے اور وہ مشکل ہے۔"

میں نے کہا" میں ارادے کا بھی بہت پکا ہوں اور جو نیم ایک مرتبہ کر لیتا ہوں اس کو پورا کر کے چھوڑتا ہوں۔" کہنے لگے" پھر اس کے لئے تمہیں مرنے کا نیم کرنا ہوگا۔ جب تک مرو گے نہیں اس ساگر میں تیر نہیں سکو گے۔ لو تھ تیرے گی زندہ آدمی ڈوب جائے گا' یہی اس کا بھید بھاؤ ہے۔"

مرنے کا حکم سن کر میں کچھ خوفزدہ سا ہو گیا اور ان کی بات میری سمجھ میں نہ آئی۔ کہنے لگے" تم ایک ڈرے ہوئے اور سہمے ہوئے منش ہو اور ہر ڈر اور ہر بھئے کی بنیاد ایک ہی ہے۔ موت! اگر تم اپنے ڈر کے اندر گہرا غوطہ لگا کر پاتال تک جاؤ گے تو وہاں اپنے ڈر کا ایک ہی کارن پاؤ گے۔ موت! اور جب تم موت کو سچ اور ست مان لو گے تو ہر طرح کا خوف دور ہو جائے گا۔ جب تم یہ بھید سمجھ جاؤ گے کہ موت ہی جیون کا راستہ ہے اور موت ہی جیون کا انتر بھید ہے اور تم جیتے ہی موت میں پراپت ہو چکے ہو۔ پھر تم میرے پاس آنا۔" میں ان کی یہ بات سن کر خاموش ہو گیا اور اسی طرح بیٹھا رہا۔ پھر وہ اپنے آسن سے اٹھتے ہوئے بولے" اس سنسار میں ایک ہی سچ ہے اور وہ ہے موت! باقی ساری چیزیں بے وشواش ہیں۔ ہو سکتا ہے ہوں ہو سکتا ہے نہ ہوں۔ پر موت کے بارے میں تم ایسا نہیں کر سکتے۔ جب یہ ہے اور اوش ہے تو پھر ہر طرح کا خوف اور بھئے دور ہو جائے گا...... سوچ لو اور فیصلہ کر لو اور موت کو اچھی طرح سے جان کر اس سے یاری دوستی کر لو۔ اس سے پریچے کر لو۔ اس کے دھیان میں گہرے اتر کر اس سے میل ملاپ کر لو۔ پھر تم کو اپنے اصل کا حال معلوم ہو جائے گا اور تمہارا اصل روپ تمہارے سامنے آ جائے گا۔ صوفی لوگ اسی کو مراقبۂ موت کہتے ہیں۔"

پنڈت جی کے منہ سے مراقبہ موت کی ترکیب سن کر میں حیران بھی ہوا اور اس کے ساتھ ساتھ میری پریشانی میں بھی اضافہ ہو گیا۔ میں نے فیصلہ کر لیا کہ موت سے شاعری بہتر ہے۔ سر جھکا کر انہیں پرنام کیا اور علامہ عیش کے ٹال پر چلا گیا۔

جب میں نے ضلعی مشاعرہ میں پڑھنے کے لئے اپنی پہلی غزل علامہ عیش کی خدمت پیش کی تو انہوں نے اسے بغور دیکھ کر اپنے میلے تکیے کے نیچے رکھ لیا اور فرمایا" کل اسی وقت آ کر لے جانا اصلاح کر دوں گا۔" لیکن اگلے روز جب میں وقت مقررہ پر ان کی خدمت میں

حاضر ہوا تو انہوں نے تکیے کے نیچے ہاتھ پھیر کر کاغذ نکالا اور غزل میرے حوالے کر دی' لیکن یہ میری غزل نہیں تھی۔ علامہ صاحب نے میری حوصلہ افزائی کے لئے اپنی طرف سے ایک غزل لکھ دی تھی جس میں صرف میرا تخلص موجود تھا۔ جب میں نے معذرت بھرے انداز میں کسی اور کی غزل مشاعرے میں پڑھنے سے انکار کر دیا تو انہوں نے غصے میں آ کر کہا "شاعری کرنا تمہارے بس کا روگ نہیں ہے۔ اگر تم سو سال تک بھی اس میدان میں جھک مارو گے تو کامیاب نہیں ہو سکو گے۔ تمہاری طبیعت موزوں نہیں ہے اور تمہارا ذہن وزن کی باریکیوں کو سمجھنے سے قاصر ہے۔ تم کوئی اور کام کرو۔"

میں نے وہیں کھڑے کھڑے فیصلہ کر لیا کہ شاعری سے راگداری بہتر ہے۔ علامہ عیش کو سلام کیا اور رکنے کباڑیئے کے یہاں بوزی کا ایک سیکنڈ ہینڈ کلارنٹ خریدنے چلا گیا۔

یونیورسٹی کے امتحانات کے قریب جب ہماری سینئر کلاسوں کی الوداعی پارٹی ہوئی تو لڑکیوں کے کورس کے بعد سٹیج سیکرٹری نے میرا نام لے کر پکارا۔ میں اپنا کالا سیاہ' تیل سے چمکایا ہوا کلارنٹ لے کر سٹیج پر چڑھا اور سارے مجمعے کو ایک فاتح کی طرح سر گھما کر دیکھا۔ ماؤتھ پیس کو منہ میں ڈالنے سے پہلے میں نے مجمع کو مخاطب کر کے کہا "میں آپ کی خدمت میں اپنے استاد ماسٹر بالی کی ایک بندش پیش کروں گا جو انہوں نے میاں کی ٹوڈی کے مدھم روپ میں تیار کی ہے اور جس کے سارے سر کومل باندھے ہیں۔"

جب میں نے ماؤتھ پیس میں پھونک لگائی تو پتی باڈی کے ساتھ چمٹی رہ گئی اور ہوا نلکی میں سے سیدھی ستیر گزر گئی۔ دوسری اور تیسری پھونک کے بعد میں نے پتی کو لعاب دہن سے لتھیڑا تو ہوا کا گزر بالکل ہی رک گیا۔ سامعین اوئے اوئے کر کے ہُوٹ کرنے لگے اور چند ایک نے منہ میں انگلیاں ڈال کر سیٹیاں بھی بجائیں۔ میں نے ہاتھ کے اشارے سے ان کو منع کیا۔ پتی باہر نکال کر اسے لب لگا کر تر کیا اور پھر ایک بھرپور کوشش کی لیکن کلارنٹ کو نہ بجنا تھا نہ بجا۔ سارے ہال میں تالیوں' سیٹیوں اور بہہ جا بہہ جا کا شور اٹھا اور میں شرمندہ ہو کر سٹیج سے اتر آیا۔ اپنی سیٹ پر بیٹھتے ہوئے میں نے فیصلہ کیا کہ راگداری سے پڑھائی بہتر ہے اور مجھے ایف اے کرنے پر پوری توجہ دینی چاہیے۔

ٹھیک ڈیڑھ دو مہینے بعد ہمارے کالج میں پرچہ لگا کہ ماسٹر بالی شہر میں آئے ہوئے ہیں اور آج شام سیشن جج اشرف چشتی کی کوٹھی پر اپنے فن کا مظاہرہ کر رہے ہیں۔ چشتی صاحب کی بیٹی کی شادی پر وہ صرف اپنے کلارنٹ سے برات کا سواگت کریں گے اور شہر

کے معززین اور انگریز افسران کے فن سے لطف اندوز ہوں گے۔ میں اس محفل میں جانے کے لئے بیقرار تھا لیکن میرے پاس کوئی ذریعہ نہ تھا۔ نہ میں معزز شہری تھا اور نہ انگریز افسر۔ نہ ہی میری سیشن جج کے عملے سے کوئی واقفیت تھی کہ کسی کلرک کے ساتھ مل کر برات کے خادموں میں اپنا نام درج کروا لیتا اور لوٹا جگ لے کر ادھر ادھر گھومنے والوں میں شامل ہو کر اس محفل میں شرکت کر سکتا۔ اسی مایوسی کے عالم میں ہوسٹل جا کر اپنا کمرہ بند کیا اور گہری نیند سو گیا۔

سہ پہر کے وقت میرے دروازے پر دستک ہوئی اور ساتھ ہی بچتر سنگھ کی کرخت آواز نے مجھے جگا دیا۔ میں نے اٹھ کر دروازہ کھولا تو سامنے بچتر سنگھ اپنے کیسوں پر دہی لگائے کھڑا تھا اور اس کے ہاتھ میں موٹا سا ایک ڈنڈا تھا۔ اس کے پیچھے ماسٹر بالی کھڑے تھے جن کے بائیں ہاتھ پر سبز رنگ کا ایک ریشمی رومال بندھا تھا۔ بچتر نے کہا "لے بھئی سنبھال اپنا پروھنا، میں ہوسٹل سے کتے بھگانے جا رہا ہوں۔ سالوں نے بڑا تنگ کر رکھا ہے۔"

ماسٹر صاحب اندر داخل ہوئے۔ میں نے جلدی جلدی کتابیں اٹھا کر ان کے لئے کرسی خالی کی اور خود ان کے سامنے چارپائی پر بیٹھ گیا۔ مسکرا کر بولے "تمہیں بے وقت جگا دیا۔ اگر مجھے پتہ ہوتا کہ یہ وقت تمہارے سونے کا ہے تو میں کسی اور ٹائم آ جاتا۔"

میں نے کہا "بالکل نہیں سرکار آپ کے آنے سے تو جاگرتی ہو گئی ہے سونا کیسا۔"

میرے منہ سے سرکار کا لفظ سن کر ان کو تھوڑی سی حیرت ہوئی اور انہوں نے پلٹ کر میز سے کلارنٹ اٹھا لیا۔ کہنے لگے "اچھا دانہ ہے، مشق کرتے ہو؟"

میں نے کہا "دو تین دفعہ کوشش کی تھی لیکن مجھ سے تو یہ بجا ہی نہیں۔ ماؤتھ پیس کھو چلا ہے ہوا دے جاتا ہے۔" انہوں نے کلارنٹ کو الگ الگ کیا۔ چابیوں کی تڑ دیکھی۔ پتی کو اتار کر پھر اپنی جگہ پر لگایا اور کلارنٹ جوڑ کر منہ سے لگا لیا۔

اسے اتفاق کہیے یا کشف۔ انہوں نے میاں کو ٹوڈی کی وہی بندش بجانی شروع کر دی اور اس میں ایسی ایسی مینڈھیں بھریں کہ اس سے پہلے کبھی نہ سنی تھیں۔ کوئی پانچ منٹ تک یہ بندش بجانے کے بعد انہوں نے کہا "بڑا سریلا دانہ ہے کتنے میں ملا؟"

میں نے قیمت بتائی تو وہ اور بھی حیران ہوئے اور پوچھنے لگے "اس کا کیس بھی ہے؟"

میں نے کہا "جی ہے۔"

کہنے لگے "اس کو میز پر نہیں رکھا کرتے۔ کھول کر، کیس میں بند کر کے، الماری کے

اندر رکھا کرتے ہیں۔ گرمی سے اس کے جوڑ ورلے ہو جاتے ہیں۔'' پھر انہوں نے ہاتھ کے اشارے سے کیس طلب کیا۔ کلارنٹ کھول کر اس کے اندر رکھا اور میرے حوالے کر دیا۔

میری پڑھائی کے بارے میں رسمی سی گفتگو کرنے کے بعد انہوں نے میرا ہاتھ پکڑ لیا اور گلوگیر لہجے میں بولے ''تم نے میری ذات پر جو احسان کیا ہے اس کا بدلہ میں عمر بھر نہیں دے سکتا۔''

میں اپنے کرتوت پر دل ہی دل میں پہلے ہی شرمندہ تھا ان کی یہ بات سن کر زمین میں گڑ گیا۔ نہ کچھ کہہ سکتا تھا نہ بول سکتا تھا اور نہ ہی معافی مانگنے کا یارا تھا۔ اسی طرح پتھر کا بت بنا کھڑا رہا۔

کہنے لگے ''رجنی کی شادی ہو گئی اور خدا کے فضل سے ایک ہفتے کے اندر اندر ہو گئی۔''

''کہاں ؟'' میں نے چیخ کر کہا۔

فرمایا ''یہ پتہ نہیں کہاں ہوئی ہے البتہ اس کی بارات بھاگسر سے آئی تھی اور ادھر ہی کو اسے بیاہ کر لے گئے ہیں۔''

میں نے کہا ''ماسٹر صاحب وہ آپ سے دیوانوں کی طرح محبت کرتی تھی اور ہر گھڑی آپ ہی کے خیال میں رہتی تھی۔'' ''اسی لئے تو میں تمہارا شکر گزار ہوں کہ تم نے عین وقت پر میری جان بچادی۔ میرے دل میں بھی کچھ ویسی ہی محبت کے آثار پیدا ہو گئے تھے۔''

میں نے کہا ''آپ کو پتہ ہے کہ میں اس کی ماں سے ملا تھا۔''

''اس نے خود مجھے بتایا تھا۔'' ماسٹر صاحب بولے۔

''اس کی ماں نے ؟''

''نہیں خود رجنی نے' وہ تم سے ناراض تھی لیکن کچھ اتنی بھی نہیں جس قدر اسے ہونا چاہیے تھا۔ بس خفا خفا سی تھی۔''

''آپ سے پھر بھی ملتی رہی ؟'' میں نے پوچھا۔

''تمہارے جانے کے بعد صرف ایک مرتبہ ملاقات ہوئی لیکن بڑی بھرپور۔ شادی سے پہلے اس نے اپنی ماں سے کہا کہ اگر مجھے برات کے ساتھ بھیجنے کی خواہش ہے تو مجھے ماسٹر بالی سے آخری ملاقات کرنے دے ورنہ بھول جا کہ میں بھاگسر کے پنڈتوں کے گھر جاؤں گی۔''

''پھر وہ مانی ؟'' میں نے جلدی سے پوچھا۔

”اس کی ماں خود اسے میرے چوبارے پر چھوڑنے آئی اور صبح پانچ بجے واپس اپنے ساتھ لے گئی۔“

”ساری رات!“ میں نے چیخ کر کہا۔

”ساری رات۔“

”لیکن ماسٹر صاحب وہ ویسی تو نہیں تھی۔“

”وہ ایسی بھی نہیں تھی جیسی تم سمجھ رہے ہو اور وہ اس طرح کی بھی نہیں تھی جیسے میں سمجھتا رہا تھا۔ وہ بس کچھ اور ہی چیز تھی اگر کچھ دیر اور تخت پور میں رہتی تو میں زندہ نہ رہتا۔“

”لیکن وہ اپنے سسرال سے آتی بھی تو رہے گی۔“

”بھلے آتی رہے اب کوئی خطرہ باقی نہیں رہا۔ اب وہ مجھ پر حملہ آور نہیں ہو گی۔“

”حملہ آور!“ میں نے گھبرا کر پوچھا تو وہ سر جھکا کر کہنے لگے ”وہ شکتی کا روپ تھی جو لاکھ برس کا یگ بتانے کے بعد کسی روپ متی کے پردے میں اترتا ہے۔ پھر کسی طے شدہ رات کے اندر ایک مرگ کا خون پی کر واپس اوناشی میں چلا جاتا ہے۔“

”تو اب وہ واپس چلا گیا“ میں نے جلدی سے پوچھا۔

”چلا گیا۔“

”اور خون پی گیا؟“

”ڈٹ کے پی گیا‘ سیر ہو کے پی گیا‘ کئی جھٹیاں لگا گیا۔“

”آپ نے خود اسے خون پیتے ہوئے دیکھا؟ شکتی کے روپ کو؟“

”دیکھا اور بہت قریب سے دیکھا لیکن اسے کوئی کوئی سہار سکتا ہے۔ ایسا کوئی جس کے ساتھ کسی کی دعا ہو‘ کسی کی پرارتھنا ہو‘ اشیر واد ہو۔“

”آپ کے ساتھ کس کی دعا تھی ماسٹر صاحب؟“

”میرے ساتھ رجنی کی اشیر واد تھی اور اسی کی پرارتھنا تھی۔“

”اور وہی شکتی کا روپ تھی!“

”وہی شکتی کا روپ تھی بلکہ وہی شکتی تھی۔“ انہوں نے خوف سے نکلتے ہوئے کہا اور اپنے دونوں ہاتھوں میں میرا ہاتھ پکڑ کر بولے ”تم نے مجھ پر بڑا احسان کیا ہے جو اس کی ماں سے مل کر ساری صورتحال واضح کر دی۔ ایسا نہ کرتے تو مجھے روز جینا پڑتا اور روز مرنا اور صرف مرنے کے لئے ہر روز جینا بڑا ہی کٹھن کام ہے۔“

تھوڑی دیر بعد انہوں نے میرا ہاتھ چھوڑ دیا اور چہک کر بولے ”آج شام فنکشن پر آ رہے ہو ناں“ میں نے کہا ”حضور میں کس طرح آسکتا ہوں میرے پاس تو کوئی دعوت نامہ ہی نہیں۔“

”دعوت نامہ!“ انہوں نے حیرانی سے کہا ”دعوت نامہ!! تمہیں تو سیشن جج کی بگھی ہوسٹل سے لینے آئے گی تم وقت مقررہ سے پہلے تیار رہنا۔“

میں نے کہا ”آپ نے تو کبھی کسی بیاہ شادی پر پرفارمنس نہیں دی یہاں کیسے مان گئے۔“

رازدارانہ لہجے میں بولے ”اپنے یار دان سنگھ کا کیس اسی سیشن جج کے پاس ہے اور جج نے میرے ساتھ وعدہ کیا ہے کہ اسے اگلی پیشی پر رہا کر دوں گا بشرطیکہ میں اس کی رہائی سے پہلے ہی جج کی کوٹھی پر شادیانے بجادوں۔“ میں بھونچکا سا بیٹھا رہا تو میرا کندھا ہلا کر بولے ”کوئی مہنگا سودا ہے شفائی؟“

۵

مستری دان سنگھ رہا ہو کر واپس تخت پور پہنچ گیا۔ رجنی تخت پور سے بھاگسر چلی گئی۔ چوک کے فوارے کو پانی کا کنکشن مل گیا۔ شہر میں بجلی آ گئی۔ بجلی کے ساتھ چھ گھروں میں ریڈیو سیٹ آ گئے۔ ریڈیو پر شام کے وقت برلن سے خبریں سنی جانے لگیں۔ انگریز سے نفرت بڑھ گئی۔ لوگ فوج میں بھرتی ہونے لگے۔ معززین شہر نے بیکار جوانوں کو دس دس روپے دے کر ان کی بھرتی دینا شروع کر دی اور ہر رنگروٹ کے بدلے انگریز سرکار سے سرٹیفکیٹ لے کر فائل میں لگانے لگے۔ ڈپٹی کمشنر کے دربار میں پروٹوکول تبدیل ہو گیا۔ جس کے پاس بھرتی کرانے کے زیادہ سرٹیفکیٹ ہوتے ان کو اگلی قطاروں میں جگہ ملتی اور جنہوں نے پچاس سے اوپر جوان فوج میں بھرتی کرائے ہوتے انہیں دہلی دربار میں وائسرائے سے ہاتھ ملانے کا موقع بھی عطا کیا جاتا۔

رومیل عرب دنیا کے ریگستانوں میں لڑ رہا تھا۔ جاپانی برما پر کئی حملے کر چکے تھے۔ امریکہ جنگ میں داخل ہو چکا تھا اور سبھاش چندر بوس غائب ہو چکے تھے۔ جاپان کی طرف سے ایسی خبریں آ رہی تھیں کہ نیتاجی نے انڈین نیشنل آرمی کی بنیاد رکھ دی ہے اور وہ چند ہی روز میں ہندوستان فتح کر کے اسے آزاد کروا رہے ہیں۔

مستری دان سنگھ کی رہائی کی خوشی میں ماسٹر صاحب نے اپنے چوبارے پر چار چراغ چومکھیا جلائے تھے اور نوچندی جمعرات سے لے کر اگلی نوچندی تک مہینہ بھر تک اس کا التزام کیا تھا۔ دوسری جمعرات انہوں نے دربار صاحب میں اکھنڈ پاٹھ بھی کرایا تھا اور اس کے سارے اخراجات خود برداشت کئے تھے۔ نہر کے بنگلے سے میرے کالج ٹیلی فون کر کے دو دن کے لئے مجھے بھی بلا لیا اور جب ہم سروں پر رومال باندھ کر دان سنگھ کے ساتھ

گوروگرنتھ صاحب کو سلام کرنے اندر داخل ہوئے تو میں یہ دیکھ کر حیران رہ گیا کہ ماسٹر صاحب نے دوگھٹنے زمین پر ٹیک کر اور دونوں ہتھیلیاں فرش پر لگا کر اپنا سر گوروگرنتھ صاحب کے آگے بہت ہی نیچا کر کے جھکا دیا۔ وہ پورا ماتھا ٹیکنا تو نہیں تھا البتہ ایک طرح کا سجدہ ہی تھا۔ میرے دل میں ذرا سی گھبراہٹ پیدا ہوئی اور میں دو قدم پیچھے ہٹ گیا جہاں دان سنگھ سنگ مرمر کے فرش پر ماتھا ٹیکے رو رہا تھا اور اس کا بدن مسلسل ہچکیوں کی وجہ سے پرانی لاری کی طرح سٹارٹ ہو کر کانپ رہا تھا۔

جب تک ماسٹر صاحب اپنے سجدوی رکوع سے بر آمد نہ ہوئے میں اور دان سنگھ ہاتھ باندھ کر گوروگرنتھ صاحب کے سامنے کھڑے رہے۔

اکھنڈ پاٹھ کے بعد ماسٹر صاحب میرے ساتھ ضلع آگئے اور ایک دن مہادویالہ کے نگران شنکر داس کے یہاں گزار کر اگلے دن مجھے ہربلبھ کے میلے پر جالندھر لے گئے۔ اس میلے نے مجھے اپنی زندگی سے اکھیڑ کر ایک اور ہی دنیا سے وابستہ کر دیا اور میں ان خیالوں میں رہنے لگا کہ خواب کی دنیا' خاص طور پر رات ڈھائی بجے سے صبح پانچ کی دنیا ہی اصل دنیا ہوتی ہے باقی سب دھوکا اور سراب ہے۔

ہم عملی طبلہ نواز کے ڈیرے پر ٹھہرے تھے جس کی کل کائنات طبلوں کی ایک جوڑی' گلے کا ایک میلا چیکٹ تعویذ اور پیتل کا ایک تاملوٹ تھا۔ وہ تاملوٹ میں ڈوڈے ڈال کر سارا دن انہیں ملتا رہتا اور شام کے وقت اپنا عمل کر کے پینک میں جب طبلہ بجاتا تو میرے سرکار زمین پر بیٹھ کر اس کے دونوں پاؤں پکڑ لیتے اور جب تک وہ طبلہ بجاتا اسی طرح بیٹھے رہتے۔ بہت سے زائرین اس کے ڈیرے پر جمع ہو جاتے اور پھر اتنی بھیڑ ہو جاتی کہ لوگوں کے ہجوم میں دم گھٹنے لگتا۔

ایک دوپہر عملی نے ڈوڈے مسلتے ہوئے مجھے بتایا کہ میرے استاد ماسٹر بالی کا باپ طفیل خان اور عملی دونوں شام چوراسی کے رہنے والے تھے اور گہرے دوست تھے۔ دونوں جوڑی بجاتے تھے اور استادوں کے ساتھ سنگت کرتے تھے۔ میرے استاد ماسٹر بالی کی ماں بغدادی بی بی اپنے اکلوتے بیٹے اقبال خاں کو چھوڑ کر ہیرے نانبائی کے ساتھ بھاگ گئی تھی اور طفیل خاں اپنے بیٹے کی انگلی پکڑ کر شام چوراسی سے مدراس چلا گیا تھا۔ آخری عمر میں وہ پھرتا پھراتا اور دھکے کھاتا تخت پور پہنچ گیا اور ڈھول گلے میں ڈال کر بھرائیوں کا کام کرنے لگا۔ عملی نے ڈوڈے مسلتے ہوئے چہرہ اوپر اٹھا کر کہا "طفیل خان بڑا گنی آدمی تھا پر قسمت

نے اسے طبلچی سے بھرائی بنا دیا۔ مرنے سے چند مہینے پہلے اس نے چٹھی لکھ کر مجھے شام چوراسی سے بلوایا اور بالی خاں کا ہاتھ میرے ہاتھ میں دے کر کہا "اب اس کا والی وارث تو ہے چاہے تو اپنے ساتھ شام چوراسی لے جا اور مناسب سمجھے تو اسے کسی دربار میں نوکر کرا دے۔ میرا کھیل تماشا ختم ہے اور میری بس ہے!"

عملی کہنے لگا میں تیرے استاد کے باپ کی موت کے بعد تین مہینے تک میں تخت پور میں رہا لیکن تیرا استاد میرے ساتھ شام چوراسی جانے پر رضامند نہ ہوا۔ پھر میں نے مہاراجہ فرید کوٹ کے دربار میں اس کی نوکری کا بندوبست بھی کیا لیکن یہ نہیں مانا اور ایک ہی ضد پر اڑا رہا کہ تخت پور میں میرے باپ کی قبر ہے اس کو چھوڑ کر نہیں جاؤں گا' سو نہیں گیا۔

میں نے کہا "اور ان کی والدہ 'بغدادی بی بی؟"

بولا "زندہ ہے مگر بہت بوڑھی ہو گئی ہے۔ کانوں سے اونچا سنائی دیتا ہے اور آنکھوں میں موتیا اتر آیا ہے۔ لوگ بڑے استاد کی بیوی جان کر بڑا مان آدر کرتے ہیں پر بیٹے کو بہت یاد کرتی ہے۔"

"ان کو پتہ نہیں کہ ان کا بیٹا کہاں رہتا ہے؟" میں نے پوچھا۔

"ناں" عملی نے ایک ڈوڈے کو تاملوٹ سے نکال کر دیکھتے ہوئے کہا "ناں اس کو پتہ ہے اور نہ ہی میں بتاتا ہوں۔"

"اور وہ نابیائی؟"

"وہ بیچارا لدھیانے میں فوت ہو گیا۔ ریلوے لائن کراس کر رہا تھا اوپر سے گاڑی آ گئی' وہیں ختم ہو گیا۔"

جالندھر میں قیام کے دوران میرا کئی مرتبہ دل چاہا کہ ماسٹر صاحب سے ان کی والدہ کا اور ان کے شہر کا تذکرہ کروں لیکن مجھے حوصلہ نہ ہوا۔ کچھ ایسے لگتا تھا کہ اگر میں ان سے اس بات کا تذکرہ کروں گا تو وہ مجھ سے قطع تعلق کر لیں گے اور دوبارہ ان سے ملنا ناممکن ہو جائے گا۔ اس اندیشے نے ایسے اہم تاریخی واقعے کو میرے ذہن سے بالکل محو کر دیا اور میں جلد ہی اپنی نارمل حالت کی طرف لوٹ گیا۔

۶

ہربلبھ سے واپسی پر میرا اندر باہر راگ رنگ سے بھیگ گیا تھا اور ہر دے میں ہر وقت جلترنگ سا بجتا رہتا تھا۔ ہوسٹل پہنچ کر میں نے اپنا کلارنٹ نکالا' جوڑوں پر دھاگا لپیٹا۔ چابیوں کو صاف کر کے سپرنگوں کو سنگر کا تیل دیا۔ ڈھکینوں کو ولایتی صابن کے سلوشن سے صاف کیا اور باڈی پر کھوپرے کا تیل مل کر اسے لشکایا۔ ماؤتھ پیس کو پانی میں ڈوبا دے کر تر کیا اور سیلی پتی کو لب لگا کر جب میں نے سرگم بجایا تو یوں لگا جیسے یہ آواز کہیں اور سے آئی ہو۔ کسی گھپا کے اندر سے یا نرسلوں کے جنگل سے۔ میں نے ایک پاؤں کرسی پر رکھ کر اور دوسرے پر پورا بوجھ دے کر اپنے استاد کے انگ میں تلک کامود کی نقل شروع کر دی۔ مجھے اس کی تین تال کی سرگم تو یاد تھی پر اس کی خاص تان: پانی سارے گاسا۔ سارے گاما پا سارے گاسا بیچ میں پلٹا کھا جاتی تھی۔ بجاتے بجاتے کبھی اس کی شکل دیس کی بن جاتی تھی اور کبھی تلنگ کے آس پاس پہنچ جاتی تھی۔ سمجھ کم تھی' صرف گھوٹا لگایا ہوا تھا۔ ادھر سے ادھر نکل جاتا۔ ادھر سے کچھ اور ہی شروع ہو جاتا لیکن کیفیت کمال کی تھی۔ غلط سلط بجاتا رہا اور بجاتا ہی گیا۔ بعد میں مجھے احساس ہوا کہ کچھ بھی نہیں تھا' نہ کوئی راگ تھا نہ سرگم درست تھا۔ بس اک شیخی سی تھی اور چند راگوں کے نام یاد تھے۔ لیکن اس شیخی کا ایک فائدہ ضرور ہوا کہ میں نے باقاعدگی سے ریاض شروع کر دیا اور اپنے بھانویں خود کو اگلے ہربلبھ کے لئے تیار کرنے کا پروگرام بنالیا۔

بین' پونگی' بانسری کلارنٹ جہاں بھی بجتی ہے وہاں کچھ نمودار ضرور ہوتا ہے اردگرد کچھ بھی نہ ہو۔ بس خالی اور سپاٹ ہو۔ دور دور تک کوئی آثار نہ ہو۔ نہ ویرانہ ہو نہ سنسان' نہ زمان ہو نہ مکان' نہ ہونا ہو اور نہ ہو سکنا تو اس کے درمیان ہویدا ہو جاتا ہے۔ اصل میں تو کوئی درمیان بھی نہیں ہوتا بس ہستی ہی بل کھا کر ہویدا بن جاتی ہے۔ لوگ ہر بل کھانے والی چیز کو سانپ سمجھ لیتے ہیں حالانکہ وہ سانپ نہیں ہوتا۔ بین کی آواز پر ہویدا ہوتا ہے' لوگ ہویدا

کو سانپ کہنے لگ جاتے ہیں!

ایک دوپہر میں اپنا کمرہ اچھی طرح سے بند کر کے کلارنٹ بجا رہا تھا اور کومل سروں پر رک رک کر زبردستی اپنا بدن لہرا رہا تھا ساتھ ساتھ کلارنٹ کو بین بجیا جوگیوں کی طرح گردش بھی دے رہا تھا کہ میرے دروازے پر دستک ہوئی۔ میں نے رک کر کان آہٹ پر لگائے تو پھر کسی نے دھپ دھپ میرا دروازہ بجایا۔ کلارنٹ چارپائی پر رکھ کر میں نے دروازہ کھولا تو سامنے رجنی کھڑی تھی۔ اس نے مسکرا کر میری طرف دیکھا اور پھر گردن گھما کر اپنے ساتھی سے آؤ کہا...... اور اندر داخل ہو گئی۔ سر سے چادر اتار کر میری چارپائی پر پھینکتے ہوئے اس نے اپنے گریبان کو چٹکی سے پکڑ کر اس میں دو تین بار ہوا بھری اور پھر کہنے لگی "ہم فیروزپور آئے تھے سوچا تم سے بھی ملتے چلیں۔ یہ میرے پتی ہیں۔ ہائے آج کتنی گرمی ہے۔" میں نے اس کے پتی سے ہاتھ ملایا تو مجھے یوں لگا جیسے میرے ہاتھ سبز کائی والے جوہڑ کا مینڈک آگیا ہو۔ وہ چھوٹے قد کا ایک کم رو اور بے یقیناً سا شخص تھا جس نے سر پر پیلے رنگ کی پگڑی باندھی ہوئی تھی اور ماتھے پر سرخ رنگ کے قشقے میں چاول کا ایک دانہ چمٹا ہوا تھا۔

میں نے اپنی کرسی اسے پیش کرتے ہوئے خندہ پیشانی سے بیٹھنے کا اشارہ کیا اور وہ کچھ کہے سنے بغیر دھب سے اس میں بیٹھ گیا۔ رجنی کہنے لگی "ان کے فالسے کے اپنے باغ ہیں اور منڈی میں آڑھت کی دکان ہے۔ میرے سسر کے اکلوتے بیٹے ہیں اور سارا کام انہوں نے ہی سنبھالا ہوا ہے۔"

اسے دیکھ کر مجھے پہلی مرتبہ اپنے ظلم کا احساس ہوا کہ میں نے کیوں رجنی کی ماں سے بات کی اور کیوں اسے آڑھت کے کنوئیں میں دھکیلا۔

رجنی امید سے تھی اور بڑی بے تکلفی کے ساتھ میرے بستر پر نیم دراز تھی۔ میں پائنتی کی طرف بیٹھا تھا اور اس نے میرا تکیہ اور کھیس ملا جلا کر ایک گاؤ تکیہ سا بنا لیا تھا جس سے ڈھو لگا کر وہ پہلو کے بل یوں لیٹی ہوئی تھی کہ اس کی ایک تہہ شدہ ٹانگ تو بستر پر تھی اور دوسری کا پاؤں ابھی تک زمین پر ٹکا ہوا تھا۔

میں نے اس کے خاوند کی طرف منہ کر کے کہا "آپ لسی پئیں گے کہ چائے؟"

رجنی نے اس کے جواب سے پہلے منہ پھاڑ کر کہا "یہ بھی کوئی موسم ہے چائے کا، لسی منگواؤ۔"

جب میں ٹک شاپ پر لسی کا آرڈر دینے کے لئے اٹھا تو اس کے پتی نے منمنی آواز میں

پوچھا" رسویا کون ہے؟"

رجنی نے جھڑک کر کہا" یہاں سبھی ہندو کرمچاری ہیں پنڈت جی' آپ مریں ناں کچھ نہیں بھرشٹ ہوتا۔" اس نے ویسی مریل آواز میں کہا" میں نے تو ایسے ہی پوچھا تھا۔"

جب میں ٹک شاپ کے لڑکے سے سینی اٹھوا کر دو گلاس جھاگ والی لسی بنوا کر لے آیا تو رجنی نے چھوٹتے ہی کہا" اور تمہارا گلاس؟"

میں نے کہا" میں نے ابھی چائے پی ہے اس لیے اوپر سے ٹھنڈی لسی نہیں پی سکتا۔" پھر میں نے پنڈت جی کو سنانے کی غرض سے لڑکے کا نام اونچی آواز میں پکار کر کہا" شمبھو! گلاس ذرا ٹھہر کر لے جانا۔" اور جب وہ چلنے لگا تو میں نے کہا" شنکر سے کہنا دو گلاس ہی لکھے ایک اور نہ ڈال دے میرے نام۔"

شمبھو" اچھا جی" کہہ کر چلا گیا تو میں نے دیکھا کہ رجنی دو ہی بڑے بڑے گھونٹوں میں آدھا گلاس ختم کر گئی تھی اور اس کا پتی برف کی ڈلیوں سے ڈر ڈر کر اپنا منہ بار بار گلاس سے اٹھا لیتا تھا۔

رجنی نے کہا" اس طرح سے جو تربک رہے ہو تو باہر جا کر ساری ڈلیاں ایک ایک کر کے انگلی سے نکال آؤ اور آ کر آرام سے پیو۔"

وہ چابی والے گڈے کی طرح اٹھا اور ڈلیاں گلاس سے نکالنے باہر چلا گیا۔ رجنی نے گلاس میری طرف بڑھا کر کہا" اوئے دفع ہونے تو بھی پی لے۔ بڑی مزیدار ہے۔"

میں نے گلاس لے کر ابھی دو گھونٹ ہی پئے تھے کہ اس نے جھپٹا مار کر گلاس پھر اپنے ہاتھ میں لے لیا اور پھر لسی پینے لگی۔

اس کے پتی نے باہر سے آ کر بتایا کہ انگلی ٹیڑھی کر کے بھی ڈلی بڑی مشکل سے پکڑی جاتی تھی۔ چار تو نکل گئیں ایک ابھی بھی اسی طرح سے تیر رہی ہے۔

" رجنی نے کہا" کوئی بات نہیں اب یہ تم کو تنگ نہیں کرے گی۔ اس کو سمجھا دیا ہے۔"

لسی پیتے ہوئے اور گریبان میں ہوا دیتے ہوئے رجنی نے مجھ سے میرے گھر والوں کی بابت پوچھا۔ میری پڑھائی اور امتحانوں کے بارے میں فکرمندی کا اظہار کیا اور اپنے خاوند کو بتایا کہ میں مرلی بہت اچھی بجاتا ہوں۔ کلارنٹ کی جگہ مرلی کا نام سن کر مجھے اپنے آپ سے اور اپنے کلارنٹ سے ہینگ کی سی بو آنے لگی۔ میری اس بیزاری کو بھانپ کر وہ ہولے سے ہنسی اور کہنے لگی" ذرا دکھاؤ تو پنڈت جی کو اپنی مرلی۔"

میں نے بادل ناخواستہ کلارنٹ اٹھایا اور اسے پنڈت جی کے سامنے پیش کر دیا۔ انہوں نے اسے ایک نظر لسّی والے گلاس کے اندر سے دیکھا اور گلاس سمیت اثبات میں سر ہلا دیا۔

رجنی نے کہا "ریاض کرتے ہو؟"

میں نے کہا "پہلے تو میں نے چھوڑ دیا تھا پر اب پھر سے شروع کر دیا ہے۔"

"چھوڑ کیوں دیا تھا" اس نے ہیڈ مسٹریس کے لہجے میں پوچھا۔

میں نے کہا "بس ایسے ہی، من نہیں لگتا تھا۔"

کہنے لگی "من لگانے والی کے آنے میں تو ابھی کافی دیر ہے جب تک اس سے اور پڑھائی سے دل لگانا پڑے گا۔" پنڈت جی نے لسی کا گلاس ختم کر کے میز پر رکھا تو رجنی بولی "اپنے استاد سے سبق لینے جاتے ہو؟"

میں نے کہا؟؟ برہ کے ماروں کا سبق لینا کیا۔ ادھر میرا استاد ادھر میں، بیچ میں دکھ کا گہرا ساگر۔ لمبا فاصلہ لمبا راستہ...... جھولا کون جھلائے۔"

میری بات سنی ان سنی کر کے بولی "کوئی ایسا کلارنٹ بجا سکتا ہے جیسا مسجد کے باہر اس روز بجا تھا؟"

پھر خود ہی کہنے لگی "کوئی نہیں بجا سکتا۔ دیوتا بجا سکتا ہے، پر دیوتا بار بار پرتھمی پر تو نہیں آتے۔ آسکتے ہیں؟"

"کیوں نہیں آسکتے" اس کے پتی نے مردانہ آواز میں کہا "وہ شکتی مان دیو ہوتے ہیں جب چاہیں آجائیں پرنتو ان کو مجبور نہیں کیا جاسکتا۔"

"پھر ایک بار تو وہ آچکے ہیں" رجنی نے کہا "پر اب کوئی خاص امید نہیں ہے۔"

میں نے کہا "کیوں نہیں جی، ان کی موج ہے چاہیں تو پھر آجائیں نہ چاہیں تو کبھی نہ آئیں......"

"اور کھیتیاں سوکھی رہ جائیں" رجنی نے بات کاٹ کر کہا۔

"سوکھی کیوں، کھیتیاں تو سرسبز ہیں" میں نے کسی کی طرف دیکھے بغیر کہا۔ تو رجنی بولی "جھاڑ جھنکاڑ، جڑی بوٹی اور سرکنڈے کے بیڑ کھیتی نہیں ہوتے، ایسے ہی پھیلتے جاتے ہیں۔"

تھوڑی دیر تک ہم خاموش رہے۔ پھر میں نے چور آنکھوں سے رجنی کی طرف دیکھا۔ گربھ کی وجہ سے وہ جسمانی طور پر خوبصورت ہو گئی تھی لیکن اس کی آنکھوں میں وہ چمک اور بالوں میں وہ مہک نہیں تھی۔ اس کو شاید اچھی طرح سے معلوم تھا کہ میں اس کی ماں سے ملا

تھااور میں نے ہی اس کی زندگی میں نہ ختم ہونے والا کھنڈت ڈالی تھی۔ لیکن اس کے رویے سے اندازہ ہوتا تھا کہ اپنے سر پر خاک اور خاکستر ڈالنے والے کو وہ دل سے معاف کر چکی ہے۔ تھی تو باہمنی پر انتکبار کی اصل مسلمانی تھی۔

جب وہ اٹھ کر جانے لگے تو میں نے اپنے کوٹ کی جیب سے ایک روپیہ نکال کر رجنی کو دیتے ہوئے کہا "تو پہلی مرتبہ میرے گھر آئی ہے یہ تیری نذر ہے۔" اس نے روپیہ لے کر ماتھے سے لگایا اور اپنے گریبان کے اندر رکھ لیا۔ میرے پاس کوٹی کے ہیئر آئل کی ایک بند شیشی تھی جو میں نے جیجاجی کی خدمت میں پیش کی۔ انہوں نے ڈھکنا کھول کر اسے سونگھا پھر خوش ہو کر بولے "بڑی سواد شٹ سنگدھ ہے۔"

میں انہیں تانگے میں بٹھا کر لاریوں کے اڈے تک چھوڑنے گیا۔ جیجاجی کے پیچھے لاری میں داخل ہوتے وقت رجنی نے میرے بازو میں اتنے زور کی چٹکی کاٹی کہ میں درد سے بلبلا اٹھا۔ جیجاجی نے پیچھے مڑ کر دیکھا تو رجنی کہنے لگی "قمیص اتارو قمیص اتارو۔ اس میں ضرور کوئی بھڑ گھس گئی ہے' اتاروگے نہیں تو پھر کاٹے گی۔"

میں نے قمیص کے بازوؤں کو اور اس کے دامن کو زور سے جھٹکا اور مسکرا کر کہا "نکل گئی ہے۔"

رجنی بولی 'کالی تھی کہ پیلی دفع ہونی!"

میں نے کہا "ملی جلی تھی' کالی اور پیلی۔"

جیجاجی بولے "پھر تو ڈیمو ہو گا کابلی بھونڈ۔"

میں نے کہا "ہاں کچھ ایسا ہی تھا۔ ادھر کو اڑ گیا ہے۔"

رجنی اپنی سیٹ پر بیٹھ کر ہنسنے لگی اور کھڑکی سے منہ نکال کر بولی 'کالی بلاؤں اور کیڑے پتنگوں کا دھیان رکھا کرو۔ پردیس میں رہتے ہو اگر کچھ ہو گیا تو ہم اتنی دور سے آ بھی نہیں سکیں گے۔" پھر وہ شرارت سے ذرا اونچی آواز میں ہنسنے لگی اور ہنسی ہنسی میں لاری سٹارٹ ہو گئی۔

7

جب میں لاریوں کے اڈے سے آہستہ آہستہ چلتا واپس اپنے ہوسٹل آ رہا تھا تو مجھے مستری دان سنگھ یاد آ گیا۔ دراصل وہ یاد نہیں آیا اس کی کہانی یاد آ گئی۔ وہ کہانی ہم نے اس سے اتنی مرتبہ سنی تھی کہ زبانی یاد ہو گئی تھی اور میں اور میرے استاد اسے پیرا بائی پیرا ایک دوسرے کے آگے پیچھے اسی تسلسل میں سنا لیتے تھے جس طرح دان سنگھ سنایا کرتا تھا۔

مستری دان سنگھ میں دو خوبیاں تھیں ایک تو وہ کاٹھ کے کام کا بہت ہی اونچا فنکار تھا اور اس تخلیقی صلاحیت نے اسے اعلیٰ درجے کا کبت جوڑ اور قافیہ داں شاعر بنا دیا تھا اور اس کے طنزیہ اور ہجویہ کبت کسی پر گراں نہیں گزرتے تھے' دوسرے وہ جب بھی اپنے اڈے پر پاؤں کے بل یا سرین کے بل بیٹھ کر کام کرتا تو آدھا ننگا ضرور ہوتا۔ کچھہرے کی موہری میں سے کبھی سجے پاسے اور کبھی کھبے پاسے' اس کی برہنگی ضرور عیاں رہتی اور وہ اپنی لگن کے ساتھ کار کیئے جاتا۔ اس کا ننگ ایک چھوٹے بچے کا ننگ تھا جو اس کی ذات کا ایک اہم حصہ تھا۔ اس میں فحش اور عریاں انسانوں والا قصہ نہیں تھا۔ نہ ہی اس کی نشست عمداً فحش ہوتی تھی۔

ماسٹر بالی جب بھی اس سے جل پری کی کہانی سننے کی فرمائش کرتے تو وہ گردن کے پیچھے کیسوں میں کھڑی انگلی پھیر کر کہتا ”تو نہ بھی کہتا ناں ماسٹر تو میں نے یہی بات سنانی تھی۔ کیوں بھلا؟...... وہ اس واسطے کہ مجھے دوسری کوئی کہانی آتی ہی نہیں۔

”لو جناب آج سے دور' اگلے زمانے اور پرانے وقتوں میں بلکہ اگلے سے بھی اگلے زمانے میں' بہت ہی پہلے اک سردار' جاگیردار' شاہ وریام اپنے رقبے پر بڑے ٹھاٹھ باٹھ سے ہنسی خوشی رہتا تھا اور اپنے کمی کمین' گولے مزارعے' بردے کامے کا بڑا خیال رکھتا تھا۔ ان کے

ان پانی، کپڑے لتے اور رہت رہائش کی ہر مہینے کی چودھویں تاریخ کو جا کر آپ پڑتال کرتا۔ جس شے کی ضرورت ہوتی کاغذ پر لکھ کر ساتھ لے جاتا اور حویلی سے اپنی بگھی میں یا گڈ میں رکھوا کر فوراً بھجوا دیتا۔ سارے بردے غلام، تیلی نائی، موچی بھرائی، کمہار چمار، میرے جیسے ترکھان لوہار، سائیس لانگری چوکیدار، ماشکی جھیور سارے اس کو دن رات سیس دیتے تھے اور اس کے جس گاتے تھے۔

لو جناب ایک ہی ایک سردار کا بیٹا اور چھ سو مربع زمین۔ ہتھیلی جیسے کھیت، ہریاں کالیاں پیلیاں، سب آباد سب شاداب، اپنے موگے اپنا سوا، اپنے ناکے، چھے چھے انچ بور کے بارہ ٹیوب ویل (یہاں سے مستری دان سنگھ قصہ کو نیا اور پرانا زمانہ ایک کر دیتا) دس ٹریکٹر سولہ ٹرالیاں، دو تھریشر، سو اوپر بیس جوڑیاں ناگوری اور دھنی بیلوں کی۔ پچاس گڈے، ستر ہل، ایک اصطبل دیسی گھوڑوں کا ایک میں ولایتی ریس کے گھوڑے، پچاس بھینسیں کالی بھوری راوی پار کے علاقے کی اور بیس گائیں ولایتی جن کے اوپر گورے نوکر مشینوں کے ساتھ دودھ نکالیں اور ایک ایک گائے من من سوا سوا من دودھ دے۔ چار ولایتی موٹریں ایک جرمن لینڈو گاڑی۔ یہ اگلے زمانے کی بات ہے اس وقت ایسی ہی گاڑیاں ہوتی تھیں لینڈو اور کھلی چھت والی...... حویلی کے اندر باہر چاروں طرف باغ ہی باغ، میوے ہی میوے، بلبلوں، لالیوں، موروں چکوروں سے بھرے باغیچے، ہرنوں، چیتلوں پاڑھوں اور بھگیاڑوں سے بھرے رکھ اور جنگل۔ بڑا زمانہ تھا۔ بڑا اسمان تھا۔ اچھے لوگ تھے، بھاگوان راجے صبر مند رعایا۔ شیر بکری ایک گھاٹ پانی پیتے تھے پر یہ اگلے زمانوں کی بات ہے جب ابھی کل جگ کا راج نہیں آیا تھا۔

لو جناب! ایک ہی ایک سردار کا بیٹا۔ سوہنا اور من موہنا۔ دیکھے سے بھوک مٹے درشن کرنے سے روگ کٹے۔ چلے تو ایسے ساون بھادوں کی پھوار اترے۔ بات کرے تو پھول پنکھڑیوں سے دھرتی بھر جائے۔ ہنسے تو اس کی آواز سے اندھیرے گھروں میں چاننا ہو جائے۔ علم کا ایک مہا ساگر کہ بڑے بڑے گیانی ودوانی اس سے سبق لینے آئیں۔ دیالو اپنے باپ جیسا اور سلکھنا اپنی ماں سے بھی دو قدم آگے۔ بڑے شہر کے بڑے کالج میں پڑھتا تھا۔ بڑی بڑی گوری میمیں اس سے اکھ مٹکا لگانے کی خواہش مند پر وہ کسی کی طرف آنکھ اٹھا کر بھی نہ دیکھے۔ سیدھا کالج جائے اور کالج سے واپس اپنی کوٹھی آجائے جو اس کے باپ نے خاص طور پر آٹھ کنال کے اندر اس کو بنوا کر دی تھی۔ اندر نائی، دھوبی، اندر ہی بیرے

خانسامے' اندر ہی اشنان کرنے کا تالاب اور اندر ہی گیند بلا کھیلنے کا میدان۔ ہ جس کسی کو ملنا ہو باہر ڈیوڑھی پر نام لکھائے پرچی کٹوائے ٹیلیفون پر آواز لگائے پھر اندر جائے۔

لو جناب! گرمیوں کی چھٹیوں میں ایک بار جب سردار زادہ شہزادہ گھر واپس آیا تو سارے علاقے میں ڈھول بجے شہنائیاں کوکیں۔ رات کو آتش بازی چلی' سو دیگیں چاولوں کی چالیس دال کی اور ساٹھ دیگیں میٹھے چاولوں کی پکیں۔ دور دور کے غریب غربا کھیسوں چوتہیوں میں گٹھڑیاں باندھ کر پوش پوش کرتے اپنے اپنے گاؤں لے گئے۔ خود بھی کھایا دوسروں کو بھی کھلایا۔ روزے رکھے بغیر ہی عیدیں ہو گئیں۔

لو جناب! ایک دن کرنا واہگورو سچی سرکار کا کیا ہوا کہ صاحبزادہ کتاب لے کے حویلی کے باغیچے میں بیٹھا پڑھ رہا تھا کہ اس کی نظر سامنے پڑی۔ ایک چھوٹے سے کچے پکے گھر کے برآمدے میں ایک لڑکی سولہ سترہ سال کی کچے پٹ کی پھلکاری باندھے اور ململ کی کرتی پہنے صاحبزادے کی طرف دیکھ رہی تھی۔ چوپنڈے بھرے بھرے گول' سینہ ابھرا ہوا۔ گردن میں سیپ کے چھلکوں کا گلوبند لیکن آنکھ میں ٹیڑھ۔ دانتوں کے درمیان چوڑی ورل اور ماتھے کے اوپر بائیں طرف ایک مسّہ۔ صاحبزادہ اس مورتی کو دیکھ کر پڑھنا پڑھانا بھول گیا۔ کتاب گودی سے نکل کر گھاس پر گر گئی۔ اینڈی پن کھلے کا کھلا رہ گیا۔ پران آنکھوں میں آگئے۔ اپنی جگہ سے اٹھا۔ پیر بوٹوں میں ڈالے تسمے کھلے چھوڑ دیئے اور سیدھا مورتی کی طرف یوں چلا جیسے منتر کھل کر بلا رہا ہو۔

لو جناب! لڑکی کے سامنے جا کے صاحبزادے کی سانس سکت ختم ہو گئی۔ پہلے تو کھڑا اسے دیکھتا رہا پھر آگے بڑھ کر چری کے پولے کی طرح لڑکی کو اپنی بانہوں میں اٹھا لیا' اور سینے سے لگا لیا۔ لڑکی نے جب اپنا سر اس کے چوپنڈے پر رکھا تو کچے پٹ کی پھلکاری میں اس کی ٹانگیں کیلے کے کچے تنے کی طرح جھولا جھول گئیں۔ صاحبزادہ کچھ سوچے سمجھے اور پوچھے بولے بنا اس کو اٹھا کر حویلی کے باغیچے میں چلتا رہا اور سیدھا اپنی فٹن کے پاس پہنچ گیا۔ لڑکی کو سامنے والی سیٹ پر بٹھایا اور خود دوسری طرف سے ہو کر راسیں سنبھال کے اس کے ساتھ بیٹھ گیا۔ گھوڑے کو سانٹا مارا تو وہ کھڑے پیروں پر بجلی کی طرح چمکا اور ہوا ہو گیا۔ اسے تو آج تک کسی نے پھول بھی نہیں مارا تھا سانٹے کی تڑپ نے بے قرار کر کے سموں میں بجلیاں بھر دیں۔

لو جناب! گھوڑا سنبھالتے سنبھالتے اور راسیں کھینچتے صاحبزادے کے ہاتھ لہولہان

ہو گئے پر اس نے فٹن پر کنٹرول نہ چھوڑا۔ گھنٹوں کا رستہ منٹوں میں طے کر کے مورتی کو سیر کرانے دریا پر لے گیا۔ بیاس جوان جوگی کی طرح گھمن گھیریوں کی نتیاں، ہنسلیاں اور کنگن پہنے جھاگ اڑاتا بہے چلا جا رہا تھا مویشی چوپائے جانور، پنکھ پکھیرو کناروں سے دور ہو گئے تھے۔ لہریں ابل ابل کر ارد گرد چھینٹے مار رہی تھیں۔ صاحبزادے نے کنارے سے دور فٹن روکی۔ چھلانگ مار کر نیچے اترا اور مورتی کی اور جا کر اپنی باہیں اس کی طرف پھیلا دیں۔ مورتی بیٹھی کی بیٹھی جھوم کر اس کے ہاتھوں میں آ گئی اور وہ اسے کچے کماد کی بھری کی طرح گود میں اٹھا کر ایک اونچے کنارے کے پاس آ گیا۔ بڑی دیر تک وہ ایک دوسرے کے سنگ موہنڈے سے موہنڈا ملائے باتیں کرتے رہے اور جب صاحبزادہ نے کھڑے ہو کے اس کی گات کے نیچے بانہہ ڈال کر اسے اٹھایا تو مورتی اس کے ہاتھ سے یوں نکل گئی جیسے چتری والے پکے کیلے کے چھلکے سے اس کی گلی نکل جاتی ہے۔ صاحبزادے کے ہاتھ میں کچے پٹ کی پھلکاری رہ گئی اور اس نے پانی میں گرتی ہوئی اپنی معشوق کے گول اور بھاری کولہے دیکھے جس کے نیچے مچھلی کا دھڑ تھا اور اس پر سونے جیسے رنگ کے جگ مگ جگ مگ کرتے چانے تھے۔ ڈوبتے سورج کی روشنی میں چانے سندھوری بجلی کی طرح چمکے اور پھر پانی میں غائب ہو گئے۔ صاحبزادے نے فریادی تان میں اونچے اونچے اپنی محبوبہ کو پکارا اور بین کرنے لگا۔ جل پری دو تین مرتبہ پانی کی سطح سے اوپر ابھری اور پھر نیچے چلی گئی۔

لو جناب! صاحبزادہ نے واپس کالج جانے سے انکار کر دیا۔ سوٹ بوٹ اتار کر گیروا ابرن پہن لیا اور حویلی کے اندر جوگ دان لے لیا۔ ماں باپ روتے کرلاتے آنکھوں سے لاچار اور حال سے بے حال ہو گئے۔ جن کا ایک اکیلا سوہنا پتر گھر میں رہتے سہتے بن باس لے لے ان ماں باپ نے تو جیتے جی ہی مر جانا ہے کہ ...... ہونی کے آگے کوئی پیش نہ چلی تو ماں باپ دیواروں سے ڈھو لگا کر موت کی انتظاری کرنے لگے۔ پورے تیس سال چھ سو مربعوں کا مالک اور محل ماڑیوں کا راجکمار پاگلوں اور مجنوؤں کی طرح اپنی جل پری کو تلاش کرتا رہا۔ وہ صبح سویرے منہ اندھیرے دریا کنارے پہنچ جاتا اور شام تک اس جگہ بیٹھا رہتا جہاں اس کی محبوبہ اس کے ہاتھ سے نکل کر دریا میں کود گئی تھی اور پھر تین مرتبہ ابھر کر اور اپنے آخری درشن دے کر ہمیشہ ہمیشہ کے لئے غائب ہو گئی تھی۔

لو جناب! پورے تیس سال اور ایک مہینے بعد جیٹھ کی اسی تاریخ اور شام کے ٹھیک اسی وقت جب مرن ہار صاحبزادہ دریا کنارے سر جھکائے بیٹھا تھا، اس کی جل پری معشوقہ نے پانی

سے سر باہر نکالا اور آہستہ آہستہ لہروں کو چیرتی اس کے پاس کنارے کے قریب آ گئی۔ اس کی شکل اب وہ پہلے والی نہیں رہی تھی۔ ٹیڑھی آنکھ کے بھینگے پن سے آنکھوں کے دونوں ڈھیلے اور قریب آ گئے تھے۔ گہری نیلی آنکھیں سیپ کی طرح سفید ہو گئی تھیں۔ دانتوں میں دو تین نئی وریلیں پیدا ہو گئی تھیں۔ ماتھے کا مسہ موٹا بھی ہو گیا تھا اور چھوٹے سے سونڈ کی طرح آگے کو بھی بڑھ آیا تھا۔ سر کے بال کم ہو کر جھالر سی بن گئے تھے اور نیچے کا خوبصورت سنہرا دھڑ جس کے اوپر سرین کا گول گنبد تھا اب سنولا گیا تھا اور پرانی بالٹی کی طرح نظر آنے لگا تھا۔ صاحبزادے نے رو کر کہا "میری جان محبوبہ باہر آ جاؤ اور میرے ساتھ چلو' میں نے تمہارے بغیر زندگی کے تیس سال نینوں پرانوں کو ایک طرف رکھ کر گزارے ہیں۔ اب میں زندگی کے آخری دن تمہارے بازوؤں میں گزارنا چاہتا ہوں۔ مجھ پر دیا کرو' باہر آ جاؤ' میرے ساتھ چلو اور میرے اندھیرے گھر میں چاننا کر دو۔

صاحبزادہ کی بنتی سن کر جل پری نے انکار میں سر ہلایا اور رونے لگی۔ روتے سار ہی اس کی گھگھی بندھ گئی اور ہچکیوں سے اس کے کندھے ہٹکورے لینے لگے۔

صاحبزادے نے تڑپ کر کہا "میری جان تم مجھے اس وقت بھی پیاری تھیں جب تمہارے دانتوں میں ورل تھی اور تمہارے ماتھے پر مسا خالی تھا اور اس وقت بھی تم میری جان کا ٹکڑا اور میرے دل کا ارمان ہو۔ اس کی پروا نہ کرو کہ تمہارا چہرہ لٹک گیا ہے۔ تمہارے دانت ٹوٹ گئے ہیں اور تمہارے چانے کالے پڑ گئے ہیں۔ میں اب بھی تم سے ویسا ہی پریم کرتا ہوں اور تم کو اسی طرح سے چاہتا ہوں۔"

صاحبزادے کی بات سن کر جل پری کی سسکیاں آہوں میں تبدیل ہو گئیں اور پھر ان آہوں سے کراہیں نکلنے لگیں۔ صاحبزادے نے رو کر کہا "بتاؤ میری جان۔ بتاؤ میری سندری۔ میری سجنی۔ من موہنی تم نے مجھے قبول کیوں نہ کیا۔ مجھ میں کیا عیب تھا۔ کیا برائی تھی۔ کیا خرابی تھی؟"

جل پری نے زار زار روتے ہوئے کہا "خرابی تم میں نہیں تھی میرے محبوب' میرے سوہنے راجکمار۔ خرابی مجھ میں تھی۔ تم ایک جاگیردار کے ایک سردار کے ایک وریام کے بیٹے ہو اور میں تمہارے مزارع حسو تیلی کی بیٹی ہوں۔ میری دوسری ساری خرابیاں تو دور ہو سکتی تھیں پر اس بیماری کا کوئی علاج نہیں تھا کہ میں ایک کمی کمین کی بیٹی ہوں میں کیا کرتی اور تمہاری شان کس طرح مٹی میں ملاتی!"

لاریوں کے اڈے سے لے کر اپنے ہوسٹل تک میں دان سنگھ کی یہ کہانی لفظ بہ لفظ بکھانتا آیا تھا اور سوچ رہا تھا کہ نہ تو رجنی حسو تیلی کی بیٹی ہے اور نہ ہی جیجا جی کوئی کم برہمن ہیں پھر رجنی کی ساری شان مٹی میں کیوں مل گئی۔ وہ زندگی کے رستے پر چلتی چلتی کال کی لکیر میں کیوں داخل ہو گئی۔ کیا یہ سب میری وجہ سے ہوا۔ اس کی پریت کے کارن ہوا۔ ماسٹر بالی کی بدولت ہوا یا پھر لکھے لکھائے لیکھ کی پوتھی آکاش سے اتری اور اس نے رجنی سے اندھیارے کے پھیرے لے لئے!

۸

ہیروشیما اور ناگاساکی پر یکے بعد دیگرے دو عدد ایٹم بم گرائے جا چکے تھے اور دوسری جنگ عظیم اپنے انجام کو پہنچ چکی تھی۔ ساری دنیا جنگ کے خاتمے پر خوشیاں منا رہی تھی اور ہر اتحادی ملک میں اور اس کے بہی خواہ ممالک میں اپنے اپنے طرز کا چراغاں ہو رہا تھا۔ امریکہ میں جگہ جگہ خوشی کے شادیانے بج رہے تھے اور تھوڑے تھوڑے وقفوں بعد ان شادیانوں کو روک کر ہیروشیما اور ناگاساکی کے بچے کھچے لوگوں کیلئے اظہار ہمدردی کی تقریریں بھی ہوتی تھیں۔ ان تقریروں میں ہیومن رائٹس، آزادی اظہار اور بنیادی انسانی حقوق کا تذکرہ ہوتا اور پھر ہیروشیما اور ناگاساکی کی صفحہ ہستی سے مٹ جانے والی مخلوق کے لئے دعائیں بھی مانگی جاتیں۔ جشن کے جلوسوں میں پادری ساتھ ساتھ چلتے تھے اور نیست و نابود ہو جانے والوں کے لئے مغفرت کی دعا کرتے تھے۔

فتح کی خوشی میں سکولوں، کالجوں اور سرکاری محکموں کو چھٹیاں دی گئیں۔ جگہ جگہ برطانوی جھنڈوں کی سلامیاں اتاری گئیں۔ شاعروں نے تہنیت نامے لکھے۔ اخباروں رسالوں نے خصوصی نمبر شائع کئے چھوٹے چھوٹے علاقوں میں بھی مشاعروں اور قوالیوں کا اہتمام کیا گیا۔ شہر بہ شہر ٹورنگ ڈرامے گھمائے گئے جن میں ہٹلر، مسولینی اور ہیروہتو کا کردار ادا کرنے والوں پر جوتوں، روڑوں، گلی سڑی سبزیوں کی بارش کی جاتی۔ میں ایسے ڈراموں میں تھیلا بھر کر پلپلے بینگن لے جاتا تھا کہ ان کا نشانہ خوب لگتا تھا اور ان کا ملبہ آسانی سے اترتا نہیں تھا۔

ماسٹر بالی کو اس فتح کی ذرہ بھر خوشی نہ ہوئی تھی۔ ڈپٹی کمشنر صاحب نے انہیں ضلع کے فنکشن کے لئے بلایا تو بیمار ہو گئے۔ مقامی ڈاکٹر نے بموجب ارشاد جناب ڈپٹی کمشنر صاحب انہیں چیک کیا تو واقعی شدید پیچش اور مروڑ کے مریض نکلے، انہیں دوا دی گئی تو الٹا اثر ہوا۔ مرض نے شدت اختیار کر لی اور وہ مرتے مرتے بچے۔

میں نے ان سے اس فتح عظیم سے کنارہ کشی کر کے لیٹے رہنے کی بابت پوچھا تو ایک سرد سی آہ بھر کر بولے ”کیسی فتح اور کیسی شکست یہ سب کھیل تماشا ہے۔ کچھ اوپر والے نے رچا رکھا ہے۔ کچھ ان مورکھوں نے وقت کاٹنے کو اپنا لیا ہے۔ فتح اس کو نہیں کہتے۔“

”تو پھر کس کو کہتے ہیں؟“ میں نے حیران ہو کر پوچھا۔

انہوں نے دو تین مرتبہ مقام قلب پر زور زور سے ہاتھ مارا اور بولے ”اسے فتح کرنے کو فتح کہتے ہیں، بندے مارنے کو نہیں۔“

چونکہ ان کا علم محدود تھا اس لیے میں نے آگے بولنا مناسب نہیں سمجھا۔ بھلا بندے مارے بغیر کوئی کس طرح سے فتح حاصل کر سکتا ہے اور دشمن کی پسپائی کے بغیر کیسے اعلان کیا جا سکتا ہے کہ فتح حاصل ہو گئی ہے۔ مدمقابل کو نیست و نابود کئے بنا فتح کا احساس کیونکر ہو سکتا ہے اور بدذن حریف کا قلع قمع کئے کس طرح سے فتح کی خوشی منائی جا سکتی ہے۔

ماسٹر صاحب کئی دن تک بیمار رہے اور بہی دانے کا لعاب اور گوندکتیرا پیتے رہے۔

فتح کی خوشیاں منا چکنے کے چند ہی دن بعد ہندوستان بھر میں سیاست کا بازار گرم ہو گیا۔ کانگرس اور مسلم لیگ نے ایک دوسرے کے سامنے پرے جما لیے اور ان کے درمیان نظریات کی جنگ شروع ہو گئی۔ ہمارے تخت پور میں گو ہندو سکھ آبادی نوے فیصد کے قریب تھی پھر بھی مسلم لیگ خم ٹھونک کر ان کے مقابل آ گئی اور اس نے اپنے حقوق کا علم بلند کر دیا۔ مسلمان تعداد میں کم، دولت میں صفر، ملازمت میں قلیل اور تعلیم میں برائے نام ہونے کے باوصف ایک طاقت بن کر ابھر رہے تھے۔ وہ ایک طاقت بن کر کیوں ابھر رہے تھے اور اتنی ساری کمزوریاں مل کر ایک بڑی کمزوری کے بجائے طاقت میں کیوں منتقل ہو رہی تھیں ایک راز تھا جس کی سمجھ نہ مسلمانوں کو تھی اور نہ ان کے حریفوں کو۔

مسلمانوں کے حریف زیادہ پڑھے لکھے، زیادہ دولتمند، زیادہ تربیت یافتہ اور سیاست میں بہت ہی آگے بڑھے ہوئے تھے۔ ان کے پاس حالات کو اپنی مرضی کے مطابق ڈھالنے کی بے پناہ صلاحیت تھی۔ جدوجہد میں وہ مسلمانوں سے بہت آگے تھے۔ ایثار، اخلاص، قربانی اور وطن پرستی کا جذبہ ان میں کوٹ کوٹ کر بھرا تھا۔ زمانہ ان کے ساتھ تھا۔ انگریز انہیں ہر طرح کی رعایت دے رہے تھے اور ان کی مدد پر کمربستہ تھے۔ برطانیہ کانگرس کو ہندوستان کی واحد نمائندہ جماعت سمجھتا تھا اور کانگرس اپنی کہنہ مشقی کی بنا پر ہوا کے گھوڑے پر سوار تھی۔ مالی طاقت کے علاوہ ان کی عددی قوت ایک واضح اور جائز حق کی ترجمان تھی۔ لیکن یہ سارے

عوامل مل کر فیصلہ مسلم لیگ کے حق میں دے رہے تھے اور کانگرس کے سارے نمائندہ ہندسے ضرب کھا کر جواب مسلم لیگ کے حق میں نکال رہے تھے۔ ہندسے ہندو کے تھے حاصل ضرب مسلمان کے کھاتے میں کریڈٹ ہو رہا تھا۔ پانسہ کانگرس پھینکتی تھی گوٹ مسلم لیگ کے گھر کی طرف پگ رہی تھی۔

مسلم لیگ کی اس رقص کناں پیش قدمی پر سب سے زیادہ غصہ ان مسلمان رہنماؤں کو آتا تھا جو قیام پاکستان کے دل سے مخالف تھے اور پاکستان کے لفظ کو برداشت نہیں کرتے تھے' نہ تحریریں نہ تقریریں نہ ان دونوں کے درمیان کسی اور صورت میں! لیکن پاکستان کی منزل دندناتی ہوئی اپنے آرزومندوں کی طرف بڑھ رہی تھی۔ بالکل اس سٹیشن کی طرح جو ڈاک گاڑی میں چپ چاپ بیٹھے مسافروں کی طرف بڑھتا رہتا ہے۔ مسافر نہ کوشش کر رہے ہوتے ہیں' نہ جہد مسلسل میں مصروف ہوتے ہیں نہ ڈبے کے اندر اچھل کود کر سٹیشن کو آوازیں دیا کرتے ہیں نہ ہم سفروں کو ساتھ ملا کر منزل کی طرف بھاگ رہے ہوتے ہیں۔ بس بیٹھے ہوتے ہیں۔ چپ چاپ خاموش' کچھ اونگھتے ہوئے کچھ سوئے ہوئے کچھ ان دونوں کے درمیان تختوں کے ساتھ ڈھولگائے ہوئے۔ بس ان کی ایک مشترکہ آرزو ایک متفقہ خواہش اور ایک سانجھی اچھا ہوتی ہے کہ سٹیشن پر پہنچنا ہے اور سٹیشن خود بخود گھنٹوں کی منزل منٹوں میں طے کرتا ان کی طرف لپکنے لگتا ہے۔ وہ خود منزل کی طرف نہیں بڑھتے منزل ان کی متفقہ خواہش کی ڈور سے بندھی اپنے آپ ان کی جانب کھنچنے لگتی ہے۔

تخت پور کے لوگوں میں اب وہ پہلے والی مصنوعی محبت اور جھوٹے منہ کا بھائی چارہ نہیں رہا تھا۔ حقیقتیں کھل کر سامنے آگئی تھیں اور دوست دشمن کے پرے ایک دوسرے کے مدمقابل کھڑے ہو گئے تھے۔ رات کے وقت اپنی اپنی بستیوں سے اپنے اپنے نعرے بلند ہوتے اور دن کے وقت لوگ ایک دوسرے سے ملتے ہوئے کترا کر کنی کاٹ جاتے۔

راولپنڈی اور لاہور سے شرنارتھیوں کی نقل مکانی شروع ہوئی تو ہم کو احساس ہو گیا کہ اب ہم تخت پور میں نہیں رہ سکتے۔ اب اس جگہ کو چھوڑ کر جانا ہی پڑے گا۔ چودہ اگست کی رات ٹھیک بارہ بج کر ایک منٹ پر جب آل انڈیا ریڈیو لاہور سے پاکستان براڈکاسٹنگ سروس کی اناؤنسمنٹ ہوئی تو تخت پور کے در و دیوار پاکستان زندہ باد اور اللہ اکبر کے نعروں سے گونج اٹھے۔ صبح اک قیامت کا سماں تھا۔ ہمارے محلے کے ایک کونے میں کمہاروں کے گھروں کو آگ لگا دی گئی تھی اور لوگ چیخیں مارتے نالہ و شیون کرتے اندر کے پکے مکانوں اور پکی

گلیوں کی طرف بھاگ رہے تھے۔

میں حوصلہ کر کے کسی کو بتائے بغیر گھر سے نکلا اور سیدھا بازار پہنچ گیا۔ کچھ دکانیں بند تھیں اور چند ایک کھلی تھیں۔ بازار میں لوگ موجود تھے لیکن بازار کی رونق نہیں تھی۔ میں لچھو بساطی کی سیڑھیاں چڑھ کر سیدھا ماسٹر صاحب کے پاس پہنچ گیا۔ وہ اپنے کورے گھڑے کے پاس فرش پر اکڑوں بیٹھے گلاس میں پانی انڈیل رہے تھے۔ میں نے فرش پر زور کا پاؤں مار کر تالی بجا کے بجرنگ بلی کا نعرہ مارا تو وہ اسی طرح بیٹھے گلاس بھرتے رہے، نہ لرزے نہ پیچھے مڑ کر دیکھا، نہ پہلو بدلا۔ سروقد اٹھ کر کھڑے ہو گئے اور پانی پینے لگے۔

میں نے آگے بڑھ کر کہا "چلئے میرے ساتھ میں آپ کو لینے آیا ہوں۔"

"کہاں؟" انہوں نے گلاس لبوں سے ہٹا کر پوچھا۔

"میرے گھر، ہمارے محلے۔"

"لیکن کیوں؟"

"لیکن کیوں اس لئے کہ یہاں اب آپ کا رہنا خطرے سے خالی نہیں، آپ کو میرے ساتھ چلنا ہو گا۔"

"پھر" انہوں نے پوچھا۔

"پھر یہ کہ کل قافلے کے ساتھ ہم پاکستان روانہ ہو رہے ہیں۔"

"بسم اللہ ضرور جاؤ۔ سکھی بسو۔ پر میں تخت پور نہیں چھوڑ سکتا۔"

"وہ کیوں" میں نے چیخ کر کہا۔

"وہ اس لیے کہ تخت پور تخت پور ہے اور میرا سب کچھ یہیں ہے۔"

"لیکن یہ لوگ آپ کو مار دیں گے۔"

"ماردیں"

"پھر آپ کے پاس کون رہ جائے گا۔"

"پہلے میرے پاس کون رہتا تھا" انہوں نے ہنس کر کہا۔

"آپ یہ بہادری چھوڑیں اور اٹھیں اسی وقت" میں نے چڑ کر کہا۔

"میں نے کب بہادری کا دعویٰ کیا شفائی۔" وہ مسکرا کر بولے "ہم تو گانے بجانے والے لوگ ہیں اور بہادری سے بہت دور رہتے ہیں۔"

میں نے خوشامدانہ لہجے میں کہا "سرکار یہ باتیں کرنے کا وقت نہیں آپ کو میرے

ساتھ چلنا پڑے گا۔"

کہنے لگے "میرا سب کچھ تو اِدھر ہے' میں اُدھر جا کر کیا کروں گا؟"

"کیا ہے آپ کا اِدھر سب کچھ؟" میں نے غصے سے پوچھا "زمین۔ مکان۔ جائیداد۔ مربعے؟"

ماسٹر صاحب تھوڑی دیر خاموش رہے۔ پھر سر جھکا کر بولے "ادھر میرے باپ کی قبر ہے۔ وہ بیچارا ساری عمر اکیلا رہا اور اکلاپے میں ہی مر گیا۔ اب ایک مرتبہ پھر اسے اکیلا چھوڑ جاؤں! بہت پریشان ہوگا اور گھبرا جائے گا' چڑیا جتنا دل ہے اس کا۔"

میں نے کہا "آپ کا خیال ہے یہ قبریں باقی رہیں گی؟ یہ ڈھیریاں؟ اسی طرح اور اسی حالت میں' بولے "یہی تو قائم رہنے والی چیز ہے۔ انسان بیچارا تو فانی ہے' آج مرا کل دوسرا دن۔"

مجھے ان کی اس بات سے کوئی حیرانی نہ ہوئی۔ حالات ہی اس قدر سنگین تھے کہ انہوں نے سب کے ذہن ماؤف کر دیئے تھے اور ہر ایک کی سوچ گڑبڑا دی تھی۔ خوفزدہ لوگ الول جلول باتیں کرنے لگے تھے۔

ماسٹر صاحب نے ایک الائچی منہ میں ڈالتے ہوئے کہا "یہ جو تقسیم ہوئی ہے ناں' غلط ہوئی ہے' یہ اس طرح سے رہے گی نہیں" مجھے ان کی یہ کافرانہ بات سن کر بہت غصہ آیا۔ منہ سے تو کچھ نہ بولا بس پیچ تاب کھا کر رہ گیا۔

انہوں نے الائچی کا چھلکا آہستگی سے منہ سے نکالا اور کہنے لگا "یہ بابے بڑے طرفدار لوگ ہوتے ہیں الگ الگ نہیں رہ سکتے۔ زندہ لوگ الگ الگ ہو سکتے ہیں ایک دوسرے سے جدا ہو کر زندگی بسر کر سکتے ہیں پر یہ بابے بڑے نسبتی ہوتے ہیں۔ یہ نہ تو اپنی نسبت چھوڑ سکتے ہیں اور نہ ہی اپنے پیاروں سے بے تعلق ہو سکتے ہیں۔ یہ اپنے سلسلے کے اندر ہی رہتے ہیں۔ تم لوگوں نے بڑی غلط لکیر کھینچ دی ہے' یہ رہے گی نہیں۔"

اگر وہ میرے استاد نہ ہوتے تو شاید اس خطرناک لمحے میں میرا ہاتھ ان پر اٹھ جاتا۔

وہ اپنی دھن میں بولے جا رہے تھے "دیکھو شفائی داتا اپنے پیارے اجمیری سے کتنی دیر الگ ہو کر رہ سکتا ہے۔ اس پیارے سے جس نے ان کے قدموں میں بیٹھ کر چلہ کاٹا اور مراقبہ کیا۔ بابا فرید یہاں پاکپتن میں اس کا بالکا نظام دین دلی میں' یہ کب تک ایک دوسرے سے علیحدہ رہیں گے۔ کیسے ہجر کی سختیاں کاٹیں گے۔ دربار صاحب امرتسر میں' اس کی بنیاد رکھنے والے

میاں میر لاہور میں دربار صاحب کب تک اپنے بابا مستری سے الگ رہے گا۔ یہ تو مور کھ لوگوں کی کم عقلی ہے۔"

میں نے کہا "سرکار یہ تو سکھوں کا اپنا فیصلہ ہے اور انہوں نے اس فیصلے کے ساتھ تلوار بھی گھمادی ہے۔"

ہنس کر کہنے لگے "جلد ہی انہیں یہ تلوار الٹی گھمانی پڑ جائے گی۔ آج نہیں پچاس سال اور سہی۔ پچاس سال بعد نہ سہی سو سال بعد سہی' دو سو سال بعد سہی لیکن اس فیصلے پر نظر ثانی ضرور ہوگی۔ جب تک اجمیر اندر نہیں آئے گا سکون نہیں ہوگا۔ یہ بابے بڑے طرفدار اور جانبدار لوگ ہوتے ہیں اپنوں کو نہیں چھوڑتے!"

اب ان کی ایسی احمقانہ بات کا کیا جواب ہو سکتا تھا۔ میں پاس ادب سے بولا نہیں اسی طرح کھڑا رہا۔ نیچے سکھوں کا ایک جتھہ جو بولے سو نہال ست سری اکال کے نعرے مارتا کرپانیں لہراتا چوک میں آکر ٹھہر گیا۔

ماسٹر صاحب نے کہا "بیٹھ جاؤ اور اس لہر کو گزر جانے دو۔"

جب ہمارا قافلہ رات کے ایک بجے تخت پور سے نکلا تو ہمارے ساتھ بلوچ رجمنٹ کے صرف پانچ سپاہی تھے اور ان کے ٹرک پر برین گن لگی ہوئی تھی۔ قافلے میں تخت پور کے سارے مسلمان تھے سوائے ماسٹر بالی کے!

۹

ہم اپنا آبائی شہر چھوڑ کر لاہور آ گئے تھے اور لاہور میں میرا دل نہیں لگتا تھا۔ لاہور ایک بڑا سا شہر تھا۔ اس میں بڑے بڑے لوگ تھے۔ بڑی بڑی عمارتیں تھیں۔ بڑے بڑے راستے تھے اور ہر شخص اپنے آپ کو ہمچو ما دیگرے نیست سمجھتا تھا۔ صفاں والے چوک کے جس اجڑے ہوئے گھر میں ہم آ کر ٹھہرے وہ آدھا جلا ہوا تھا۔ نیچے کے تین کمرے دھوئے ہوئے تھے اور اوپر کا چوبارہ راکھ کا ایک ڈھیر تھا جس کے گارڈر آڑے ترچھے ہو کر دوسرے گھر کی دیواروں کے ساتھ لگے ہوئے تھے۔ اباجی کا خیال تھا کہ ہمیں چند روز یہاں قیام کرنا ہو گا پھر جب یہ مار دھاڑ ختم ہو جائے گی اور امن و سکون ہو جائے گا تو ہم واپس تخت پور چلے جائیں گے اور اپنا بند کیا ہوا گھر کھول کر اس میں پھر سے آباد ہو جائیں گے۔

اباجی کو انگریز پر بڑا اعتماد تھا۔ وہ اس کو منصف، منظّم اور اصول پرست قوم سمجھتے تھے اور ہر معاملے میں اس کی تعریف کیا کرتے تھے۔ لیکن گورداسپور کو ہندوستان میں شامل کرنے کے بعد ان کا ماتھا ٹھنکا اور وہ خاموش ہو گئے۔ پھر کشمیر کی جنگ شروع ہو گئی اور انگریز کی اصول پرستی کا بھانڈا عین چوراہے میں پھوٹ گیا۔ تخت پور واپس جانے کا خیال ہوا میں تحلیل ہو گیا اور ہم نے بازار سے نئی چارپائیاں خرید کر زمین سے اپنے بستر اٹھا لئے اور اس گھر میں آباد ہو گئے جس کا آدھا حصہ جلا ہوا تھا۔ جس روز اباجی عارضی مستقل الاٹمنٹ کی چٹ لے کر آئے تو ہم نے تخت پور کا خیال اپنے دل سے مستقل طور پر نکال دیا اور لاہور کے ہو کر رہ گئے۔

میرے بھائیوں نے گھر کا خرچ چلانے کو چھوٹے چھوٹے کاروبار شروع کر لئے۔ لیکن یہ کاروبار کچھ پھیری کھانے کی نوعیت کے تھے۔ منجھلے بھائی جب دوپہر کے وقت ٹھنڈا دودھ پینے گھر آتے تو ان کی سائیکل پر بہت سے ڈبے اور پیکٹ ہوتے جنہیں وہ ایجنسی کے ڈپوؤں

پر سپلائی کرتے تھے اور رسید بک سے رسیدیں کاٹ کر دیا کرتے تھے۔ بڑے بھائی ٹرکوں کی ربڑ واشریں تیار کرنے کی ایک ''فیکٹری'' میں ملازم ہوگئے تھے جو ان کے کسی دوست کی تھی۔ وہ دوست ان کو دو سو روپے ماہوار دیتا تھا اور دوپہر کے وقت کھانا بھی اپنے ساتھ کھلاتا تھا۔ ابا جی زیادہ وقت مسجد میں گزارتے اور مغرب کے بعد گھر آتے۔

جس گھر میں ہم رہتے تھے اس میں بجلی نہیں تھی۔ پہلے تھی، لیکن گھر کو آگ لگ جانے کی وجہ سے کچھ تاریں جل گئی تھیں اور باقی کی کاٹ دی گئی تھیں۔ ایک لالٹین مستقلاً رسوئی میں رہتی اور دوسری ضرورت کے مطابق کمروں میں گھومتی رہتی۔ منجھلے بھائی نے دو تین مرتبہ بجلی کا کنکشن حاصل کرنے کی کوشش کی لیکن ان کو کامیابی نہ ہوئی۔ سفارش کنندہ ان سے گیارہ روپے لے کر بھی یہ کام نہ کرسکا اور شرمندہ ہو کر غائب ہوگیا۔ اماں نے مجھے بے مصرف، بیکار اور آوارہ گرد نوجوان سمجھ کر یہ ڈیوٹی میرے ذمہ لگا دی کہ میں ہر روز بجلی کے دفتر جایا کروں اور کنکشن حاصل کرنے کی کوشش کیا کروں۔ میں ان کے حکم کے مطابق صبح ناشتہ کر کے گھر سے نکل جاتا اور سڑک کنارے لٹی ہوئی کتابوں کے انبار سے لطف اندوز ہو کر شام کے وقت واپس گھر آجاتا کہ آج کام نہیں بنا۔ کل شاید کوئی واضح صورت نظر آجائے۔ کوئی ہفتہ دس دن تک مجھے اس بات کا علم بھی نہ ہوسکا کہ بجلی کا دفتر ہے کہاں اور کنکشن حاصل کرنے کے لئے کیا کیا جاتا ہے۔ اصل میں میں نے یہ علم حاصل کرنے کی زحمت ہی گوارا نہ کی۔ سڑک کنارے ایسے اچھی اچھی اور اتنی سستی کتابیں دستیاب تھیں کہ دن گزرنے کا احساس تک نہ ہوتا تھا۔

ایک شام جب میں بڑے بھائی کی جرح پر اپنے مشن کا کوئی شافی جواب نہ دے سکا تو اگلی صبح ریگل چوک پر لٹی ہوئی کتابوں کی نئی کھیپ سے آنکھیں بند کر کے آگے گزر گیا۔

بجلی کا دفتر میکلوڈ روڈ پر صنوبر سینما کے سامنے وقاع تھا اور اس کے ایک کنارے پر کچے قیمے کی ٹکیاں تلنے والے کا بڑا سا توا ہلکا ہلکا دھواں اور تیز تیز خوشبو چھوڑ رہا تھا۔ پہلے تو میں نے اس سے دو ٹکیاں اور ایک نان لے کر دوبارہ ناشتہ کیا پھر بسم اللہ پڑھ کر دفتر کے احاطے میں داخل ہوگیا۔

دفتر کے اندر ضرورت مندوں، امیدواروں، سائیلوں اور ایجنٹوں کا ایک جم غفیر تھا۔ کچھ لوگ عرضیاں لکھ رہے تھے کچھ لکھوا رہے تھے۔ کہیں سودے طے ہو رہے تھے اور کچھ لوگ درختوں کی چھاؤں تلے سو رہے تھے۔ میں نے ایک بزرگ سے بجلی کا کنکشن حاصل

کرنے کی بابت پوچھا تو انہوں نے کہا کہ اگر ایگزیکٹو انجینئر سے کوئی واقفیت ہے تو یہ کام ہو سکتا ہے ورنہ مشکل ہے۔

میں اپنی مشکل کو ساتھ لے کر بڑی دیر تک ادھر ادھر گھومتا رہا۔ اب ہم دو ہو گئے تھے۔ ایک میں اور ایک میری مشکل۔ جدھر جاتا میری مشکل دم ہلاتی میرے پیچھے پیچھے چلی آتی۔ بیٹھ جاتا تو میرے ساتھ میرے قدموں کے پاس بیٹھ جاتی۔ اٹھ کر چلنے لگتا تو پھر دم ہلاتی میرے پیچھے پیچھے بھاگنے لگتی۔ مشکل کا ساتھ ہو تو آدمی اکیلا نہیں رہتا۔ اس کو کوئی اور دکھ ہو تو ہو اکلاپے کا روگ نہیں رہتا۔ جیسے کوئی برات میں شامل ہونے کے لئے اکیلا گھر سے آئے اور اسے انجان لوگوں کے گروہ میں ایک ایسا پرانا درست مل جائے جو کونے میں اکیلا کھڑا ہو۔ تنہائی سے نجات حاصل کرنے کے لئے مشکل کا ساتھ سب سے پاکیزہ' پیارا خوشگوار اور مخلص ساتھ ہوتا ہے اس لئے تنہا لوگ اپنا دل لگانے کے لئے کوئی نہ کوئی مشکل ہر وقت اپنے ساتھ لگا رکھتے ہیں۔ کچھ انگلی پر بٹھا کر کچھ اس کے گلے میں پٹہ ڈال کر!

ایگزیکٹو انجینئر کے دروازے پر ایک زبردست قسم کا چپراسی کھڑا تھا جس کا کام سائیلوں کو اندر جانے سے روکنا تھا۔ میں آگے بڑھا تو اس نے مجھے بھی اندر جانے سے روکا۔ میں نے اونچی آواز میں انگریزی زبان میں کہا مجھے صاحب سے ملنا ہے اور ایک ضروری کام سے ملنا ہے۔ اس نے پنجابی میں ہاتھ آگے بڑھا کر میرا راستہ روک دیا۔ میں نے اور اونچی انگریزی میں اندر جانے کیلئے زور لگایا تو اس نے پنجابی میں دونوں ہاتھ پھیلا کر مجھے پیچھے دھکیل دیا۔ میں نے بایاں ہاتھ اوپر اٹھا کر اپنی انگریزی کا والیوم اور اونچا کر دیا۔ پیشتر اس کے کہ وہ پنجابی میں ایک زوردار لپڑ میرے منہ پر مارتا صاحب کی گھنٹی بجی اور وہ اندر چلا گیا۔

بہت سے لوگ میرے اردگرد جمع ہو گئے تھے اور مجھے چپراسی کے ساتھ فل ٹاس لڑائی پر اکسا رہے تھے۔ میں اپنی بولی ہوئی انگریزی کی گرامر پر غور کر رہا تھا جس میں صیغوں' حرفوں اور فعلوں کی بیشمار غلطیاں سرزد ہو گئی تھیں اور ان لوگوں کی شکلیں دیکھ رہا تھا جو مرعوب صورت بنائے اور عقیدت کے ساتھ سر جھکائے میرے اردگرد حلقہ باندھے ووٹروں کی طرح کھڑے تھے اور مجھے ایک عظیم ہیرو سمجھ رہے تھے۔

چپراسی چق اٹھا کر اور سر جھکا کر باہر نکلا تو اس نے ہاتھ کے اشارے سے کہا "چلو! صاحب اندر بلاتے ہیں" لوگوں نے خوشی کا ایک نعرہ مارا اور میں صاحب کے دفتر میں داخل ہو گیا۔

صاحب ایک بڑے سے آبنوسی میز کے پیچھے ایک مضبوط سی کرسی پر براجمان تھے اور چائے پی رہے تھے۔ ان کے ساتھ ان کے ایک بے تکلف دوست دانے دار چینی لگے بسکٹ چائے میں بھگو بھگو کر کھا رہے تھے۔ ایگزیکٹو انجینئر صاحب نے مجھے کرسی پر بیٹھنے کا اشارہ کیا اور میں نے بجلی کے کنکشن کی عرضی ان کے سامنے ڈال دی۔ انہوں نے چائے کی ایک پیالی بنائی، پرچ میں کچھ بسکٹ رکھے اور میری طرف بڑھا دی۔ عرضی پڑھنے کے بعد انہوں نے کمال مہربانی سے فرمایا کہ ہمیں آپؐ کے گھر کی وائرنگ دیکھ کر کنکشن دینا ہوگا۔ اگر تو وائرنگ ٹھیک ہے پھر تو آج ہی کنکشن مل جائے گا اور اگر وائرنگ میں کوئی نقص ہے یا جل چکی ہے یا شارٹ سرکٹ ہے تو پھر آپ کو چند دن انتظار کرنا پڑے گا تاکہ آپ وائرنگ درست کروالیں اور ہم سے سرٹیفکیٹ حاصل کرلیں۔

میں اپنی وائرنگ کی صحیح صورتحال کا نقشہ کھینچنے ہی والا تھا کہ انہوں نے پیش بندی کرتے ہوئے کہا "میں اپنے آدمیوں کو آپ کے ساتھ بھیج دیتا ہوں۔ یہ موقع دیکھ کر اصل صورت سے مجھے آگاہ کردیں گے اور آپ کا کام ہو جائے گا۔" چائے پی کر اور انجینئر صاحب کا شکریہ ادا کر کے جب میں باہر نکلنے لگا تو انہوں نے گرمجوشی سے مصافحہ کرتے ہوئے کہا "کنکشن ملتے ہی آپ کو ایک مرتبہ پھر میرے دفتر آنا پڑے گا تاکہ چند ضروری کاغذات پر آپ کے دستخط ہو جائیں۔" پھر انہوں نے مسکرا کر کہا "ایسا نہ ہوا تو آپ کا کنکشن پھر کٹ جائے گا اور آپ ویسے کے ویسے رہ جائیں گے۔ میں نے اپنے چپراسی سے کہہ دیا ہے، آئندہ آپ اس سے پوچھے بنا سیدھے میرے کمرے میں آجایا کریں گے۔"

جب میں صاحب کے کمرے سے باہر نکلا تو چار آدمیوں کا ایک گینگ چھوٹے سے ٹرک میں سیڑھی پوڑی اور دوسرا ساز و سامان لگا کر میرا منتظر کھڑا تھا۔

ایس ڈی او صاحب مضبوط بدن کے گندمی رنگ اور درمیانے قد کے ایک شریف سے انسان تھے۔ کالی سیاہ چمکدار ڈاڑھی، اعلیٰ درجے کا سلک سوٹ، پھن دار نیلی اور سرخ ٹائی۔ پاؤں میں پیٹنٹ لیدر کے قیمتی جوتے اور کھونٹی سے لٹکتا ہوا نیا سولو ہیٹ! ان کے گینگ نے دو دن لگا کر سارے گھر کی نئی وائرنگ کر دی، نئے ہولڈر اور سوئچ لگا دیئے۔ ڈبے میں بند ایک نیا سوئچ بورڈ دیوار پر فکس کر دیا اور جب میں نے ان سے اخراجات کا بل مانگا تو انہوں نے بتایا کہ ایس ڈی او صاحب نے خود ساری پے منٹ کر دی ہے۔

ہمارے گھر بجلی چالو ہو گئی تو ضروری کاغذات پر دستخط کرنے کی غرض سے میں

ایس ڈی او صاحب کے دفتر گیا۔ دفتر میں کچھ سائیل جمع تھے۔ ایس ڈی او صاحب نے مجھے بیٹھنے کا اشارہ کیا اور سائیلوں کے تقاضے نمٹانے لگے۔ جب کمرہ خالی ہو گیا تو انہوں نے چپراسی کو بلا کر حکم دیا کہ ابھی کسی اور کو اندر آنے نہ دینا۔ پھر تھوڑی دیر بغور میری طرف دیکھتے رہے اور آہستگی سے بولے ''آپ کے ایک دوست تھے فلوٹ بجانے والے۔''

میں ان کی یہ بات سن کر سناٹے میں آگیا اور بڑی دیر تک گم صُم بیٹھا رہا۔ انہوں نے پھر پوچھا ''آپ کے ایک دوست تھے بانسری بجانے والے۔''

میں نے کہا ''وہ میرے دوست نہیں تھے میرے استاد تھے ماسٹر بالی۔ اقبال حسین کلارنٹ نواز۔ وہ فلوٹ نہیں بجاتے تھے کلارنٹ بجاتے تھے۔''

''وہ کہاں آباد ہوئے ہیں؟'' انہوں نے پوچھا۔

''وہ تخت پور سے ہمارے ساتھ نہیں آئے وہیں رہ گئے ہیں۔''

''وہیں!'' ان کی چیخ سی نکل گئی۔ ''ان کو تو مار دیا ہو گا۔''

''نہیں وہ ہیں تو زندہ لیکن ان کی کوئی تازہ خبر مجھے معلوم نہیں۔''

''جب ان کی کوئی تازہ خبر معلوم نہیں تو پھر آپ کس طرح سے کہہ سکتے ہیں کہ وہ زندہ ہیں۔''

''کوئی مہینہ بھر پہلے میرے خط کے جواب میں ان کا ایک کارڈ آیا تھا۔''

''بہت ممکن ہے اب تک ان کو ختم کر دیا گیا ہو۔''

''ممکن ہے آپ ٹھیک کہتے ہوں لیکن میرا دل کہتا ہے کہ وہ زندہ ہیں۔''

''آپ نے پھر نہیں لکھا۔''

''پھر تو نہیں لکھا'' میں نے کہا۔ ''لیکن کل پرسوں تک پھر لکھنے کا ارادہ ہے۔''

''اب کی بار خط لکھیں تو ان کو میرا سلام ضرور عرض کر دیں۔''

میں حیرت سے ایس ڈی او صاحب کا چہرہ تکنے لگا۔ کچھ خدوخال ایسے تھے جو مانوس ضرور نظر آتے تھے لیکن سارے چہرے کے چوکھٹے میں ڈزالو ہو کر جھائیں مائیں سے کرنے لگتے تھے۔ جب میں بڑی دیر تک ان کے چہرے کو اسی طرح تکتا رہا تو انہوں نے مسکرا کر کہا ''آپ نے مجھے پہچانا نہیں۔''

''جی نہیں۔ بالکل نہیں'' میں نے اعتراف کیا۔

کہنے لگے ”میں وہی شخص ہوں جس نے بھائی گور بخش سنگھ کی دکان سے قرآن شریف چرایا تھااور پھر آپ لوگوں نے اس کا ہدیہ ادا کر کے مجھے چھڑایا تھا۔“

میں پتھر کا بت بنا بیٹھا تھااور ایس ڈی او صاحب کہہ رہے تھے۔”اس روز لوگوں نے مجھے بہت مارا تھااور اگر آپ دونوں میری مدد کو نہ پہنچتے تو شاید مار مار کر وہ مجھے مار ہی دیتے۔ مار نہ دیتے تو تھانے ضرور لے جاتے۔ میرا والد ایک غریب لکڑہارا تھاجو بیکار درخت خرید کر ان کا ایندھن بنا کر بیچا کرتا تھا۔ لیکن اس سے اس کو کوئی خاص آمدنی نہیں ہوتی تھی۔ گھر میں ایک وقت چولہا جلتااور کاٹھ کا کام کرنے کے باوجود ہم کھاٹ پر نہیں سوتے تھے۔اگر آپ میری مدد نہ کرتے اور لوگ مجھے تھانے لے جاتے تو میرے والد نے شرم سے مر جانا تھا۔وہ بڑا غیرت مند بابا تھا۔“

۱۰

کشمیر کی جنگ شدت اختیار کر گئی اور پاکستانی افواج نے افغان مجاہدوں کی مدد سے کشمیر کا بہت سارا علاقہ بھارتی غاصبوں سے آزاد کرا کے اس کا نام آزاد کشمیر رکھ لیا تھا۔ آزاد کشمیر میں ایک پرانے ٹرانسمیٹر کو جوڑ جاڑ کر اڑ تالیس اعشاریہ چار میٹر پر ایک چھوٹا سا شارٹ ویو ریڈیو سٹیشن قائم کر دیا گیا جہاں آزادی کے ترانوں کے ساتھ ساتھ حریت پسندوں کے انٹرویو۔ سرینگر سے بھارتی پراپیگنڈے کے دندان شکن جواب۔ جذبہ حب الوطنی کے فیچر اور چھوٹے چھوٹے ڈرامے بھی نشر ہوتے تھے۔ اس ریڈیو سٹیشن پر آل انڈیا ریڈیو کے نامور صد کلد محمد حسین تاج۔ نور اور امیر خان جیسے باکمال لوگ جمع ہو گئے تھے اور ان کو فیڈ کرنے کے لئے یوسف ظفر' ممتاز مفتی' اعجاز بٹالوی اور ممتاز ملک جیسے سکرپٹ رائٹر آستین چڑھائے ہر وقت مستعد رہتے تھے۔

تخت پور کے زمانے میں' میں نے چند افسانے ادبی دنیا کے لئے لکھے تھے جن پر مولانا صلاح الدین نے اپنے مشفقانہ نوٹ چڑھا کر کچھ اس طرح سے شائع کیا کہ میں ذرا وقت سے پہلے اور ضرورت سے زیادہ ادبی حلقوں میں متعارف ہو گیا تھا۔ جب اعجاز بٹالوی آزاد کشمیر ریڈیو چھوڑ کر ولایت گئے تو ان کی جگہ کانٹریکٹ پر مجھے عارضی نوکری مل گئی۔

پہاڑوں سے میرا تعارف آزاد کشمیر ریڈیو کی بدولت ہوا اور میں ان کے جادو سے ایسا مسحور ہوا کہ میرا سارا ماضی ان کے سامنے بے معنی سا ہو کر رہ گیا۔ ریڈیو سٹیشن پہنچ کر سکرپٹ لکھنا اور پھر سارا وقت پہاڑوں کے ارد گرد اوپر نیچے' آگے پیچھے گھومنا اور مسلسل گھومنا۔ اس سحر آلود زندگی نے مجھ پر کچھ ایسا اثر کیا کہ میں نے ماسٹر بالی کو دو تین خط لمبے لمبے اور تاثیر سے بھرے لکھ کر روانہ کئے۔ جن میں ادب کی چاشنی بھی تھی اور سکرپٹ رائٹنگ کا کمال بھی تھا۔ ان کے جواب میں استاد کا ایک مختصر سا خط آیا جس میں میرے کمال فن کی داد بھی تھی اور میرے ادیب بن جانے کی سراہنا بھی تھی۔ ساتھ ہی انہوں نے تخت پور کے

حالات بھی لکھے تھے جن میں اداسی کا عنصر نمایاں تھا۔ ان کے جواب کے تیسرے روز ممتاز مفتی نے مجھے ایک طرف لے جا کر کہا کہ تھانے سے ایک سفید پوش اہلکار آیا تھا جس نے میری بابت مفتی سے کچھ استفسار کیا تھا۔ وہ کسی خط کا تذکرہ بھی کر رہا تھا جو مجھے ہندوستان سے آیا تھا اور جس سے میرے بھارت کے ایک نے نواز سے تعلقات کا پتا چلتا تھا۔ مفتی نے کہا "اس نوکری پر رہ کر تم دشمن ملک کے لوگوں سے خط و کتابت نہیں کر سکتے۔ یہ بڑا سریع الحس مقام ہے، تمہیں محتاط رہنا ہوگا۔"

میں نے استاد مکرم سے خط و کتابت کا سلسلہ منقطع کر دیا اور پہاڑوں کے طواف میں شدت پیدا کر دی! کوہالہ روڈ پر جھیکا گلی سے بہت آگے ایک چھوٹی سی سطح مرتفع پر بابا سنگل شاہ کی کٹیا تھی جس میں ایک لحیم شحیم جٹا دھاری جوان من ڈیڑھ من وزنی موٹے موٹے سنگل پہن کر اونچے اونچے کوک فریاد کیا کرتا تھا۔ لاریاں اور ٹرک اس جگہ رک کر بابا سنگل کی سلامتی اتارتے تھے اور ڈرائیور اپنے کلینر کو موسم کے میوے دے کر کٹیا تک بھیجا کرتا تھا۔ کلینر اشیائے خوردنی کٹیا سے بہت دور رکھ کر الٹے پاؤں واپس بھاگ آتا کہ بابا گالیاں بھی دیتا تھا اور پتھر بھی مارتا تھا۔ یہ بابا انسانوں اور انسانی رشتوں کا دشمن تھا اور ہر ہر رشتے کا نام لے کر اونچے اونچے گالیاں بکتا۔ خاص طور پر بھائی کا نام آجانے پر اتنے زور سے چلاتا اور اس قدر چیختا کہ چیڑھ کے درختوں پر بیٹھے ہوئے پہاڑی کوے بھی اپنا ٹھکانہ چھوڑ کر وادی میں پھیل جاتے تھے۔ بڑے زور زور سے سنگل کھڑکاتا تھا اور بھائی کو ماں بہن کی گالیاں دیتا تھا۔ میں ہر دوسرے تیسرے اس کی کٹیا سے دور کھڑے ہو کر اس کا چیخنا چلانا اور گالیاں بکنا مزے لے لے کر سنا کرتا۔ اس کو بھی اس بات کا احساس ہو گیا تھا کہ کوئی باقاعدگی سے آکر اس کا واویلا سنتا ہے اور داد دیتا ہے۔ جب میرا حوصلہ اور اس کا التفات بڑھا تو ہم ایک دوسرے کے قریب ہونے لگے۔ پہلے یہ قربت صداکاری سے بڑھی۔ ادھر سے وہ گالی دیتا ادھر سے میں کھرج میں تان اٹھاتا۔ وہ بھائی کو گالی دیتا میں بھائی کے بھائی کو گالی نکالتا۔ وہ خاموش ہو جاتا تو میں طرح دیتا۔ وہ گرجتا تو میں چند فٹ اور کھسک کر کٹیا کے قریب ہو جاتا۔

ایک روز اس نے مجھے بہن کی گالی دے کر اونچی آواز میں کہا "سور دیا بچیا نیڑے آجا۔"

میں اس کے نیڑے آگیا تو اس نے سنگل کا ایک سرا کھڑکا کر کہا "ہور نزدیک آجا۔"

میں ہور نزدیک ہو گیا تو مجھے دیکھ کر ہنسنے لگا۔ اس کی ہنسی کافی غلیظ اور فحش قسم کی تھی۔ اپنی دونوں ٹانگیں کھول کر اور گود کی طرف اشارہ کر کے بولا "یہاں آجا میں تجھے گھوڑے کی سیر

کراؤں۔" ہمارے گھر میں، تخت پور دو گھوڑے تھے مگر میں نے کبھی ان کی سواری نہ کی تھی۔ مجھے گھوڑے کے قد بت اور سائز سے ویسے ہی خوف آتا تھا اس لیے میں بابا سنگل کے گھوڑے سے خوفزدہ ہو کر واپس آ گیا۔

اب ریڈیو سٹیشن پر کام کافی بڑھ گیا تھا۔ نظامی صاحب نے دو نئے فیچر شروع کر دیئے تھے جن میں سے ایک کی پوری ذمہ داری مجھ پر ڈال دی تھی۔ سکرپٹ لکھنا کاپیاں کروانا' ریہرسل لینا اور شام کو اپنی نگرانی میں براڈ کاسٹ کروانا تقریباً سارا دن لے لیتا تھا۔ میری سیریں اور کوہ نوردیاں یک قلم موقوف ہو گئیں اور میں صرف دفتر کا ہو کر رہ گیا۔ پہاڑوں کے وہ لمبے لمبے راستے جنہوں نے زندگی کو وسعت عطا کی تھی محدود ہو کر ریڈیو سٹیشن کی تنگ وادی میں گھر گئے تھے اور میں کام کرنے سے کچھ گھبرانے اور کسی حد تک کترانے لگا تھا۔

ایک شام میں نے بابا سنگل شاہ کو عقیدت مندوں کے گروہ میں آہستہ آہستہ چلتے ہوئے کشمیر پوائنٹ کی طرف آتے دیکھا تو میں سڑک کنارے ایک پتھر سے لگ کر کھڑا ہو گیا۔ وہ جھکا گلی کی جانب سے اسی طرح لشٹم پشٹم چلتا اور سنگل کھڑکاتا یہاں تک پہنچا تھا اور اس کے عقیدت مند سینوں پر ہاتھ باندھے اس کے پیچھے پیچھے چل رہے تھے۔ جب وہ میرے محاذ میں پہنچا تو رک گیا۔ پھر اونچی آواز میں ہنسا۔ میری طرف اشارہ کر کے ایک کڑک دار ماں کی گالی دی اور بولا "اوئے دنیادار' کتیا' کامیا کرودھیا! فقیر کے پاس آنے سے ڈر گیا! پھر دنیا پکڑلی۔ پھر دھوتو کا ہو کر رہ گیا!

پتہ نہیں اس کو کیسے معلوم ہو گیا تھا کہ میں دھوتو کی ملازمت کرتا ہوں اور میری نوکری نے مجھے پہلے کے مقابلے میں اور زیادہ مصروف کر دیا ہے۔ میں نے اس کی بات کا تو کوئی جواب نہ دیا البتہ اس کے قریب جانے کا پھر سے حوصلہ نکال لیا۔

بابا سنگل شاہ کی عمر 38 برس کی تھی اور اس کا نام محمد الیاس تھا۔ وہ فتح گڑھ چوڑیاں کے ایک کھاتے پیتے زمیندار گھرانے کا فرزند تھا اور جوانی میں ہی اس کی اللہ سے لو لگ گئی تھی۔ وہ خدا کی تلاش میں گھر سے نکلا اور گھاٹ گھاٹ کا پانی پی کر خالی ہاتھ گھر واپس آ گیا۔

بابا اپنی کٹیا کے باہر کچھ اس سنجیدگی سے باتیں کر رہا تھا کہ مجھے یقین ہی نہیں آتا تھا یہ وہی گالیاں دینے اور گند بکنے والا انسان ہے۔ اس کی ہیئت کذائی وہی تھی لیکن اس پر مسکراہٹ کی ایک سفید بدلی سایہ فگن تھی۔ اس کے سنگل اتنے ہی موٹے اور ویسے ہی غلیظ تھے لیکن ان کے آنکڑوں میں ریشم کی لسلساہٹ پیدا ہو گئی تھی۔ اس کے لہجے میں ایک

دہقان کی سختی تھی لیکن اس میں گالیوں کا تعفن نہیں تھا۔ اس نے میرے سامنے پیلی پیلی ہاڑیوں اور سیاہ آلو بخاروں کا ایک چھکور کھا ہوا تھا اور بار بار کھانے پر اصرار کر رہا تھا حالانکہ میں دونوں چیزیں تواتر کے ساتھ کھا رہا تھا۔ اس کے چہرے پر سکون اور طمانیت کے وہی آثار تھے جو غریب الوطنی میں دو ہم وطنوں کے قریب آنے پر پیدا ہو جاتے ہیں۔ وہ میرے اس قدر قریب آ جانے پر بہت خوش تھا اور میں اس کے نزدیک ممولے کی طرح محتاط سا بیٹھا تھا۔ الیاس بہت دلچسپ، بہت پیارا اور بیحد ملنسار شخص تھا اور محبت اس کے اندر چولہے چڑھی ہنڈیا کی طرح ہر وقت جوش مارتی اور کھد بد کرتی رہتی تھی۔ وہ ہر وقت اپنے رب کی صفت ثناء میں مصروف رہتا اور جب فراغت کا کوئی لمحہ آتا تو منہ بند کر کے اندر حمد اور ورد کرنے اور باہر سانپ کی طرح لہرانے لگتا۔ پھر اس پر جنون کی ایک کیفیت طاری ہو جاتی۔

الیاس فرسٹ ڈویژن میٹرک جنجوعہ جاٹ، ہیر وارث شاہ کا حافظ، کبڈی پلیئر، نعت خواں اور شرمیلے نینوں والا جوان تھا۔ ان ساری چیزوں کو آپس میں ضرب دے کر اس نے "عشق" کا حاصل ضرب نکالا ہوا تھا اور عشق اس کو صرف خدا کی ذات سے تھا اور خدا اسے نہ ملا تھا نہ ملنا تھا اور نہ ہی اس کے ملنے کی کوئی امید تھی۔ اس کے پیر نے اونچی آواز دے کر کہہ دیا تھا جا الیاس عشق کر، اس ذات کے ساتھ جس نے ساری عمر ہاتھ نہیں آنا۔ جلوہ نہیں دکھانا، صلح نہیں مارنی، نیڑے سے ہو کے لنگھ جانا ہے پرت کے نہیں دیکھنا۔"

جب میں نے اس سے اس کے پیر کی بابت پوچھا تو ہنس کر کہنے لگا "میرا اندر ہی میرا پیر ہے کوئی باہر والا تو نہیں۔ مجھے اندر سے ہی یہ آواز آتی تھی، ٹھیک ہے؟"

اب میں اسے کیسے بتاتا کہ "ٹھیک ہے۔" مجھے تو نہ کبھی اندر سے آواز آئی اور نہ ہی کسی نے باہر سے اس زور سے پکارا تھا پھر میں کس طرح سے اس کی تصدیق کرتا۔ بس مسکراتا رہا اور اس کی باتیں سنتا رہا۔

الیاس ایک بہت بڑا فراڈ تھا اور اس کو بالکل علم نہیں تھا کہ وہ ایک فراڈ ہے۔ وہ اس شاعر کی مانند تھا جو غریبوں، دکھیاروں، تنگدستوں اور کم مایہ لوگوں پر نظمیں لکھ کر ظالموں، سرمایہ داروں اور ستم کیش و جفاجو انسانوں کو دار پر کھینچا کرتا ہے اور اس کو بالکل علم نہیں ہوتا کہ وہ خود بھی ایک انتہا درجے کا لالچی، حریص، خود غرض اور موقع پرست انسان ہے۔ وہ بڑی نیک نیتی اور خلوص دل کے ساتھ شاعری کئے جاتا ہے اور ظلم کو للکارتا رہتا ہے۔ وہ شخص بہ یک وقت اچھا بھی ہوتا ہے اور نہیں بھی ہوتا۔

11

جب میں ایک ہفتہ کی چھٹی پر لاہور آیا تو مجھے اپنے استاد کے دو خط ایک ساتھ ملے۔ یہ انہوں نے لاہور کے پتہ پر لکھے تھے اور میری غیر موجودگی میں آئے تھے۔ ایک میں تفصیل کے ساتھ تخت پور کے حالات درج تھے اور بڑا لمبا خط تھا۔

لکھا تھا، رجنی کے ہاں بیٹا پیدا ہوا ہے اور وہ اپنے شوہر سے لڑ کر تخت پور آ گئی ہے۔ کچھ لوگوں کا خیال ہے کہ اس کے سسرال والوں نے خود اسے گھر سے نکال کر واپس میکے بھیج دیا ہے، لیکن اصل بات کسی کو بھی معلوم نہیں سوائے میرے۔ میں رجنی سے ملا نہیں اور نہ ہی میں نے اس کو کہیں دیکھا ہے۔ نہ ہی مجھے کسی نے اس کا کوئی پیغام دیا ہے، لیکن مجھے معلوم ہے کہ وہ بہت دکھی ہے اور ہر وقت روتی رہتی ہے...... تم پوچھو گے کہ مجھے یہ سب کچھ کیسے معلوم ہوا تو سنو کہ آدھی رات کے وقت اس کا گھر والا میرے چوبارے میں آ کر ہاتھ باندھ کر کھڑا ہو گیا اور روتے ہوئے بولا رجنی کو بچا لو نہیں تو وہ رو رو کر اپنے پران دے دے گی۔ تمہارا تو کچھ نہیں جائے گا میرا اسنسار اجڑ جائے گا۔ وہ تم سے پریم کرتی ہے اور ہر گھڑی تمہاری یاد میں ڈوبی رہتی ہے۔"

میں نے اس کو ٹھنڈا پانی پلایا۔ مونڈھے پر بٹھایا۔ کندھے پر ہاتھ رکھا۔ تسلی دی اور پوچھا "تم ہی بتاؤ اس سلسلے میں تمہاری یار جنی کی کیا مدد کر سکتا ہوں۔"

اس نے کہا "تم بھی اس سے اتنا ہی پریم جتاؤ جتنا وہ جتاتی ہے۔" "تم بھی اس کو اتنا ہی یاد کرو جتنا وہ کرتی ہے، جیسے خیالوں میں وہ ڈوبی رہتی ہے ایسے ہی تم بھی رہو۔"

میں نے ہنس کر کہا "یہ کیسے ہو سکتا ہے پنڈت جی۔ وہ تمہارے پاس بھاگسر میں، میں یہاں تخت پور میں۔ اس کو کیسے یقین دلاؤں کہ میں ہر وقت اس کے وچاروں میں ڈوبا رہتا ہوں اور اس سے پریم کرتا ہوں۔"

اس نے رو کر کہا ”رجنی نے دھرم ناش کر لیا ہے اور وہ مسلمان ہو گئی ہے۔“ اس کا ہردے مکے سے اٹک گیا ہے اور اس کے اندر سے مکے مدینے کی ناد آتی ہے‘ میں نے اس کے سینے سے کان لگا کر خود سنی ہے۔“

میں نے کہا ”یہ تمہارا وہم ہے‘ ایسی کوئی بات نہیں‘ بعض اوقات خیال کے زور پر ایسی آوازیں آنے لگتی ہیں۔“ لیکن اس نے میری بات نہیں مانی اور اپنے کہنے پر اڑا رہا کہ رجنی کے اندر ناد علی بجتی ہے۔ میرا خیال ہے اس کا دماغ پھر گیا ہے اور وہ اپنی جگہ سے ہل گیا ہے۔ اگر تم یہاں ہوتے تو مجھے بڑا سہارا ملتا لیکن اب میں بالکل اکیلا ہو گیا ہوں۔ سارا دن اپنے کمرے میں لیٹے رہنا۔ شام کو نہا دھو کر پھر لیٹ جانا۔ صبح اٹھ کر منہ ہاتھ دھونا۔ مسواک کرنا اور پھر لیٹ جانا۔ شام کو اگر طبیعت مان جائے تو تھوڑا سا ریاض‘ نہیں تو پھر اسی طرح سے درودیوار کو گھورتے گھورتے رات تک پہنچ جانا۔

میرے استاد ماسٹر بالی بات تو خوب کرتے تھے لیکن میں نے ان کی تحریر اس سے پہلے ایسی نہ دیکھی تھی۔ تنہائی نے‘ اداسی اور مہجوری نے اور انسانوں کے ایک بڑے سمندر میں بالکل الگ تھلگ ہونے کی وجہ سے ان کی تحریر میں ایک اور طرح کی سوچ ابھر آئی تھی اور وہ اچھے خاصے لیکھک بن گئے تھے۔

خط میں لکھا تھا کہ لچھو بساطی مر گیا ہے اور اس کے بیٹے گوراں دتے نے دکان سنبھال لی ہے۔ دکان سنبھالنے کے بعد سب سے پہلا کام اس نے یہ کیا کہ میرے چوبارے کا کرایہ پانچ روپے بڑھا دیا ہے۔ میں خوش ہوں کہ اس نے پانچ روپے ہی بڑھائے زیادہ بڑھا دیتا تو میں اس کا کیا بگاڑ لیتا۔ تخت پور میں پنڈی اور منٹگمری کے بہت سے شرنارتھی آ گئے ہیں اور انہوں نے سارے شہر کو گندا کر دیا ہے۔ کچھ نئی دیواریں اٹھا لی ہیں کچھ نفرتیں بڑھا لی ہیں۔ اب یہاں وہ پہلے والی بات نہیں رہی۔

کرموں بنئے کے بیٹے نے اپنے باپ کے ہاتھوں تنگ آ کر پستول سے خودکشی کر لی۔ بنئے کا بیٹا تھا۔ ساری عمر پستول کی شکل تک نہ دیکھی۔ چلانے کا ڈھنگ معلوم نہ تھا۔ نشانہ چوک گیا خود بھی گرا اور پستول بھی ہاتھ سے چھوٹ کر پرے جا پڑا۔ تھانے والوں نے گرفتار کر لیا۔ اقدام خودکشی کا پرچہ تو نہیں ہوا البتہ بنا لائسنس پستول رکھنے کا مقدمہ بن گیا۔ اب چھ مہینے قید بامشقت کی سزا ہو گئی ہے۔ خوش ہے کہ کرموں کے ظلم وستم سے نجات ملی‘ خواہ چھ مہینے کے لئے ہی سہی!

خط کے آخر میں اس حسرت کا اظہار بھی تھا کہ رجنی کا بچہ دیکھنے کو بڑا دل چاہتا ہے پتہ نہیں کیسا ہے۔ شکل وصورت کیسی ہے اور کس پر گیا ہے۔

ان کے اس طویل خط کو پڑھ کر طبیعت بشاش ہو گئی۔ دل ان کی زیارت کو مچلنے لگا۔ پتہ نہیں اب ان کی شکل وصورت کیسی ہو گی اور کس طرح کے دکھائی دیتے ہوں گے۔

دوسرا خط کھولا۔ اس پر دس دن بعد کی تاریخ تھی۔ لکھا تھا: گورپر بھد کے روز کڑاہ چھک کر اور کڑا پہن کر واہگورو کا خالصہ بن گیا ہوں۔ نام میں کوئی خاص تبدیلی نہیں ہوئی۔ آئندہ خط اس پتہ پر لکھنا۔ ماسٹر بھائی اقبال سنگھ۔ کلارنٹ نواز۔ چوبارہ لچھو بساطی۔ چوک بزار۔ تخت پور۔

اس مختصر سی عبارت کو پڑھ کر مجھے ایک چکر سا آیا اور میں قریبی چارپائی پر بیٹھ گیا۔ ماں نے قریب آکر میرے ماتھے پر ہاتھ رکھا اور گھبرا کر بولی "کیا بات ہے تیرا پنڈا تو بالکل برف ہو گیا ہے!

میں نے ماں کا ہاتھ پرے دھکیل کر منہ موڑ لیا لیکن ادھر بھائی اقبال سنگھ کھڑا تھا۔

11

آزاد کشمیر ریڈیو واپس پہنچ کر کام تو شروع کر دیا لیکن اندر ایک موت سی واقع ہو گئی تھی۔ دل میں ہر وقت ایک پھوڑی سی بجھی رہتی۔ خیالات آتے اور پرسا دے کر چلے جاتے۔ کبھی کبھی کوئی پرانا بزرگ سا سفید ریش خیال آتا تو اس کے گلے لگ کر رونے لگتا۔ یوسف ظفر کو یقین ہو گیا تھا کہ مجھے کسی سے عشق ہو گیا ہے اور اس نے میری محبت کے ہاتھ کو اپنے دامن سے جھٹک دیا ہے۔ محمد حسین بہت ہی جذباتی اور مشفق قسم کا انسان تھا۔ وہ مجھے چھوٹے ہوٹلوں پر چائے پلاتا۔ ساتھ گھماتا۔ میرا ہاتھ پکڑ کر بار بار کہتا "اپنے اندر کی بات ایک مرتبہ تو بتا دے۔ اپنے دکھ کا اظہار کر کے تو دیکھ۔ ہم تیرے دوست ہیں۔ نا کرنی بھی کر کے دکھا دیں گے۔ جان بھی لڑا دیں گے۔ ہر مشکل میں تیرا ساتھ دیں گے کہ ہم بھاگ جانے والوں میں سے نہیں لیکن تو کچھ کہہ تو سہی۔"

اب میں اس سے کیا کہتا اور کیا بتاتا اور کدھر سے کہانی شروع کرتا کہ وہ میرے غم میں شریک ہو کر میرے دکھ کا مداوا کرتا اور ماسٹر بالی کے نئے پتے میں اس کا نام پرانی املا پر لوٹا دیتا۔ بڑا بوجھ تھا جو دن پر دن بڑھتا ہی چلا جاتا تھا۔ سارا دن خاموش رکھتا اور شام کو ہوٹل کے کمرے میں لے جا کر آنسوؤں میں بھگو دیتا۔ میں کوئی ایسا خاص مسلمان بھی نہیں تھا، خاص کیا ایک عام سا مسلمان بھی نہیں تھا نہ مذہب کے بارے میں کچھ پڑھا تھا اور نہ ہی سوچا تھا۔ پھر پتہ نہیں کیوں استاد کی اس تبدیلی مذہب نے میرے دل پر آری سی چلا دی تھی۔ چلا کیا دی تھی ہر وقت چلتی رہتی تھی۔ بار بار میں دو حصوں میں تقسیم ہو جاتا اور بار بار رک کر پیچھے کی طرف منہ کر کے کھڑا ہو جاتا۔ جب تک میرا دوسرا حصہ آدھا کٹا ہوا وجود آگے بڑھ کر مرے بقیے سے واصل نہ ہو جاتا میں اسی طرح کھڑا رہتا۔ یہ میری مجبوری تھی۔ اس آدھے حصے کو پیچھے چھوڑ کر آگے کیسے بڑھ سکتا تھا۔

سائیں بابا سنگل شاہ' محمد الیاس جنجوعہ 'اب بھی انسان کو اور انسانی رشتوں کو گالیاں دیئے جاتا تھا۔ جب تھک کر نڈھال ہو جاتا تو منہ اوپر اٹھا کر خدا کو طعنے مہنے دینے لگتا کہ اچھی کری ہمارے ساتھ! یاری بھی لگائی اور پاس بھی نہیں آئے۔ پاس بھی نہیں آئے اور کوئی پیغام بھی نہیں بھیجا۔ پیغام بھی نہیں بھیجا اور اپنی بولی بھی نہیں سنائی۔ بولی نہیں سنانی تھی تو کوئی رمز ہی بتادیتے۔ رمز بتانی مشکل تھی تو جلوہ ہی دکھادیتے۔ جلوے میں بیہوشی کا ڈر تھا تو کوئی روپ بٹا کر جھانجھر پہن کے جھومر ڈال کر ہی آجاتے۔ اتنی عورتیں روز یہاں سے گزرتی ہیں پاپیادہ' ٹٹوؤں پر' لاریوں میں موٹروں پر' کسی ایک میں اتر کر آجاتے' ہمیں درشن ہو جاتے موری کو سواد آجاتا۔ وہ چل پڑتی ہم دیکھتے رہتے' ہم بیٹھے بھلے وہ چلتی بھلی۔

جس روز میں نے اپنے دل کا درد سنگل شاہ کو سنانے کا تہیہ کیا اس نے میرا چہرہ بھانپ کر اپنی رام کہانی شروع کر دی کہ ایم اے او کالج امرتسر میں دو سال برباد کرنے کے بعد میں ایف اے کا امتحان دیئے بغیر ہی واپس گاؤں آگیا۔ میری تیاری اچھی تھی۔ پچھلے امتحانوں میں نمبر بھی ٹھیک ٹھاک لیے تھے۔ پروفیسر حضرات میری ہائی سیکنڈ ڈویژن مان کر کالج کے پاس پرسنٹیج کا حساب نکالتے تھے اور میں کم از کم بی اے ضرور کرنا چاہتا تھا لیکن میں مجبور ہو کر سالانہ امتحان سے پانچ دن پہلے گاؤں واپس آگیا۔ دراصل میرے دل پر جلوے اترنے لگے تھے اور میرے اندر اتنی روشنی ہو جاتی تھی کہ باہر کے لوگ میرے رگ وریشے' ناڑیاں اور ہڈیاں دیکھ سکتے تھے۔ جب کبھی کوئی جلوہ اترتا میں گھبرا کر کلاس روم سے یا ہوسٹل کے کمرے سے باہر نکل آتا اور بغلوں میں ہاتھ دبا کر تیزی سے بھاگنے لگتا۔ اس تیزی سے بھاگنے کی بنا پر اردگرد کے لوگ میرے وجود کے روشن اور منور شوکیس کو اچھی طرح سے دیکھ نہ سکتے۔ وہ مجھے "کیا ہو گیا الیاس؟" کہہ کر گزر جاتے! جلوہ سامانی کی یہ کیفیت اس وقت تک جاری رہتی تھی جب تک میں گھاس کے کسی ٹکڑے پر روبقبلہ بیٹھ نہ جاتا اور اپنا سر پیچھے نہ ڈال دیتا۔

سنگل شاہ نے کہا "یہ بکھیڑا کوئی ایک آدھ دن کا ہوتا تو میں اسے برداشت بھی کر لیتا لیکن ایسا تو ہر دوسرے چوتھے ہونے لگا تھا۔ میں کب تک بھاگتا اور کہاں تک گھاس کے قطعے دریافت کرتا۔ مناسب یہی جانا کہ واپس چلا جائے اور آرام سے گھر میں قیام کیا جائے۔ چنانچہ میں فتح گڑھ چوڑیاں آگیا اور پرسکون ہو گیا۔

میں اپنے عشق کے دروازے پر کھڑا تھا اور میرے سامنے منظور شدہ ملکوتی وجود اپنی اپنی باری پر باب قبول میں داخل ہو رہے تھے۔ چوبدار نے پرچیاں پھرولتے ہوئے ایک پرچی

پر میرا نام دیکھ کر کہا ابھی تمہارا نمبر دور ہے' لیکن تم کونسے عشق میں اترنا چاہتے ہو اس کا خانہ ٹک نہیں ہوا۔ دیکھ لو اور سوچ لو اور کل تک مجھے بتا دو دونوں ایک جیسے طاقتور ہیں۔

میرے اندر ایک ہی تانت بج رہی تھی اور اس نے ایک ہی الاپ اٹھایا ہوا تھا۔ رب کے عشق کا اور اسم ذات کی لگن کا۔ عشق حقیقی کا اور عشق کمیاب کا......ایسی طبیعت ہو گئی تھی کہ عرش فرش مال و دولت' زمین جائیداد' کھیت مربعے' کھانا پینا' اوڑھنا بچھونا کچھ بھی اچھا نہیں لگتا تھا۔ بس ایک ہی تار بندھا تھا اور اس پر ایک ہی نام گونج رہا تھا' حق! حق!! حق!!!

شام کے وقت اچانک ہمارے گھر ساتھ کے گاؤں کے بہت سے مہمان آگئے۔ ان میں مرد بھی تھے اور عورتیں بھی۔ بچے بھی اور جوان لڑکیاں بھی۔ تین اونٹوں اور پانچ گھوڑوں کے مسافروں سے ہمارا سارا گھر بھر گیا۔ اندر باہر لوگ کام پر جت گئے۔ میری ماں نے مجھے ایک دھلا دھلایا مجنوں نکال کر دیا اور کہا "جلدی سے لالو جھیوری کے تندور سے پچاس روٹیاں لگوالا۔" جب میری ماں مجھے مجنوں دے کر یہ سمجھا رہی تھی کہ وہاں سے ہلنا نہیں۔ وہ کہے بھی خود بھجوادوں گی پھر بھی وہیں کھڑے رہنا روٹیاں خود لانا پانچ تھالیں برابر کی لگوا کر دھیان سے مجنوں میں لپیٹنی ہیں۔ پولی گانٹھ باندھ کے گٹھڑی لٹکا کے لانی ہے کندھے پر یا سر پر نہیں دھرنی۔ کوئی کہے بھی کہ چودھری صاحب میں چھوڑ آتا ہوں تو اس کو نہیں دینی خود لے کر آنی ہے۔" جب میری ماں مجھے یہ ہدایات دے رہی تھی تو مہمانوں کی ایک لڑکی رابعہ بھی ہمارے پاس کھڑی تھی اور میری ماں کی باتیں سن سن کر ہنس رہی تھی۔ اس نے ڈبیوں والا سوٹ پہنا ہوا تھا۔ پیروں میں کالی گرگابی تھی آنکھوں میں کاجل اور ہونٹوں پر سرخی تھی۔ ماتھے کے بالوں کو پف کر کے اوپر اٹھایا ہوا تھا اور ناک میں سونے کی تیلی تھی۔ اس لڑکی کی کمر اتنی چھوٹی تھی کہ میرے بڑے بھائی سلطان کی ایک مٹھی میں آسکتی تھی۔ رابعہ کی دونوں گتیں اس کے سینے پر سے ہو کر قمیص کے دامن تک لٹک رہی تھیں اور دونوں پراندوں میں سفید گوٹے سے مڑھے چار بڑے بڑے چھکے جھول رہے تھے۔ لٹکتی ہوئی گتوں اور اس کے پیٹ کے درمیان کوئی فٹ ڈیڑھ فٹ کا فاصلہ تھا۔ اس نے ہنستے ہوئے کہا "چاچی! بھا الیاس پچاس روٹیوں کا گٹھڑ کس طرح لٹکا کر لائے گا اس کے ساتھ کوئی بردا بھیج دے' کہیں آج رات ہم بھوکے ہی نہ رہ جائیں۔" وہ پھر ہنسنے لگی اور اس کی ہنسی میں میری ماں بھی شامل ہو گئی۔

لالو جھیوری کام تو اب بھی کرتی تھی پر تندور کے سامنے بیٹھ کر روٹیاں نہیں لگاتی

تھی۔ اب یہ کام اس کی بیٹی عنیتی کے ذمے تھا جو اپنے دونوں کانوں کے پیچھے لہریا دوپٹہ اڑس کر تنور میں روٹیاں لگاتی تھی اور ہر پیڑا اٹھانے سے پہلے ایک کہنی کا مسح ضرور کرتی تھی۔ تندور میں جھک کر' روٹی لگاتے ہوئے یا روٹی اتارتے ہوئے وہ سر باہر نکال کر اپنے کانوں کے آویزوں کو کونڈے میں انگلیاں ڈبو کر ٹھنڈا ضرور کرتی تھی۔ بیچاری کے پاس یہی ایک زیور تھا وہ بھی پیتل کا۔ گھڑت اچھی تھی اور جوگیوں کے مندروں سے ملتی تھی۔ لالو جھیوری کے جگر میں ورم آگیا تھا اور وہ زیادہ وقت چارپائی پر ہی گزارتی تھی۔ چارپائی پر پرات رکھ کر آٹا گوندھ لیتی۔ وہیں بیٹھی بیٹھی پیڑے بنا دیتی۔ گرم روٹیاں کندوری میں لپیٹ کر الگ الگ چھابوں میں رکھ دیتی۔ پرانے آٹے میں سے سسری بین لیتی۔ لیٹے لیٹے چودھریوں کے نواسوں پوتوں کے لئے آٹے کے شیر' چڑیاں اور بکریاں بھی بنا دیتی۔ دونوں ماں بیٹی کا کام تو اچھا تھا پر ان کے سر پر کوئی مرد نہیں تھا۔

جب میں پچاس روٹیوں کا گٹھڑ لٹکا کر اندر داخل ہوا تو رابعہ نے لپک کر وہ گٹھا میرے ہاتھ سے لے لیا۔ میں نے کہا "رہنے دو بہت بھاری ہے۔" تو وہ آنکھیں جھلا کر بولی 'میں تو اس کے ساتھ لانے والے کو بھی اٹھا سکتی ہوں یہ کیا بوجھ ہے۔"

اس نے گٹھا اٹھا تو لیا پر بہنگی کی طرح کم بوجھ والی سائیڈ پر لچکتی چلی گئی۔

اتنا کہنے کے بعد سنگل شاہ خاموش ہو گیا اور اپنی گود میں پڑی ہوئی موٹے سنگل کی ایک لٹ سے کھیلنے لگا۔ میں اس کی کہانی کی گھٹتی بڑھتی لہروں کے تجسس میں ڈوب رہا تھا ابھر رہا تھا اور مجھ کو تن بدن کا ہوش نہ تھا۔ وہ خاموش ہو گیا تو میں بھی خاموش رہا۔ پھر اس نے زور کا ایک نعرہ مارا اور بھائی کے رشتے کو ایک گندی گالی سے یاد کیا۔ میں نے نگاہیں اٹھا کر اس کی جانب غور سے دیکھا تو اس نے سر جھکا لیا اور ایک لمبی سی ہونہہ کے ساتھ بولا "برادران یوسف ازل سے ایک طرح کے رہے ہیں اور ابد تک اسی طرح سے رہیں گے...... میرے بائیں کان میں انحد باجہ بجنے لگا تھا اور میں ہر وقت سرحدی گیت کے لوچ میں ڈوبا رہتا تھا۔ یہ آواز ایک سنکھ اور گھڑیال کی ملی جلی آواز تھی۔ کبھی مدھم ہو جاتی اور کبھی اتنے زور سے اٹھتی کہ میرا سارا بدن پھٹنے لگتا۔ جیسے جیسے میں اس سے لاتعلق ہوتا اس کی لے اور بڑھ جاتی۔ میرے ملاپ کے دن قریب آ گئے تھے اور میں واصل ہونے والا تھا کہ ایک شام مجھے لالو جھیوری کی بیٹی عنیشی کھیتوں میں مل گئی۔ اس نے بہت سا ایندھن اکٹھا کر کے ایک بڑا سا گٹھا باندھ لیا تھا اور کسی اٹھوانے والے کی راہ دیکھ رہی تھی۔ میں نے آگے بڑھ کر گٹھا اٹھوایا تو

میرا ہاتھ پھسل گیا اور گٹھا اس کے سر سے نیچے گر گیا۔ میں اس کا بازو پکڑ کر اسے مکئی کے کھیت میں لے گیا اور جب میں نے اس کی قمیص کا دامن اٹھا کر اس کی گرم گرم چھاتیوں پر اپنا چہرہ رکھا تو وہ ہنسنے لگی اور میرے سر پر ہاتھ رکھ کر بولی "اپنے اپنے گھرانے کی ریت بالکل ایک سی ہوتی ہے تو بھی اپنے بھائی جلال جیسا ہی ہے۔" میں نے چہرہ اٹھا کر اس کی طرف غور سے دیکھا تو وہ میرے بالوں میں انگلیاں پھیر کر کہنے لگی "جس کام کے لئے تو مجھے مکئی کے کھیت میں لایا ہے تیرا بھائی بھی میرے ساتھ یہی کام کر چکا ہے۔ وہ بھی بہت اچھا ہے اور وہ بھی تیری طرح دلیر ہے۔" اس دن سے مجھے سارے انسان' سارے رشتے' ماں باپ' بہن بھائی عزیز رشتہ دار انگ ساک زہر لگنے لگے۔ میں گھر بار' بہن بھائی' اڑوس پڑوس' یار بیلی سب کو چھوڑ کر رات کے وقت گاؤں سے نکل گیا اور جنگلوں بیلوں میں گھومنے لگا۔ دن کے وقت درگاہوں پر حاضری دینی اور راتوں کو کبھی ٹیک لگا کر کبھی سیدھے پدھرے لیٹ کر وقت گزار دینا۔ انحد باجے کی جھنکار بند ہو گئی تھی اور میں نے پاؤں میں گھنگھرو باندھ لئے تھے۔ بابا شاہ طربام کے عرس پر مجھے سدا سہاگنوں کی ایک ٹولی مل گئی اور میں ان کے ساتھ شامل ہو گیا۔ زلفیں بڑھا لیں۔ ہاتھوں میں چوڑیاں پہن لیں' ناک میں نتھنی اور کانوں میں ڈنڈیاں ڈال لیں۔ پیلا گھاگرا اور سر پر لال چنری لے کر میں تر چھا ناچ ناچنے اور گول جھومر ڈالنے لگا۔ میری کوک سن کر لوگ چھکڑے ریڑے روک کر اور دکانیں کھلی چھوڑ کے ہماری منڈلی کے گرد جمع ہو جاتے اور بت بن کر ہمیں جلّی ڈالتے دیکھتے۔ ہم جلیاں ڈالتے' کوک فریاد کرتے' ناچ ناچتے ایک عرس سے دوسرے عرس پر پہنچتے اور ہمارا سال ختم ہو جاتا۔ پورے پانچ سال اور تین مہینے میں نے نہ تو اپنی نتھنی بدلی اور نہ سر ڈاڑھی کے بال منڈوائے۔ جلی ڈالنے جھومر بھرنے ہاکاں مارنے اور کوک پکار میں چوڑیاں البتہ ٹوٹ جاتی تھیں سو عرسوں پر ونگاں والے اور مہنار نیں ہمارے ہاتھ پکڑ پکڑ کر نئی چوڑیاں خود چڑھا دیتے تھے۔

کانواں والی سرکار کے میلے پر بیبو لوہاری نے مجھے سوا روپیہ اور لڈوں کا ایک لفافہ دان کیا اور میرے سامنے ہاتھ جوڑ کر کھڑی ہو گئی۔ میں نے اسے دفع دور کر کے دھتکار دیا۔ وہ رونے لگی تو میرے ایک ساتھی "سہاگن" نے زور سے اس کی کمر میں ایک دھموکا مارا۔ وہ کھلکھلا کر ہنسی اور اوڑھنی سے اپنے آنسو پونچھتے ہوئے بولی "ایک مکا لگ گیا ایک کا کام مل گیا۔ دو لگ جاتے تو دو مل جاتے۔" اس نے اپنی کمر اور سرین میری طرف کر کے کہا "اڑیا ایک مکا تو بھی مار دے ایک کا کا تیری شکل صورت کا مل جائے گا۔" میں نے مکا ہوا میں لہرایا اور اس کی

کمر دیکھتا رہ گیا۔ پھر ہم جلی ڈالنے لگے اور نرت دورے کرنے لگ گئے۔ لوگ کہتے تھے میری بنی کی مروڑاور میری کلائیوں کی لچک دکھنی عورتوں کی ہاتھ پھرت سے بھی سندر تھی۔ یہ تو خیر میں نہیں جانتا پر میرے پیروں کی تنکار میرے ساتھی سہاگنوں میں سب سے پھلروا اور سروپ دھار تھی۔"

جس کالی دھندراتری میں آدھی رات کے وقت مجھے انتر بھید کی روشنی ملی میں اپنی منڈلی چھوڑ کر اس جوت کے پیچھے چلتا چلتا حق اور سچ سے واصل ہو گیا۔ بیبو لوہاری اپنے گھر کے دروازے پر گہنوں کی پوٹلی باندھے بیٹھی تھی۔ رات کے اندھیرے میں ہم اس کے گاؤں سے بہت دور نکل گئے۔ میرے پاؤں کے گھنگھرو اور ہاتھوں کی چوڑیاں بہت پیچھے رہ گئیں اور ہم سورج نکلنے سے پہلے پلکھو نالہ پار کر گئے۔

تین دن اور تین راتیں ہم نے لنڈا بازار کے ایک ہوٹل میں گزاریں اور پھر مجھے بیبو کے دکھی شوہر کا خیال ستانے لگا۔ منڈی مرید کے' کے ایک بے آباد اور ویران گھر میں میں راتوں کو اٹھ اٹھ کر روتا اور کرلاتا۔ بیبو لوہاری مجھے تسلیاں دیتی' میرے آنسو پونچھتی اور میرا سر اپنے لوہے جیسے سینے سے لگا کر مجھے لوریاں دیتی پر میری سسکیاں ختم نہ ہوتیں اور میں ہنکتے ہونکتے اس کے بدن سے چمٹ کر سو جاتا۔ جس دن میرے دل سے وہم گمان اور لاج لپیٹ کی شرم دور ہو گئی اور میں نے بیبو لوہاری کا پنڈا چھوڑ کر اس کی مورتی من مندر میں رکھ کر اس کے نام کا جاپ شروع کر دیا وہ مجھے چھوڑ کر واپس اپنے خاوند کے گھر چلی گئی۔

الیاس نے "حق اللہ بے شک اللہ" کا ایک زوردار نعرہ مارا اور اپنے بھائی کا نام لے کر زمین پر پٹاخ سے تھوکا پھر میری طرف دیکھ کر کہنے لگا۔ "اس دن کے بعد سے میں نے سنگل پہن لئے اور اپنے آپ کو جکڑ بند کر لیا۔ انسان جکڑ بند نہ ہو تو بے راہ ہو جاتا۔ کھلا ہوا ہو تو بے حیا ہو جاتا ہے۔ دنوں کی منزل سالوں پر جا پڑتی ہے۔ پھر موت آ جاتی ہے اور سارا کوڑ کباڑا ایسے ہی دھرا رہ جاتا ہے۔" سنگل شاہ نے کلائیوں میں پڑے آہنی حلقوں کو زور سے ٹکرایا اور اونچی آواز میں کہنے لگا "اس سنسار میں ایک ہی پیار ہے' حقا سچا پیار اور ایک ہی عشق ہے واجب بر حق عشق اور وہ ہے رب کا پیار۔ باقی سب جھوٹ ہے اور ایویں خالی بھرم ہے۔ پر "ب" اور "ن" کا جھگڑا شروع سے چلا آ رہا ہے قدیم سے شروع ازل سے۔ رب کا پیار ان کا پیار بن جاتا ہے اور ہوائی جہاز ٹھاہ کر کے گرتا ہے۔ ڈرائیور بھی فوت سواریاں بھی فوت! جہاں گرتا ہے وہاں بھی سارے فوت!! پر اب میں نے سنگل ڈال لئے ہیں۔ دیہہ کی

جکڑ بندی کرلی ہے۔ن کا جھگڑا ختم ہو گیا ہے ب کا باقی رہ گیا ہے۔ سب کچھ فانی 'اک باقی سوہر دم باقی۔ ''ب'' باقی بر حق باقی'' پھر وہ اونچے اونچے گانے لگا ''سن باقی میری من باقی...... تیرا پیچھا نئیں چھڈنا بھانویں لگ جان ہتھکڑیاں۔''

ہتھکڑیاں کے لفظ پر وہ دونوں بازو اوپر اٹھاتا اور کلائیوں کے کڑوں کو آپس میں یوں بجاتا کہ بدن سے لپٹے ہوئے سارے سنگل کھڑکنے لگتے۔

۱۲

پشاور سٹیشن نے کچھ اپنی مہربانی کی بنا پر اور کچھ ہمارا حق مان کر ہمارے ریڈیو سٹیشن کے لئے اپنی ایک آرٹسٹ بھیج دی تھی۔ یہ گانا بجانا تو کم جانتی تھی البتہ باتیں کرنے کی بہت شوقین تھی۔ اس کے ساتھ اس کا ایک چھوٹا بھائی اور بڑے بڑے پھولوں کے سوٹ والی ایک بھاری بھرکم ماں بھی تھی۔ ماں لڑکی کے مقابلے میں زیادہ خوبصورت تھی لیکن لڑکی جوان تھی اور اپنے سامنے کسی کو ٹھہرنے نہیں دیتی تھی۔ جس طرح جوان اور منہ زور گھوڑے کا تانگہ اسٹینڈ پر زیادہ دیر تک کھڑے رہنا مشکل ہو جاتا ہے اسی طرح اس لڑکی کے لئے ایک کمرے میں ٹک کر بیٹھنا محال تھا۔ سٹیشن پر ایک مدت سے چونکہ ہم مرد ہی مرد تھے اس لئے زمرد کا آنا ہمارے لئے رحمت کا باعث بن گیا۔ سازندے تو اس کی برادری کے لوگ تھے ہی، ہم لوگ بھی اپنے اپنے تھان پر ایک نئے انداز میں ہنہنانے لگے۔ ایسی باتیں ہم نے اس سے پہلے اپنے منہ سے کبھی نہ سنی تھیں۔

زمرد کے معاملے میں مفتی جی اور مسعود میں گھمسان کی جنگ ہوئی۔ مسعود میوزک انچارج تھا اور یہ آرٹسٹ بلاواسطہ طور پر اس کی تحویل میں آتی تھی۔ مفتی جی اس کو ڈرامہ و وائس کے طور پر ڈراموں میں استعمال کرنا چاہتے تھے۔ یوسف ظفر اسی سے پانچ منٹیہ تقریریں پڑھوانا چاہتے تھے اور ڈیوٹی آفیسر کسی کو پوچھے بتائے بنا اس سے دو تین مرتبہ اناؤنسمنٹس بھی کروا چکا تھا۔ مفتی اور مسعود کا جھگڑا طول کھینچ گیا تو ان کے درمیان نوٹا نوٹی چلنے لگی۔ اسسٹنٹ ڈائریکٹر علی صاحب نے دونوں کو باری باری اپنے کمرے میں بلا کر سمجھایا لیکن کوئی بھی پیچھے ہٹنے کو تیار نہ ہوا۔ معاملہ نظامی صاحب تک پہنچا تو انہوں نے یہی فیصلہ کیا کہ زمرد کو واپس بھیج دیا جائے۔ واپسی کا فیصلہ سن کر مردوں کی دنیا اندھیر ہو گئی اور سب نے آپس میں صلح کر لی۔

ہر شخص جو زمرد سے علیحدگی میں ملتا تھا ایک ہی بات کہتا تھا کہ ”میں بہت اکیلا ہوں اور اداس ہوں مجھے سہارا دو۔“ وہ بھی ہنس کر ایک ہی جواب دیتی کہ میں کوئی بابے بڈھے کی لاٹھی ہوں جو تم کو سہارا دوں میں تو ایک آرٹسٹ ہوں اور گانے کے لئے یہاں آئی ہوں۔ مجھے سہارا سہورا دینا کوئی نہیں آتا۔“ اگلے دن وہ کل کا سہارا مانگنے والے کو گئے دن کا سہارا مانگنے والے کا نام بتا دیتی اور وہ برہم ہو کر ایک ایک سے شکایت کرتا کہ ”ذرا اس کو دیکھو، شرم نہیں آتی ایک لڑکی سے سہارا مانگتا ہے۔“

میں نے اس سے سہارا تو نہ مانگا البتہ اپنے ماسٹر بالی کا سارا قصہ الف سے لے کر یے تک اسے سنا کر اس سے ہمدردی اور رحمدلی کا طلب گار ضرور ہوا۔ وہ ایک متعصب قسم کی مسلمان لڑکی تھی۔ ماسٹر بالی کی تبدیلیٔ مذہب پر بہت ناراض ہوئی اور اس کو دو تین گالیاں دے کر مجھے بھی اپنے ساتھ شامل کر لیا۔ میں نے اسے اور شامل حال کرنے کے لئے یہ بھی بتایا کہ میں کلارنٹ بجا لیتا ہوں اور راگداری میں دلچسپی رکھتا ہوں۔ مجھے اپنی برادری کا فرد جان کر اس نے دلی مسرت کا اظہار کیا اور مجھ سے میرے گھرانے کی بابت پوچھنے لگی۔ میں نے کہا ”میں ہوشیار پور کا رہنے والا ہوں اور میرا تعلق شام چوراسی کے گھرانے سے ہے۔“

اگلے دن مفتی جی نے سکرپٹ کی کاپیاں جوڑتے ہوئے مجھ سے پوچھا ”کون ہے بھئی وہ تمہارا استاد جو سکھ ہو گیا ہے؟“

میں نے حیران ہو کر کہا ”میں تو کسی ایسے شخص کو نہیں جانتا جو سکھ ہو گیا ہو اور جس نے اپنا آبائی مذہب چھوڑ دیا ہو۔“ کہنے لگے ”سنا ہے تمہیں راگ ودیا میں بھی دلچسپی ہے؟“

میں نے ڈرتے ڈرتے کہا ”صرف سننے سنانے کی حد تک۔“

”کوئی ساز بھی بجا لیتے ہو؟“ انہوں نے پوچھا۔

میں نے کہا ”مفتی جی میں لکھنے پڑھنے والا آدمی ہوں بجنتری نہیں ہوں۔“

انہوں نے سکرپٹ سے نگاہیں اٹھا کر غور سے میری طرف دیکھا اور جھڑک کر کہا ”شام چوراسی گھرانے میں تمہارا کون تھا؟“

میں نے گلا صاف کر کے کہا ”میں نے تو یہ نام ہی پہلی مرتبہ سنا ہے۔“

انہوں نے بات کا پتہ کاٹتے ہوئے کہا ”اچھا جاؤ اور الماری سے ساؤنڈ ایفیکٹس کی یہ ڈسکیں نکال کے لے آؤ۔ میں نے خدا کا شکر ادا کیا اور کمرے سے باہر نکل گیا۔ کنٹین کی چھوٹی پہاڑی کے ساتھ زمرد سازندوں کے ساتھ ٹین کی کرسی پر بیٹھی ہنس ہنس کر باتیں کر رہی تھی۔ مجھے

دیکھ کر اس نے زور کی ہانک لگائی اور بولی "آؤ آؤ کبھی اپنوں کے ساتھ بھی بیٹھا کرو" سردار جی!"
میں نے اس کی بات کا کوئی جواب نہ دیا اور ڈیوٹی روم میں داخل ہو گیا۔

پہاڑوں کی ایک عجیب عادت ہے کہ وہ دن بھر چمکتی دھوپ میں ایک دوسرے سے چوٹیاں نکالے اپنے ماتھے اور سروں پر بادلوں کی پٹیاں باندھتے کھڑے رہتے ہیں اور جب رات چھا جاتی ہے اور گھپ اندھیرا ہو جاتا ہے تو اپنے عزیز رشتہ دار پہاڑوں سے ملنے دور دور چلے جاتے ہیں۔ ان کے درمیان خاندانی تعلقات اور قرابت داری کی باتیں ہوتی ہیں اور وہ نئے رشتے طے کر کے سورج نکلنے سے پہلے واپس اپنے اپنے مقام پر آ جاتے ہیں۔ میں نے اپنے ہوٹل کی کھڑکی سے کئی مرتبہ سامنے والے بڈھے پہاڑ کو رات کے اندھیرے میں سفر کرتے دیکھا تھا۔ وہ ایسی گربہ پائی سے اپنی جگہ سے سرکتا کہ سناٹے میں بھی اس کی آواز نہ آتی۔ لیکن ٹھنڈی سیت ہواؤں کو کاٹتے ہوئے ہواؤں کی آواز میں تبدیلی سے صاف پتہ چل جاتا کہ وہ کوہالے کی طرف جا رہا ہے اور اپنے چھوٹوں سے کچھ نئے گلے شکوے کرنے جا رہا ہے۔ اس کے چلنے میں اور جانے میں مجبوری کا پس ماندگی کا اور کہولت کا عنصر نمایاں ہوتا۔ رات کے گھٹا ٹوپ اندھیرے میں میں کئی کئی گھنٹے پہاڑوں کی سبک خرام موومنٹس کو واچ کیا کرتا حالانکہ نظر کچھ بھی نہیں آتا تھا لیکن پتہ صاف چل جاتا تھا۔

کوئی دس بارہ روز کے بعد جب میں بابا سنگل شاہ سے ملنے گیا تو اس کی جھونپڑی خالی تھی اور اس کے باہر ہار' پھول' پھلوں کے لفافے اور مٹھائی کے ڈونے بے ترتیبی سے بکھرے ہوئے تھے۔ پہاڑی کوّے چیڑھ کے اونچے درختوں پر خاموشی سے بیٹھے ویران کٹیا کی طرف دیکھ رہے تھے۔ کوہالا جانے والی ایک لاری جب کٹیا کے سامنے رکی اور کلینر نے آلو بخارے کا لفافہ ایک پرانے باسی ہار کے کنڈل میں رکھ کر سلام کیا تو میں نے آگے بڑھ کر اس سے بابا کی بابت پوچھا۔

کلینر نے کہا "سائیں سنگل شاہ پچھلی جمعرات یہ جگہ چھوڑ کر چلے گئے۔" جن لوگوں نے انہیں راستے میں دیکھا تھا وہ بتاتے ہیں کہ سائیں نانگا پربت کی طرف نکل گئے ہیں اور اب واپس نہیں آئیں گے۔"

وہ شاید مجھے کچھ اور بھی بتاتا لیکن ڈرائیور نے ہارن دے کر اسے بلا لیا اور وہ تیزی سے لپک کر چلتی ہوئی لاری کے دروازے سے لٹک گیا۔

سنگل شاہ کے اس طرح اچانک چلے جانے سے میں اور بھی اداس ہو گیا اور مجھے اپنے

سرکار ماسٹر بالی شدت سے یاد آنے لگے۔ اس زمانے میں بھارت سے آنے جانے کے لئے کوئی ویزا اسسٹم نہیں تھا۔ بس ایک پرمٹ کی ضرورت ہوتی تھی جو آسانی سے مل جاتا۔ اگر وہ چاہتے تو پرمٹ لے کر آسکتے تھے اور اگر میں چاہتا تو میں بھی پرمٹ لے کر جاسکتا تھا‘ لیکن میرا وہاں جانا خطرناک تھا۔ نہ وہ آئے نہ میں گیا۔ شاید ہم دونوں کے لئے خطرہ موجود تھا۔ میں نے انہیں ایک لمبا خط لکھ کر لفافے میں ڈالا اور لفافہ اپنی ماں کے نام لاہور روانہ کر دیا کہ اسے کھول کر اندر سے جو لفافہ ملے اسے پوسٹ کر دیں۔ اپنے خط میں بھی میں نے یہی انسٹرکشن دی تھی کہ جواب مجھے لاہور کے پتہ پر بھجوائیں‘ وہاں سے مجھ تک پہنچ جائے گا‘ لیکن ایک طویل انتظار کے بعد بھی مجھے ان کا کوئی خط نہ ملا۔

زمرد کو نظامی صاحب نے واپس پشاور سٹیشن بھجوادیا اور چند دنوں کے اندر اندر ہم سب پھر ایک دوسرے کے قریب آگئے۔ لطیفے بازی کی محفلیں جمنے لگیں۔ مفتی نے اپنی شطرنج کی بساط پھر سے بچھالی۔ ان کے گھر نردیں پٹتی رہیں پیادے چلتے رہے اور شہ ملتی رہی۔ سارے سٹاف میں بس ایک عمر اکیلا رہ گیا تھا۔ اس نے زمرد کے چلے جانے کے بعد باقاعدگی سے نماز پڑھنی شروع کر دی اور اللہ سے لو لگا کر بیٹھ گیا۔ سنگل شاہ ٹھیک ہی کہتا تھا کہ ”ر“ کا کھونٹا تو اپنی جگہ قائم رہتا ہے بس ”ب“ اور ”ن“ میں جھگڑا شروع ہو جاتا ہے اور یہ جھگڑا اس وقت تک رہتا ہے جب تک بدن کا کوٹ گھر نہیں جاتا اور دیہہ کی ماڑی ڈیہہ نہیں جاتی۔

۱۲

پورے دو سال بعد جب میں اٹلی سے لوٹ کر آیا تو عمر ایک متقی، پرہیزگار اور پارسا آدمی بن چکا تھا اور اس کے سر کے پیچھے نور کا ایک ہالا سا بن گیا تھا جو دیکھنے والی آنکھ کو نظر تو نہیں آتا البتہ سر کے پیچھے بالوں کی چمک سے اندازہ ہوتا تھا کہ کہیں سے کوئی سپاٹ لائٹ آرہی ہے جس کا مخرج دکھائی نہیں دیتا۔ لوگوں میں یہ خبر عام تھی کہ عمر نے خفیہ طور پر زمرد سے شادی کرلی ہے اور دونوں نے ایک دوسرے سے الگ رہ کر زندگی بسر کرنے کا فیصلہ کرلیا ہے۔

محمد حسین کی سمجھ میں یہ بات نہیں آتی تھی کہ شادی کرلینے کے بعد میاں بیوی الگ الگ زندگی گزاریں۔ وہ پشاور میں رہے یا پنڈی میں۔ وہ اپنے والدین کے ساتھ رہے یا اپنے گھر، وہ اپنی کمائی کرے اور اپنا کھائے یا اپنی ساری تنخواہ گھر لے جائے اور خبر ان کے اردگرد یہی گھومتی رہے کہ انہوں نے شادی کرلی ہے۔ پشاور میں بھی یہی خبر گرم ہو اور پنڈی میں بھی اسی کا چرچا ہو۔ لوگ مان بھی چکے ہوں اور کوئی ثبوت بھی پیش نہ کرسکیں۔ اہے گہے اور یکے بکے سے پھرتے ہوں، لیکن محمد حسین کے پاس اس کا ایک وزنی اور پائیدار ثبوت موجود تھا۔ اس کو معلوم تھا کہ عمر ہفتے کی شام بس پکڑ کر پشاور چلا جاتا ہے اور اتوار کا سارا دن وہاں گزار کر پیر کی صبح سیدھا دفتر آجاتا ہے۔ لیکن یہ بات بھی درست نہیں تھی۔ عمر ہفتے کی شام کپڑے بدل کر بری امام چلا جاتا تھا اور اتوار کا سارا دن وہاں گزار کر پیر کی صبح دفتر پہنچ جاتا تھا۔ اس کی جیب میں بری کے چچ کی راکھ کی ایک پڑیا ہوتی، جسے وہ چاٹتا بھی تھا۔ آنکھوں میں بھی لگاتا تھا اور بینی سے اوپر ماتھے پر الف کا نشان بھی کھینچتا تھا۔ میں نے عمر کے سراپا کو غور سے دیکھا تو مجھے یقین ہو گیا کہ اس نے واقعی زمرد سے شادی کرلی ہے اور اب اس کی زندگی میں صرف نون کا جھگڑا رہ گیا ہے، جس نے "ب" کی صورت اپنالی ہے اور

"ب" بھی پانی کی لہروں میں اس کی نظروں کے سامنے ڈزالو ہوتی جا رہی ہے......!

اٹلی میں میرا دو سال کا قیام دو منٹوں میں گزر گیا۔ یہاں ماسٹر بالی کے خط باقاعدگی سے بلکہ تواتر سے ملتے رہے اور ہم ایک دوسرے کے اتنے قریب آگئے جتنے اصل زندگی میں بھی نہیں تھے۔ میرا خیال تھا کہ انہیں اب یقین ہوا ہے کہ پاکستان نہ آکر انہوں نے میرے روپ میں ایک ہیرا گنوا دیا ہے اور دیارِ غیر میں یوسف بے کارواں سے ہو کر رہ گئے ہیں۔ یہ بات ان کے خطوں سے عیاں نہ تھی، بس میرے دل کا خیال تھا' لیکن یہ خیال تھا بڑا مستحکم۔ یورپ آکر دیسی لوگوں کے بارے میں جو خیال پیدا ہوتے ہیں وہ بڑے مستحکم اور مدلل ہوتے ہیں۔ ان میں ترمیم کی کوئی گنجائش نہیں ہوتی۔ ہر دلیل اپنے اپنے مقام پر نپی تلی اور وزنی ہوتی ہے۔ انحراف کی کوئی صورت نہیں نکلتی۔

ریڈیو روم سے واپسی پر ایک شام مجھے سینٹ پیٹر کے بڑے صحن میں ایک سکھ جوڑا نظر آیا۔ سردارنی فوارے کے کنارے پٹنی پر پاؤں رکھے اپنے سینڈل کی گھنڈی باندھ رہی تھی اور سردار ہاتھ میں بی او اے سی کا تھیلا اٹھائے اس کے پاس کھڑا تھا۔ میں نے اپنا سکوٹر روک کر سٹینڈ پر رکھا اور ان کے قریب جا کر فتح بلائی۔ میری بولی سن کر وہ دونوں چونکے تو سردار نے ہاتھ آگے بڑھا کر کہا "بھاپا جی ہمیں تو آپ کی اٹالین نے مار دیا۔ تین دن سے پھر رہے ہیں کوئی ہماری بات ہی نہیں سمجھتا۔"

میں نے کہا "سردار جی اٹلی آؤ تو اٹالین سیکھ کر آؤ' نہیں تو دھکے کھاؤ۔"

دونوں میاں بیوی ہنسنے لگے تو اس کی بیوی نے پوچھا "ویر جی آپ نے اتنی اچھی پنجابی کیسے سیکھ لی۔"

میں نے کہا "بی بی میں اٹالین نہیں ہوں' پاکستانی ہوں اور پنجابی میری مادری زبان ہے۔"

سردار نے خوش ہو کر کہا "دیکھنے کو تو آپ بالکل اٹالین لگتے ہیں۔ پر آپ کا سبھاؤ بالکل پنجابیوں جیسا ہے۔ کتنی دیر سے ہیں یہاں؟"

میں نے کہا "میں کوئی ڈیڑھ برس سے یہاں مقیم ہوں۔ یونیورسٹی میں اردو پڑھاتا ہوں اور ریڈیو روم سے اردو سروس میں براڈکاسٹ کرتا ہوں۔"

دونوں میری قابلیت سے بہت متاثر ہوئے' لیکن سردارنی سوچ میں پڑ گئی اور آخر پوچھے بنا نہ رہ سکی کہ میں پنجابی ہوتے ہوئے اردو کس طرح پڑھا لیتا ہوں۔

سردار نے سر کو ہلکا سا جھٹکا دے کر کہا" ہے کہ سدین۔ اپنے گورمکھ سنگھ کا جواب نہیں' بابو دلیپ سنگھ' وہ اردو میں شاعری کر لیتا ہے۔ بڑے بڑے اعلیٰ شعر بناتا ہے۔ دو کتابیں چھاپی ہیں اس نے۔ اردو کوئی مشکل تو نہیں بھجن کور۔"

میں ان کو اپنے ساتھ آہستہ آہستہ چلاتا پیاتزا دیل ری سورجی مینتو لے آیا اور چائے پینے کی غرض سے ہم ایک کیفے ٹیریا میں داخل ہو گئے۔ جب میں نے ہر بھجن کور سے پوچھا "بھابی آپ کیا پئیں گی چائے کہ کافی؟ تو سردار صاحب بلبلا کر بولے "چائے تو یہاں ایک دھیلے کے کام کی نہیں ہوتی۔ گرم پانی کی پیالی میں تھیلی سی ڈال دیتے ہیں۔ رنگ نکلتا نہیں' کبھی دھاگا منہ میں آ جاتا ہے کبھی پرچی۔"

میں نے کہا" تو پھر کافی پی لیتے ہیں۔"

"ناں ویرجی ناں" ہر بھجن کور چہک کر بولی "میں نے تو ایک گھونٹ ہی پیا تھا۔ تھوکنے کو جگہ نہ ملی تو مجھے اندر لنگھانا پڑا۔ بڑا ہی گندا سواد ہے' تتے ستوؤں جیسا۔ وہ نہ منگانا۔"

"تو پھر یوں کرتے ہیں" میں نے سوچتے ہوئے کہا" آئس کریم منگوا لیتے ہیں۔ یہاں کی آئس کریم ساری دنیا میں مشہور ہے۔"

آئس کریم پر دونوں رضامند ہو گئے تو میں نے بیرے کو بلا کر سمجھایا کہ گلاسوں میں آئس کریم لانا کون نہ اٹھا لانا۔ کون کھانے کا ان کو محاورہ نہیں ہے۔ ان کے قابو میں نہیں آئے گی۔ ان کے کپڑے خراب ہوں گے تمہارا فرش گندا ہو جائے گا۔ بیرا مسکراتا ہوں واپس چلا گیا تو سردار جی نے کہا" آپ تو واہ واہ اطالوی بول لیتے ہیں۔"

میں نے کہا" بس کام چلا لیتا ہوں۔ مشکل الفاظ میری سمجھ میں بھی نہیں آتے۔"

"مشکل بولی ہے؟" ہر بھجن کور نے معصومیت سے پوچھا۔

"بہت مشکل۔" میں نے سنجیدگی سے کہا" بولنے میں تو پھر بھی آ جاتی ہے' پر لکھنے میں پکڑائی نہیں دیتی۔ بڑے بڑے نامی گرامی اطالوی لکھاری غلطی کر جاتے ہیں۔"

"تو پھر تو ہماری پنجابی سب سے آسان ہوئی۔" سردار نے خوش ہو کر کہا" چاہے دو دن بولتے رہو کوئی غلطی نہیں ہوتی۔"

وہ دونوں لدھیانے کے رہنے والے تھے اور ان کی نئی نئی شادی ہوئی تھی۔ جوالا سنگھ میٹرک پاس تھا اور ہر بھجن ایف اے پاس کر کے آگے پڑھنا چاہتی تھی کہ ان کی شادی ہو گئی۔ لندن میں جوالا سنگھ کے تایا جی بڑی دیر سے آباد تھے اور روڑے کا کاروبار کرتے تھے۔

لندن میں ان کا اپنا گھر تھا۔ کاؤنٹی میں تھوڑی سی زمین بھی پٹے پر لے لی تھی' جہاں وہ کاروبار کے ساتھ ساتھ واہی بیجی سے بھی دل بہلاتے تھے۔ جوالا سنگھ نے بتایا کہ پچھلے سال ان کے ٹماٹروں کو سارے ولایت میں اول نمبر انعام ملا تھا۔

یہ جوڑا اپنے تایا جی کے پاس پورا ایک مہینہ گزار کر اب واپس لدھیانے جا رہا تھا اور راستے میں اٹلی کی سیر کرنے کے لیے رک گیا تھا۔

جب میں نے ان سے اٹلی کی سیر کرنے کی وجہ دریافت کی تو جوالا سنگھ نے بتایا کہ سردار گورمکھ سنگھ کا بیٹا کرنیل سنگھ پہلے ہی اٹلی دیکھ چکا ہے اور ہر وقت اٹلی کی باتیں کرتا رہتا ہے۔ ہماری ان کے خاندان کے ساتھ اڑ پھس ہے' اس لیے میرے باپو جی نے کہا تھا کہ اٹلی ضرور دیکھ کر آنا تاکہ ہم گورمکھ کے ٹبر سے ہیٹے نہ رہیں۔ پھر اس نے سر ہلا کر کہا "یہ تو بڑا ہی مشکل دیس ہے' کسی کو کسی کی بات سمجھ ہی نہیں آتی۔ پرے گو! پرے گو ہی کرتے رہتے ہیں۔"

ہر بھجن کور نے کہا "میں پھر بھی کچھ کچھ سمجھ لیتی ہوں پر سردار جی کو تو اکا پتا نہیں چلا کہ کوئی کہہ رہا ہے۔"

جوالا سنگھ نے جھلا کر کہا "اوئے رہنے دو اپنی فیلسوفیاں' کل سے اپنا سینڈل گنڈھوانے کے لیے موچی تلاش کر رہی ہے۔ ہر ایک کو اپنا ننگا پیر اٹھا کر دکھاتی ہے اور ہر کوئی اسے ڈاکٹر کی دکان پر لے جاتا ہے۔"

میں نے کہا "آپ لوگ فکر نہ کریں' ابھی یہاں سے فارغ ہوتے ہیں تو بھابی کی جوتی گنٹھوا لیتے ہیں۔ یہاں قریب ہی ایک موچی کی دکان ہے۔"

جب ہم آئس کریم کھا رہے تھے جو جوالا سنگھ نے ران پر ہاتھ مار کر کہا "لو جی حد ہو گئی۔ ہم نے نہ بھاپا جی سے ان کا نام پوچھا نہ ان کا سرنامہ لیا۔ سارا ٹیم ایسے ہی گزار دیا۔" میں نے ان کو اپنا نام بتایا اور جیب سے اپنا کارڈ نکال کر سامنے میز پر رکھ دیا۔"

ہر بھجن کور نے کارڈ اٹھا کر پڑھنے کی کوشش کی تو اٹالین پر پھر رک گئی۔ بولی "ٹیلی فون نمبر تو میں سمجھ گئی ہوں پر سرنامہ نہیں اٹھایا جاتا۔"

میں نے کہا "جب ضرورت پڑے تو کسی سے پڑھوا لینا' ابھی تمہارے منہ پر نہیں چڑھ سکے گا۔"

ہر بھجن کور نے وزیٹنگ کارڈ اپنے پرس میں ڈالتے ہوئے کہا "یہ تو بھاپا جی آپ نے

ارے کا پتہ بتایا، پیچھے کا تو بتایا ہی نہیں کہ آپ کا پیچھا کہاں کا ہے۔"

میں نے کہا "میں تخت پور کا رہنے والا ہوں۔" دونوں نے ہم زبان ہو کر اونچی آواز میں "تخت پور" کہا اور حیرانی سے میری طرف دیکھنے لگے۔

جوالا سنگھ نے کہا، لو وحد ہو گئی۔ اس ماگھی کے میلے پر ہم تخت پور گئے تھے اور پورے دس دن وہاں رہے تھے۔ آسا بٹر میں میری ماسی بیاہی ہوئی ہے اور میرا ماسٹر ہسپتال میں کمپاؤنڈر ہے۔ سردار ہردت سنگھ گرال۔"

میں نے فخر سے آنکھیں نچا کر کہا "دیکھا پھر ہمارا ماگھی کا میلہ۔ ہے کوئی اس کا جوڑ پورے پنجاب میں!"

ہر بھجن نے کہا "میلے کا تو بلاشک کوئی جوڑ نہیں بھاپا جی، پر میرا دل تو دربار صاحب کے شبد کیرتن نے لوٹ لیا۔"

"یہ تو وہاں سے اٹھتی ہی نہیں تھی۔" جوالا سنگھ نے کہا "میلہ مولا کوئی نہیں دیکھا۔ اس نے ارداس ہی سنتی رہی۔"

میں نے ایک مرتبہ پھر اپنا سر فخر سے اونچا کر کے کہا "ہمارے دربار صاحب کے گیانیوں کا کوئی جوڑ ہی نہیں۔ گیانی مہاں سنگھ گیانی بدھ سنگھ گیانی بادالہنا سنگھ ......"

لیکن ہر بھجن کور نے میری بات بیچ ہی میں کاٹ دی اور آنکھیں بند کر کے تھوڑی اوپر اٹھا کر بولی "سارے گیانی سچے سارے ای گورو کے سیوک پر جو بات گیانی بھائی باہلی سنگھ میں ہے وہ اور کسی میں نہیں۔"

باہلی سنگھ کا نام سن کر میں چونکا تو وہ کہنے لگی "گیانی بھائی باہلی سنگھ پہلے مسلمان تھا۔ مونا تھا۔ پھر گورو کا سکھ بن گیا۔ کڑا ڈال کے مکت ہو گیا۔ جب مکت ہو گیا تو واہگورو اکال پرکھ نے سارا گیان اسی کی جھولی میں ڈال دیا۔"

جوالا سنگھ نے کہا "بات اچھی کرتا ہے اور کھول کے کرتا ہے۔ ڈونگی گل بھی شیشہ ہو جاتی ہے۔ کوئی دھار مک بل فریب نہیں رہتا۔"

ہر بھجن کور عقیدت سے سر ہلاتے ہوئے بولی "نہ مان نہ ہیکڑی، نہ لوبھ نہ لالچ، بس پریم ہی پریم، کرپا ہی کرپا۔ دوسرے گیانیوں کی طرح دیدے پھاڑ پھاڑ کے نہیں دیکھتا، نظریں بند بند سی رکھتا ہے۔ میرا تو دل کرتا تھا کہ تخت پور میں ہی رہ جاؤں اور ہر روز ان کے شبد کیرتن میں بیٹھا کروں۔"

''اپنے لدھیانے مہنت بھی تو بڑا قابل ہے۔'' جوالا سنگھ نے چڑ کر کہا۔

''اس میں کچھ نہیں سردار جی۔'' ہر بھجن کور نے کھلے ہاتھ کی ڈگڈی بجا کر کہا ''جس میں دین دھرم کا گیان ہو وہ عورتوں کو نہیں تاڑا کرتا۔''

جوالا سنگھ شرمندہ سا ہو کر خاموش ہو گیا تو ہر بھجن کور پھر ماضی میں پہنچ گئی۔ کہنے لگی ''جس طرح گورو مہاراج کی تصویر میں ان کی آنکھیں ہیں اسی طرح کی گیانی بھائی باہلی سنگھ آنکھیں ہیں، جیسی پگڑی گورو مہاراج کے سر پر ہے ویسی بھائی باہلی سنگھ کی ہوتی ہے۔ شبد بولتے ہیں تو منہ سے پھول جھڑتے ہیں۔ چلتے ہیں تو ہرے توت کی ٹہنی کی طرح نرم نرم قدم اٹھاتے ہیں۔ رکتے ہیں تو بینتی سی بن کر کھڑے ہو جاتے ہیں۔ سنتے ہیں تو سارا کان تمہاری طرف دے کر آنکھیں بند کر لیتے ہیں۔''

جوالا سنگھ نے ہنس کر کہا ''ارے کوئی میری شکایتیں تو نہیں کرتی رہی ان سے۔''

ہر بھجن کور نے جوالا سنگھ کی بات سنی ان سنی کر کے مجھ سے پوچھا ''ویر جی آپ ان سے کبھی نہیں ملے؟ ملے تو ضرور ہوں گے 'تخت پور تو چھوٹا سا شہر ہے۔''

میں نے کہا ''میں تخت پور زیادہ دیر نہیں رہا۔ پڑھائی کے سلسلے میں لاہور آ گیا تھا۔ انہیں دیکھا ضرور ہو گا 'لیکن پہچانتا نہیں۔''

جوالا سنگھ نے کہا ''نسواری رنگ کی پگڑی باندھتے ہیں' سفید قمیص شلوار' کچے ریشم کی بنڈی' پیروں میں کالی گرگابی' انگلیوں میں چاندی کے چھوپے۔''

''کالی سیاہ چھوٹی ڈاڑھی۔'' ہر بھجن کور نے کہا ''اور بالکل گول جوڑا جو پگڑی کے اندر بھی ڈلکیں مارتا ہے۔ گردن پر کیسوں کے چھوٹے موٹے تھوڑے تھوڑے بال' پوتر تا کا مان اور نور سروپ کی آن۔ گوربانی کے شبد پڑھتے ہیں تو ایسے لگتا ہے گورو مہراج خود بول رہے ہیں۔''

میں نے پوچھا ''وہیں رہتے ہیں دربار صاحب میں؟'' تو ہر بھجن نے سر ہلا کر کہا ''بازار میں ایک چھوٹا سا چوبارہ ہے' نیچے بساطی کی دکان ہے' تنگ سی سیڑھیاں اوپر چڑھتی ہیں۔ وہاں رہتے ہیں۔''

''تمہیں کس نے بتایا؟'' جوالا سنگھ نے ناراض ہو کر پوچھا۔

''بتانا کس نے تھا۔ مجھے آپ معلوم ہے۔ ترنتارن سے میلے پر پانچ پیاریاں آئی تھیں' وہ ان کے درشن کرنے چوبارے پر گئیں تو میں بھی ساتھ چلی گئی۔''

”تم نے مجھے پہلے تو کبھی نہیں بتایا۔“جوالا سنگھ بدستور ناراض تھا۔

”بتانے والی کوئی بات ہی نہیں تھی سردار جی۔“ ہر بھجن کور نے کہا”پانچ پیاریوں نے صلاح بنائی تو میں بھی ان کے ساتھ چلی گئی۔ ننگے منجے پر بیٹھے جپ جی صاحب پڑھ رہے تھے۔ہم ساریاں ہاتھ جوڑ کر کھڑی ہو گئیں تو”نہ بھئی نہ بھئی“ کہتے ہوئے اٹھ کر کھڑے ہو گئے اور ہمیں ہاتھ جوڑنے سے منع کر دیا۔“

”وہ کیوں؟“جوالا سنگھ نے غصے سے پوچھا۔

”کہنے لگے ہاتھ صرف واہگوروا کال پرکھ کے آگے جوڑے جاتے ہیں منکھ کے سامنے نہیں۔“

میں نے کہا میں نے بساطی کی دکان دیکھی ہوئی ہے اور اس کے اوپر والا چوبارہ بھی لیکن میں اس میں کبھی گیا نہیں۔ ہر بھجن نے کہا”ویر جی!اگر آپ ایک مرتبہ اوپر چلے جاتے اوران کے درشن کر لیتے تو پھر جیون بھر انہی کے ہو کر رہ جاتے۔“

جوالا سنگھ اپنی بیوی سے ایک غیر مرد کی اس قدر تعریف سن کر تنگ آ گیا تھا۔اس لیے بات بدل کر بولا”بھاپا جی پرسوں ہم نے بمبئی چلے جانا ہے‘آپ سے پھر کبھی ملاقات ہو سکے گی؟“ میں نے کہا”کیوں نہیں جوالا سنگھ‘جب تک تم لوگ یہاں ہو روز ملاقات ہو گی اور روز باتیں ہوں گی۔اس دیس میں اپنے لوگ بار بار کہاں ملتے ہیں۔ میں دو دن کی چھٹی لے لوں گا اور تمہارے ساتھ ہی رہوں گا۔“

ہر بھجن نے کہا”ویر جی مجھے تو آپ میں بھی گیانی بھائی باہلی سنگھ کا روپ نظر آتا ہے۔ پر ان کا سروپ نوری ہے اور ہمارا آپ کا خاکی ہے‘مٹی رنگا۔“

جوالا سنگھ نے کہا”بس بھی کر۔اب چھوڑ بھی بھائی باہلی سنگھ کی کھلوڑی۔ پتہ نہیں بے چارہ کیسا ہے کیسا نہیں‘اس کو خواہ مخواہ دیوتا بنائی جا رہی ہے۔“

ہر بھجن کور خاموش ہو گئی اور پھر تھوڑی دیر بعد بولی ”ویر جی میرا سینڈل گنڈھوا دو گے۔ منٹ منٹ بعد کھل جاتا ہے۔“میں ان کو ایک موچی کی دکان پر لے گیا جو گھوڑوں کے ساز تیار کرتا تھا۔جب میں نے اس کو بتایا کہ یہ لوگ انڈیا سے آئے ہیں اور اس بی بی کی جوتی کو ٹانکے لگانے ہیں تو اس نے جوالا سنگھ کی طرف دیکھتے ہوئے کہا:

”فقیر فقیر!“

میں نے کہا”ہاں فقیر!“

کہنے لگا ”یہ ہوا میں اڑ سکتا ہے ؟“

میں نے کہا ”اس وقت نہیں‘ جب شام کا وقت ہوتا ہے تو ہوا میں اڑتا ہے اور ساری دنیا کا چکر لگا کر آدھ گھنٹے میں واپس آجاتا ہے۔“

اس نے آواز دے کر اندر سے اپنی بیوی کو بلایا اور جوالا سنگھ کی طرف اشارہ کر کے کہنے لگا ”انڈین فقیر! ہوا میں اڑ سکتا ہے اور ساری دنیا کا چکر لگا لیتا ہے۔“

اس کی بیوی نے محبت بھری نظروں سے ہر بھجن کی طرف دیکھا اور اس کے سراپا کی تعریف کرنے لگی۔

سینڈل گنٹھوا کر جب ہم وہاں سے چلے تو جوالا سنگھ نے پوچھا ”بھاپا جی موچی کیا کہتا تھا؟“ تو نے بات ٹالنے کی غرض سے کہا ”ہر بھجن کی سندرتا کی تعریف کر رہا تھا۔“

جوالا سنگھ نے طیش میں آکر کہا ”وہ سالا لگتا ہے کسی کی گھر والی کی تعریف کرنے والا۔ آپ نے اس کا منہ توڑنا تھا‘ نہیں تو مجھ کو بتاتے میں خود کر لیتا۔ اس سے دو دو ہاتھ۔ پھر اس نے بہن کی گالی دے کر کہا ”ذات کا موچی اور سرداروں کی عورتوں کو تاڑتا ہے ماں کا یار!“

میں نے اس کے کندھے پر ہاتھ رکھ کر کہا ”اوئے یہ یہاں کے لوگوں کا وہار ہے کسی کی صفت ثنا کرنا۔“

”چنگا روہار ہے۔“ اس نے جوش میں آکر کہا۔ میں سالے کو واپس جا کر سدھ کرتا ہوں۔ آیندہ کے لیے نصیحت ہو جائے گی۔“میں نے بڑی مشکل سے جوالا سنگھ کو روکا نہیں تو اس نے بکھیڑا ڈال دینا تھا۔

اگلے روز جب میں ان کے ہوٹل گیا تو ہر بھجن کور اپنے کمرے میں اکیلی بیٹھی ناشتہ کر رہی تھی۔ میری طرف دیکھ کر جلدی سے بولی ”سردار جی اپنے ناشتے کے لیے باہر سے کوئی چیز لانے گئے ہیں۔ ان کو مربہ‘ توس‘ انڈا پسند نہیں‘ بازار سے اپنے لیے کوئی چیز پسند کرنے گئے ہیں۔“

میں نے کہا ”میں اس کے پیچھے جا کر تلاش کرتا ہوں۔ وہ دکاندار کو کس زبان میں سمجھائے گا۔“

ہر بھجن نے کہا ”کوئی بات نہیں‘ وہ کر لیں گے کچھ بندوبست۔ جب تک وہ نہیں آتے ہم بھائی بالی سنگھ کی باتیں کرتے ہیں‘ کیونکہ ان کے سامنے تو یہ بات کھل کر نہیں ہو سکتی۔“

میں نے کہا ”تم کو گیانی جی اتنے ہی پسند آگئے ہیں کہ تم ان کے علاوہ اور کوئی بات ہی

نہیں کرنا چاہتی ہو۔"

کہنے لگی "ان کی بات کے علاوہ اور کوئی بات ہو بھی نہیں سکتی' ان کی شکتی ہی ایسی ہے۔"

میں نے ایک بڑے بھائی کی طرح ہمت کر کے اس سے پوچھا "بی بی ہر بھجن کور تو اس سے پریم کرنے تو نہیں لگ گئی دھی رانی۔"

میری بات سنتے ہی اس کی آنکھیں ایک دم آنسوؤں سے بھر گئیں اور وہ چہرہ اوپر اٹھا کر بولی "ایسے میرے بھاگ کہاں ویر جی۔ وہ تو آنکھ اٹھا کر بھی تیمیں کی طرف نہیں دیکھتے۔ واہگورو سے ہی لو لگا کر رکھتے ہیں۔"

اس بات کا کوئی خاص جواب ہی نہ بنتا تھا' اس لیے میں خاموش ہو گیا۔ ہر بھجن نے جوالا سنگھ والی خالی پیالی میں میرے لیے چائے بناتے ہوئے کہا "میں نے پتہ کیا تھا ویر جی' جب وہ مسلمان تھے اور مونے تھے تو باھمنوں کی ایک لڑکی ان پر عاشق ہو گئی تھی۔ پھر اس کے گھر والوں کو پتہ چل گیا تو انہوں نے اس کا بیاہ بھاگسر کے باھمنوں میں کر دیا۔ پر وہ اپنے گھر آباد نہیں ہو سکی' جھگڑا کر کے واپس تخت پور آ گئی۔ میں اس بھاگیہ وان کے درشن کرنے دو دفعہ اس کے گھر گئی۔ وہ مجھ سے ملی ہی نہیں۔ انکاری ہو گئی' اندر سے ہی جواب دے دیا کہ میں کسی کو نہیں جانتی' کسی سے نہیں ملتی۔"

ہر بھجن کور نے دوپٹے سے اپنی آنکھیں پونچھیں اور توس پر جام لگانے لگی۔ اگر مجھے جوالا سنگھ کے اچانک آ جانے کا خوف نہ ہوتا تو میں ہر بھجن کو گلے سے لگا کر ضرور کہتا کہ وہ ظالم تیمیں کی طرف آنکھ اٹھا کر ہی نہیں دیکھتا' مردوں کو بھی خاطر میں نہیں لاتا۔ میں بھی اس کے ہجر کا مارا ہوا ہوں۔ پر میں تیری طرح روتا نہیں!

جب مجھے ہر بھجن کے ساتھ اس کے کمرے میں اکیلے بیٹھے ہوئے کافی دیر ہو گئی تو میں نے جوالا سنگھ کے خوف سے کمرے کا دروازہ پورا کھول کر اس کے آگے کرسی لگا دی۔ گیلری میں ٹاکی مارنے والی سینوریٹا ہمیں دیکھ کر دروازے میں آ گئی اور وائپر کے ڈنڈے پر ٹھوڑی رکھ کر مجھ سے باتیں کرنے لگی۔ ہماری گفتگو کے دوران ہر بھجن نے اپنے پرس کے پھٹے ہوئے استر کے پیچھے سے ایک چھوٹی سی تصویر نکالی اور میری طرف بڑھا کر بولی "یہ گیانی جی کی مورت ہے جو میں سردار جی سے چھپا کر رکھتی ہوں۔"

لکڑی کی ایک پرانی سی کرسی پر میرے استاد' میرے صاحب' میرے سرکار بیٹھے تھے

اور انہوں نے اپنے دونوں ہاتھوں کی کنگھی بنا کر انہیں گود میں رکھا ہوا تھا۔ وہی چہرہ' وہی آنکھیں اور وہی ابرو۔ سر پر شستگی سے بندھی ہوئی پگڑی جو کیسوں کی وجہ سے ذرا پھولی پھولی سی تھی۔ کالی سیاہ ڈاڑھی جس میں کہیں سفید بالوں کے جوٹے بھی تھے۔ پیتل کے بٹنوں والی بنڈی جس کی اوپر والی جیب میں پرانی وضع کا ایک موٹا سا پین تھا۔ کلائی پر وہی اونچے شیشے والی ویسٹ اینڈ کی گھڑی اور انگلیوں میں چاندی کی موٹی موٹی انگوٹھیاں۔ سینور ینا نے وائپر کے ڈنڈے سے ٹھوڑی اٹھا کر اور سر جھکا کر غور سے تصویر کو دیکھا اور کہنے لگی "سیک! سیک!!"

میں نے کہا "ہاں سکھ!"

ہر بھجن کو تصویر واپس کرتے ہوئے میں نے آہستہ سے کہا "یہ جو گھڑی ان کی کلائی پر بندھی ہے اسے لہنے چوہڑے کا بیٹا پھولا چرا کے لے گیا تھا۔ پورے تین مہینے بعد روتا ہوا آیا اور گھڑی واپس کر کے پاؤں میں گر کر فرش پر ٹکریں مارنے لگا......"

ہر بھجن نے چیخ مار کر کہا "ویر جی آپ ان کو جانتے ہیں؟ گیانی جی کو!"

جوالا سنگھ کمرے میں داخل ہوتے ہوئے اونچی آواز میں بولا "ارے یہ کیوں کھڑی ہے میم اپنے دروازے میں؟"

میں نے کہا "یہ کمرے صاف کرتی ہے اور کمرہ صاف کرنے آئی ہے۔"

جوالا سنگھ سینور ینا کی طرف ہاتھ کے اشارے کر کے کہنے لگا "نو تھینک یو' نو صفائی' نو صفائی...... ضرورت ہوئی تو ہم آپ کر لیں گے۔ یو گو اوئے...... گو اوئے۔"

سینور ینا "او کے" کہہ کر باہر نکل گئی تو جوالا پیٹ پر ہاتھ پھیر کر بولا "یار اس نے تو بڑا اچھا ناشتہ کر لیا ہے۔ دہی بھی مل گیا اور ملائی بھی۔ ملائی تو میں نے کھانڈ ڈال کر کھائی پر دہی میں سو کھا ہی رگڑ گیا۔ بڑا ہی سواد آیا۔"

"اور ساتھ کچھ نہیں لیا۔" میں نے پوچھا۔

اس نے سر ہلا کر کہا "ساتھ کچھ نہیں لیا۔ ساتھ لینے کی ضرورت ہی نہیں تھی۔ ملائی ہی روٹی کی طرح سنگھنی تھی۔ تازہ اور نروئی۔ میں نے کہا خالی چلنے دو۔" پھر اس نے میری طرف دیکھا اور کہنے لگا "بھاپا جی یہاں دودھ دہی بہت سستا ہے۔"

میں نے کہا "دودھ دہی بھی سستا ہے اور پھل بھی بہت سستا ہے۔"

جوالا سنگھ نے پھل کی طرف تو کوئی توجہ نہ دی البتہ تھوڑے تھوڑے وقفے بعد دودھ دہی کی تعریف ضرور کرتا رہا۔ اس کی گفتگو کے دوران ہر بھجن کور مچھلی کی طرح تڑپتی

رہی۔ وہ نہ بیٹھ سکتی تھی نہ کھڑی رہ سکتی تھی۔ کمرہ اتنا چھوٹا تھا کہ اس میں چکر بھی نہیں لگا سکتی تھی۔ کبھی پرس کھول کر دیکھتی، کبھی اپنے بیگ کے پاس جا کر اس کی چیزیں سیٹ کرنے لگتی۔ غسل خانے جا کر کلی کرتی۔ پھر سنک میں تھوک کر اوپر سے پانی چلا دیتی۔ واپس اپنی جگہ پر آ کر انگلی سے جام چاٹنے لگتی۔ پھر اٹھ کھڑی ہوتی اور جا کر بیگ کی چیزوں کو نئے سرے سے ترتیب دینے لگتی۔

جوالا سنگھ نے کہا ''او کیا ہو گیا بھئی تو آرام سے بیٹھتی ہی نہیں۔''

ہر بھجن کور نے کہا ''میرا دل گھبرا رہا ہے، بے چینی ہو گئی ہے۔''

جوالا سنگھ ہنس کر بولا ''اوئے دیکھنا بھائی کوئی ایسی ویسی گل تو نہیں ہو گئی۔ پردیس کا معاملہ ہے، کہیں کوئی اور ہی مشکل ڈال دیوے۔''

ہر بھجن کور نے قدرے غصے سے کہا ''سردار جی آپ کو تو ہر بات میں ٹھٹھا مخول ہی آتا ہے۔ ایسی کوئی بات نہیں، دوسری!''

اس وقت سے لے کر بمبئی روانہ ہونے تک، ہر بھجن میرے ساتھ علیحدگی کے لیے ایک لمحے کے لیے ترستی رہی، لیکن میں نے اسے یہ موقع ہی فراہم نہ کیا۔ ایک دو مرتبہ اس نے جوالا سنگھ کی موجودگی میں بات کرنا چاہی، لیکن میں نے آنکھ کے اشارے سے منع کر دیا۔

چامپینو ایئرپورٹ پر ابھی ائر انڈیا کے بمبئی جانے والے جہاز کی اناؤنسمنٹ نہیں ہوئی تھی کہ ہر بھجن نے مجھے مخاطب کر کے کہا ''ویر جی میں نے پیشاب کرنے جانا ہے اور مجھے باتھ روم کا پتا نہیں چلنا، میرے ساتھ چلیں۔''

جوالا سنگھ نے منہ اٹھا کر پوچھا ''اور میں؟''

ہر بھجن نے کہا ''آپ یہاں بیٹھیں سامان کے پاس۔''

''اوئے رہنے دے سمیان۔'' جوالا سنگھ نے اٹھتے ہوئے کہا ''یہ ولایت ہے یہاں کوئی چوری نہیں کرتا۔''

اتنا کہہ کر وہ ہمارے ساتھ ہو لیا اور ہم ٹائیلٹس کی طرف روانہ ہو گئے۔

۱۳

نظامی صاحب آزاد کشمیر ریڈیو سے تبدیل ہو کر لاہور آ گئے تھے۔ انہوں نے مجھے بھی اپنے ساتھ لاہور سٹیشن پر بلوالیا۔ لاہور سٹیشن کی ایک اپنی ہی شان اور اپنی ہی رعایت تھی۔ آل انڈیا ریڈیو کے زمانے میں بھی اپنے ڈراموں کی وجہ سے یہ سٹیشن سارے ملک میں مشہور تھا اور اب بھی یہاں نامور لکھنے والوں کی ایک کھیپ موجود تھی۔ ان کے ساتھ کندھے سے کندھا ملا کر اپنی کارکردگی کے جوہر دکھانے میں ایک عجیب طرح کا لطف تھا۔ اس وقت بڑوں کی ٹانگ کھینچنے کا رواج نہ تھا۔ ان کے ساتھ پورے اترنے کا چلن تھا۔ بڑے بھی بڑے ہی تھے۔ اچھے کام پر کھل کے داد دیتے اور غیبت میں زیادہ تعریف کرتے۔ ان کی تعریف کا ایک آدھ جملہ جب گھوم پھر کر جونیئر کارکن تک پہنچتا تو زندگی کا لطف دوبالا ہو جاتا۔ مشکل سے مشکل مرحلہ ایک آسان سی جولاں گاہ بن جاتا اور سفر خوشگوار ہو جاتا۔

ماسٹر باہلی کو میں نے اٹلی سے بھی کئی مرتبہ لکھا تھا اور یہاں آ کر بھی مسلسل لکھتا رہا' لیکن انہوں نے ایک اپنا تازہ فوٹو ارسال نہ فرمایا۔ ہر مرتبہ کوئی نہ کوئی بہانہ کر جاتے' البتہ خط کے آخر میں یہ ضرور لکھتے کہ ایک عدد کیمرے کی بڑی ضرورت ہے۔ ہندوستان میں تو ملتا نہیں' اگر تم کہیں سے حاصل کر لو تو میں کسی آتے جاتے کے ہاتھ منگوا لوں۔ اس زمانے میں صرف جرمن کیمرے دستیاب تھے' لیکن بڑے مہنگے تھے۔ میں ایک کونٹا فلیکس اٹلی سے خرید کر لے آیا تھا لیکن اسے اس شرط پر اپنے پاس روک لیا تھا کہ جب تک وہ اپنی تصویر نہیں بھیجیں گے میں کیمرہ نہیں بھجواؤں گا۔ یہ کشمکش بڑی دیر تک جاری رہی۔ بالآخر انہوں نے اپنے خطوں میں اس فرمائش کا تذکرہ ہی بند کر دیا۔

مری سے دوستوں کی فرمائش آئی تھی کہ ہم مل کر نیلم ویلی کی سیر کو جا رہے ہیں' تمہارا اس گروپ میں شامل ہونا ضروری ہی نہیں لازمی ہے۔ فوراً پہنچو اور ساتھ اپنا کیمرہ

بھی لے کر آؤ۔ گروپ لیڈر عمر نے جن چیزوں کے ہمراہ لانے کی فہرست روانہ کی تھی ان میں ایک چھڑی' ایک چھتری' ایک عدد تھرموس' بسکٹوں کے پیکٹ' پنیر کا ڈبہ' ہلکی برساتی' فولادی چاقو' کین اوپنر اور ایک مضبوط سی رسی بھی شامل تھی۔ جو چیزیں بہت ہی ضروری تھیں ان کو اس نے انڈر لائن کر دیا تھا۔ میں نے انڈر لائن چیزوں کو چھوڑ کر باقی سب لے لیں اور پنڈی روانہ ہو گیا۔ پنڈی جاتے ہوئے گجرات کے اڈے پر ہماری بس کا ٹائر پنکچر ہو گیا۔ سپیئر وہیل نہ ہونے کی وجہ سے بس کو جیک پر چڑھا کر اسی پہیئے کو پنکچر لگوانے کے علاوہ کوئی چارا نہ تھا۔ کلینر نے بتایا کہ ٹیوب ویلکنائز میں چونکہ دیر لگے گی' اس لیے آپ لوگ چائے پئیں اور اخبار پڑھیں۔

سڑک کے کنارے ایک چھوٹے سے ڈھابے میں میری کرسی سے دور گھٹے ہوئے جسم والے ایک مولوی صاحب بیٹھے کھانا کھا رہے تھے۔ ان کی سیاہ خشخشی ڈاڑھی' چمکدار چہرے اور سر پر گول کلے کی مشہدی لنگی نے مجھے اس درجہ متاثر کیا کہ میں اپنی سیٹ چھوڑ کر ان کے سامنے جا کھڑا ہوا۔ اپنا کیمرہ کھول کر جب میں نے ان سے ان کی تصویر بنانے کی درخواست کی تو انہوں نے بڑی محبت سے مجھے سامنے بیٹھنے کا اشارہ کیا اور پھر میری طرف اپنی پلیٹ بڑھا کر بولے "پہلے میرے ساتھ کھانے میں شرکت فرمایئے پھر تصویر کھنچواؤں گا۔" میں نے ہر چند بھوک نہ ہونے' بے وقت کھانے سے احتراز کرنے اور بازاری کھانے سے گیس پیدا ہونے کے عذر پیش کیے' لیکن انہوں نے میری ایک نہ مانی اور اپنی بات پر اڑے رہے۔ مجبوراً مجھے ان کے ساتھ شامل ہونا پڑا۔

کہنے لگے "یہ لاریوں والے بہت تنگ کرتے ہیں۔ ماڈل پرانے ہیں۔ سامان ان کے پاس ہوتا نہیں۔ آدھے راستے بریک ڈاؤن کر کے بیٹھ جاتے ہیں اور مسافروں کو بہت پریشان کرتے ہیں۔ آپ کی لاری کا پہیہ پنکچر ہو گیا ہے اور ہماری بس کے کاربریٹر میں کوئی خرابی پیدا ہو گئی ہے۔ اب پتہ نہیں کتنی دیر لگتی ہے۔"

میں نے کہا "آپ کہاں جا رہے ہیں؟"

کہنے لگے "میں گجرات کچہری میں عرائض نویس ہوں اور ایک ضروری کاغذ کے حصول کے لیے جہلم جا رہا ہوں۔ میرے سائل کی ضرورت ہے اور اس کو اس بات کا علم نہیں ہے۔ بے چارہ سیدھا آدمی ہے' اس لیے اس کی ڈیوٹی بھگتا رہا ہوں۔ آپ ابھی تک آزاد کشمیر ریڈیو میں ہی ہیں یا تبدیلی ہو گئی؟"

میں ان کا یہ سوال سن کر سکتے میں آ گیا اور لقمہ روک کر ان کا منہ دیکھنے لگا۔

انہوں نے پانی کا گلاس اٹھاتے ہوئے کہا "یہ ہوٹل والے مرچیں بہت ڈال دیتے ہیں۔"

میں نے کہا "آپ مجھے جانتے ہیں؟"

کہنے لگے "اچھی طرح سے۔ میری آپ کی یاد اللہ بہت پرانی ہے۔ یہ بات الگ ہے کہ آپ نے بڑے افسر بن کر ہم کو بھلا دیا اور ہم وہیں رہ گئے ٹھن ٹھن گوپال! میں سائیں سنگل شاہ ہوں اور میری آپ کی ملاقاتیں روز ہوتی رہی ہیں۔"

میرے ذہن میں ٹھن ٹھن گوپال کا گھڑیال زور سے بجا اور دیر تک بجتا رہا۔ الیاس صاحب نلی کی ہڈی سے چمٹا ہوا گودا نکالنے کے لیے اسے ٹاٹن تھالی میں بجا رہے تھے اور اس کی آواز میری گونج کی لہروں میں شامل ہو رہی تھی۔

میں نے میاؤں سی آواز نکال کر کہا "آپ تو نانگا پربت چلے گئے تھے؟"

کہنے لگے "او بھائی کہاں کا نانگا پربت اور کدھر کی دھولی دھار وہ پکڑائی نہیں دیتا، بس ادھر ادھر ہی چھپا رہتا ہے۔ قریب قریب ساتھ ساتھ، کبھی پھول کے پیچھے ہوتا ہے، کبھی پھل کے پیچھے۔ کبھی رنگ کی اوٹ میں کبھی لے کے پیچھے۔ آدمی نے پھول سونگھ لیا، پھول توڑ لیا رنگ لے لیا، لے سن لی اور خوش ہو گیا۔ اس کے پیچھے نہ دیکھا اور رکاوٹ عبور کی۔ میں کیا کرتا، میں بھی تو آدمی تھا۔ سنگلوں کا بوجھ اٹھائے پھرا اور سنگل کے پیچھے نہ دیکھا۔

پہاڑ چھوڑ کر محمد الیاس سنگل شاہ گجرات آ گیا اور کنجاہ کے راستے پر ایک جھگی ڈال کر اس میں رہنے لگا۔ شدہ شدہ اس کی شہرت دور دور تک پھیل گئی اور لوگ منتیں ماننے اور چڑھاوے چڑھانے اس کے ڈیرے پر آنے لگے۔ بڑے بڑے سردار دو شملوں کی پگڑیاں باندھے جب اس کی جھگی کے سامنے سے گزرتے تو اپنے گھوڑوں سے اتر کر پیدل چلنے لگتے۔ وہ ان کو اونچی آواز میں گالیاں اور کوسنے دیتا اور سردار دونوں ہاتھ اٹھا اٹھا کر سلام کرتے وہاں سے گزر جاتے۔ کسان اور ہالی ہر روز ٹھنڈے پانی کے گھڑے قطار اندر قطار اس کی جھگی کے باہر سجا جاتے۔ راہ گیر ذرا دیر کو رک کر ٹھنڈا پانی پیتے، گالیاں سنتے، روڑے کھاتے اور مسکراتے ہوئے اپنی راہ چلے جاتے۔ عورت کو وہاں آنے کا حکم نہیں تھا اور یہ بات عام مشہور تھی کہ جو عورت سنگل شاہ کی جھگی سے دس قدم کے فاصلے پر گزرے گی وہ بھسم ہو کر سلیٹی راکھ میں تبدیل ہو جائے گی۔ عورتیں اپنے پراندے کی

ڈوری میں تین گانٹھیں دے کر اسے آٹے کے پیڑے میں لپیٹ کر اپنے مردوں کے حوالے کر دیتیں جو وہاں سے گزرتے ہوئے آٹے کا پیڑا جھگی کے آگے پھینک کر گزر جاتے اور ان کی سوانیوں کی مرادیں پوری ہو جاتیں۔

سنگل شاہ عشق حقیقی کی پہلی منزل میں داخل ہو چکا تھا اور اس کی ملاقات ان ارواح سے ہو گئی تھی جو اپنی ابتدائی منزل کا سفر پورا کر کے آگے جانے کی تیاریوں میں مصروف تھیں۔ جس روح کو اذن مل جاتا، وہ آگے جانے کے لیے منزل کی آخری سرحد پر پہنچ جاتی اور دوسری روحیں اس کے گرد جمع ہو جاتیں۔ وداع کا یہ منظر بہت ہی دلدوز اور کربناک ہوتا۔ پیچھے رہ جانے والی روحیں آہ وبکا اور نالہ و شیون کرتیں۔ جانے والی روح کے قدموں سے چمٹ جاتیں اور اپنی اپنی سفارش پیلی پیلی پتیوں کے نقوش پر ابھار کر اس کے قدموں سے چسپاں کرتی رہتیں۔ کچھ پتیاں چمٹنے سے انکار کر دیتیں۔ کچھ چمٹ جانے کے بعد سوکھ کر الگ ہو جاتیں اور جو دو چار لگی رہ جاتیں وہ روح کی روانگی کے وقت اکھڑ کر پہلی منزل کی نیلی دھول میں گر جاتیں۔ اس وقت کی نالہ وزاری کا سماں عجیب ہوتا۔ منزل پر جانے والے بھی روتے اور منزل سے چلنے والے بھی فراق کی کلفت میں آہ وداع کی سسکاریوں میں ڈوب جاتے۔

جس روز سنگل شاہ کو اگلی منزل پر جانے کا اذن ملا اس کے وجود میں پہلی مرتبہ پریم کی امرت دھارا حلق سے ناف تک اتر گئی۔ گالیوں کا وہ پشتارا جس کی ایک گانٹھ ابھی تک اس کے پردے میں چھپی پڑی تھی، ایک فیتے کی طرح خود بخود کھلی اور کنول کا پھول بن گئی۔ پھر اس پھول کے نیچے جوہڑ کا گدلا پانی صاف ہونے لگا اور دیکھتے دیکھتے نیلے جل میں تبدیل ہو گیا۔ اس نیلے پانی میں چھوٹی چھوٹی روپہلی مچھلیاں کنول کے گرد طواف کرنے لگیں اور اپنے گلپھڑوں سے حق ہو کے جلترنگ بجاتی ایک کورس میں ورد کرنے لگیں۔

آدھی رات کے وقت جب سنگل شاہ اپنی کٹیا میں سویا ہوا تھا اور اس کی اگلی منزل پر روانہ ہونے کے لیے دوسری روحیں مقام وداع پر جمع ہو رہی تھیں، بیبو لوہاری اس کی کٹیا میں داخل ہوئی اور اس کے زنجیر پوش بازو پر سر رکھ کر لیٹ گئی۔ پھر اس نے اٹھ کر آہستہ آہستہ سائیں الیاس کے سارے سنگل کھولے اور نیچے سے اس کا رنجور پنڈا نکال کر اس پر محبت کا ہاتھ پھیرا۔ سنگلوں کی سختی کے بعد ایک نرم ہاتھ کے لمس نے جلد کے سارے روئیں ایک ساتھ کھڑے کر دیئے۔ آہنی انڈے کے خول سے ایک نرم و نازک چوزہ برآمد ہوا اور اس نے اپنے آپ کو بیبو لوہاری کے پروں میں چھپا لیا۔

ادھر مقام وداع پر روحیں بڑی دیر تک انتظار کرتی رہیں۔

میں نے کہا "بیپو لوہاری اب کہاں ہے؟"

کہنے لگے "گھر پر ہے اور اصرار کر رہی تھی کہ کھانا کھا کر جاؤ، لیکن میری قسمت میں یہ مرچوں والا سالن لکھا تھا۔ یہ ہوٹل والے خالی مرچیں ہی نہیں ڈالتے ہلدی بھی بہت زیادہ ڈال دیتے ہیں۔"

میں نے کہا "اور بیپو کا خاوند کہاں ہے؟"

بولے "اس بے چارے کو تپ دق ہو گئی تھی۔ ہوتی کیوں ناں! سارا دن تو سینہ ننگا کر کے بھٹی کے سامنے بیٹھا رہتا تھا۔ تاؤ لگ گیا اور دونوں پھیپھڑے گل گئے۔"

"مر گیا؟" میں نے پوچھا تو انہوں نے درد بھرے لہجے میں کہا "مرا تو نہیں البتہ گاؤں چھوڑ گیا ہے۔ کچھ دیر تو داتا دربار کے فقیروں میں شامل رہا، اب سنتے ہیں سندھ کی طرف نکل گیا ہے اور کسی چھوٹی سی درگاہ پر فقیری کر کے اپنا وقت گزار رہا ہے۔"

میں نے پوچھا "آپ کبھی اس سے ملے؟"

کہنے لگے "بیپو کا کاغذ لینے کے لیے دو تین مرتبہ اس سے ملا تھا۔ انگوٹھا لگاتے وقت دھاڑیں مار مار کر رونے لگا تو میرے بھی آنسو نکل آئے۔"

میں نے الیاس محمد عرائض نویس کے تین فوٹو اتارے۔ دو پروفیل اور ایک فرنٹ پوز۔ شٹر کی آواز سن کر بہت خوش ہوا اور کہنے لگے "بڑا کھڑاک ہے۔"

میں نے کہا "یہ قیمتی کونٹا فلیکس ہے اور جرمن کیمرہ ہے۔ اسے میں نے اپنے استاد کے لیے اٹلی سے خریدا تھا اور سب سے پہلے اس سے آپ ہی کی تصویر بنائی ہے۔"

سب سے پہلے والی صف میں آنے پر الیاس بہت خوش ہوئے اور ڈاڑھی کھجا کر بولے "یہاں کی کھیر بہت اچھی ہے ایک پلیٹ منگواؤں۔"

میں نے کہا "پہلے ہی بہت کچھ ٹھونس لیا ہے، اب گنجائش نہیں رہی۔ پھر کبھی موقع ملا تو کھیر بھی کھا لیں گے۔"

جب میں پنڈی کے بس سٹینڈ پر اترا تو میرا کیمرہ چوری ہو چکا تھا اور میرے کندھے پر صرف ایک بیگ رہ گیا تھا اور اس کے ساتھ کٹے ہوئے کیمرے کا چرمی سٹیپ لٹک رہا تھا۔

۱۴

میری شادی پر ماسٹر بالی نے ایک بڑے سے لفافے میں موتیے کا ہار رکھ کر بھیجا اور ساتھ ہی تاکید کی کہ دلہن اس کو اپنے ہاتھ سے نہ پہنے 'ساس پہنائے یا نند پہنائے 'مرد ہاتھ نہ لگائے۔ لفافہ کھولنے پر میرا ہاتھ تو لگ چکا تھا' لیکن میں نے ہار کو اسی طرح لفافے میں ڈال کر اماں کو دے دیا اور ساتھ ہی ہدایات بھی دے دیں۔ اسی خط میں استاد صاحب نے مجھ سے بانو کا فوٹو بھی مانگا تھا' لیکن میں نے جواب میں لکھ دیا کہ جب تک آپ اپنی تصویر نہیں بھیجیں گے آپ کو فوٹو نہیں بھیجوں گا۔ تصویر اور فوٹو کا جھگڑا بڑی دیر تک چلتا رہا اور ہم دونوں اپنی اپنی ضد پر قائم رہے۔

ماسٹر صاحب کے خطوں سے مجھے توحید کی سکھشا تو ملتی ہی تھی' اب کچھ کچھ اشارے مارکسزم کے بھی ملنے لگے تھے۔ معلوم ہوتا تھا دھارمک مواد کے ساتھ ساتھ انہوں نے مارکسزم کا مطالعہ بھی شروع کر دیا ہے اور اس فلسفے کو ایک نظریئے کے طور پر اختیار کرتے جا رہے ہیں۔ سوشلزم اور مارکسزم کو وہ روحانیت کی ایک شاخ سمجھتے تھے اور موج میں آکر عجیب و غریب باتیں لکھ جاتے تھے۔ میں نے ان کو کئی مرتبہ لکھا کہ میرا اس فلسفے پر ایمان نہیں ہے کہ اس کے بانی نے مذہب کو عوام کی افیون قرار دیا ہے لیکن وہ اپنے خطوں میں اور شدومد کے ساتھ "مذہب"، "افیون" اور "عوام" کے باہمی رشتوں کا ذکر کرنے لگے اور ایک ایک پر دس دس صفحے کے تھیسس روانہ کرنے لگے۔ ان کے ایسے خطوں سے میری طبیعت اوبنے لگی اور میں نے ان کی تحریروں کو بغیر پڑھے سینت سینت کر رکھنا شروع کر دیا۔

گیانی ہونے کے رشتے اور مذہبی فلسفوں کا مطالعہ کرنے کی وجہ سے ان کی تحریر میں بڑا نکھار آگیا تھا اور جچی تلی بات کہنے کا ڈھنگ سیکھ گئے تھے۔ میں نے اپنی ضد اور تعصب کے باوصف ان کے خطوں میں ایسی باریک باتوں کے عقدے کھلے دیکھے کہ اگر میری جگہ کوئی

اور ہوتا تو یقیناً ایک سوشلسٹ سکھ بن جاتا۔

6 ستمبر کی صبح میری بیوی نے گھبراہٹ کے عالم میں مجھے جھنجھوڑ کر کہا "جلدی اٹھیے۔ ہندوستان نے لاہور پر حملہ کر دیا ہے۔"

"لاہور پر!" میں نے ہڑبڑا کر پوچھا "لاہور پر!"

"ابھی ابھی ریڈیو سٹیشن سے فون آیا ہے۔" اس نے کہا "اور انہوں نے یہ خبر دے کر کہا ہے کہ آپ اسی وقت اسی حالت میں فوراً ریڈیو سٹیشن پہنچ جائیے۔"

ریڈیو سٹیشن پر شادی کا سماں تھا اور ہر شخص لڑکی والوں کی طرح بارات کا کارندہ بنا ہوا تھا۔ ریہرسل روم میں ترانوں کے کورس تیار ہو رہے تھے۔ ریکارڈنگ روم کے اندر گانے والوں کا جمگھٹا تھا۔ ڈیوٹی روم میں کھلی تاریں پھینک کر پرانی وضع کا ایک نیا ٹیلی فون لگا ہوا تھا جو بلاواسطہ طور پر ایریا ہیڈ کوارٹر کے ساتھ ملا تھا۔ ہر شخص آگے پیچھے اوپر نیچے بھاگا پھرتا تھا اور ہیڈ کوارٹر سے دس دس منٹ بعد خبروں کا بلیٹن نشر ہو رہا تھا۔ لاہور کے شاعر اور ادیب ڈیوٹی روم کے باہر جمع تھے اور اپنی اپنی تحریروں پر نظر ثانی کر رہے تھے۔ پرانے پرانے بڈھے اور لنگڑے لولے صداکار پتہ نہیں کدھر سے آ کر گراسی پلاٹ میں اکٹھے ہو گئے تھے۔ وہ اونچے اونچے نعرے مار رہے تھے اور اپنے کمزور سینوں پر ہاتھوں کے دھموکے مار مار کر منحنی بدنوں کو لرزا رہے تھے۔

بار بار اعلان ہو رہا تھا کہ صدر ایوب جلد ہی قوم سے خطاب کرنے والے ہیں اور بزدل دشمن کے چوروں کی طرح ہماری سرحدوں میں گھس آنے پر ایک باقاعدہ اعلان جنگ کر کے دفاع وطن کا حکم دینے والے ہیں۔ سڑکوں پر' بازاروں میں اور گلیوں محلوں کے اندر ایک میلے کا سماں تھا۔ فوجی قافلوں کو راہ دینے کے لیے عام ٹریفک سڑکوں کے کناروں سے چمٹ کر رہ گیا تھا اور راستوں میں لوگوں کی ٹولیاں آرمی کے ٹرک روک کر فوجیوں کو سگریٹوں' بسکٹوں اور دیاسلائیوں اور مٹھائیوں کے پیکٹ دے رہے تھے۔ قصور کے کانوائے روٹ پر لوگ نان کباب اور پلاؤ کی دیگوں کے ریڑے لے کر پہنچ گئے تھے' جس کے پاس جو کچھ بھی تھا اس نے گھر میں نہیں رکھا تھا کانوائے روٹ پر لے آیا تھا۔

شام کے پانچ بجے دیہاتی پروگرام سے ذرا پہلے لاہور سٹیشن سے جب میڈم نور جہاں کا ترانہ "اے وطن کے سجیلے جوانو" فضا میں بلند ہوا تو جوانوں نے کھیم کرن پر گولہ باری شروع کر دی۔ سلیمانکی کے اندر گھس گئے اور گنڈا سنگھ کے پل پر قبضہ کر لیا۔ ہندوستان کو پاکستان

جیسے حقیر کیڑے سے ایسے جارحانہ جواب کی توقع نہ تھی۔ اس کی پیش قدمی رکنے لگی اور وہ پہلی رات جہاں تک پہنچا تھا وہیں کا وہیں کھڑا رہ گیا۔

پینسٹھ کی جنگ میں سکرپٹ نویسی کے ساتھ مجھے مائیک پر بھی آنا پڑ گیا۔ تاج، نور محمد حسین اور امیر خان جیسے لوگوں کی صحبت میں رہنے کا ایک بڑا فائدہ یہ ہوا کہ مائیک پر جاتے وقت نہ تو میں گھبرایا اور نہ ہی مجھے ایک مخصوص لہجہ بنانے میں کوئی دقت پیش آئی۔

پروگرام چلا اور خوب چلا۔ فوجی خندقوں سے مبارکباد کے پیغام وصول ہونے لگے اور شہر کے لوگوں نے ڈیوٹی روم فون کرنے شروع کر دیئے کہ ہم "شاہ جی" سے ملنا چاہتے ہیں۔ میرا یہ پروگرام اپنے استاد سے رابطے کا ایک ذریعہ بھی بن گیا، لیکن یہ رابطہ یک طرفہ تھا۔ وہ تو میری آواز سن لیتے تھے لیکن ان کے درد بھرے سروں کو سننے کا میرے پاس کوئی ذریعہ نہ تھا۔ جنگ کی وجہ سے خط و کتابت کا سلسلہ منقطع ہو چکا تھا۔ میں نے اٹلی میں پروفیسر باؤسانی کے خط میں ماسٹر بالی کے نام کا ایک لفافہ ڈال دیا کہ ٹکٹیں لگا کر انہیں پوسٹ کر دیا جائے اور جب ان کا جواب آئے تو اٹلی سے میرے نام روانہ کر دیا جائے۔

استاد مکرم نے اس رابطے کو بہت پسند کیا اور اپنے پہلے ہی خط میں مجھے لکھا کہ شام کے وقت تمہاری آواز ہر روز سننے کو مل جاتی ہے۔ تم نے تو اپنی لے میں بڑا کمال پیدا کر لیا ہے اور جو باتیں تم کہتے ہو وہ تمہاری لے سے بھی زیادہ وزن دار ہوتی ہیں۔ اس سلسلے کو ختم نہ کرنا اور حالات ٹھیک ہو جانے کے بعد بھی جاری رکھنا۔ اس میں بڑی جان ہے اور یہاں کے لوگ باقاعدگی سے یہ پروگرام سنتے ہیں۔

آگے پوچھا تھا کہ تم کو یہ خیال کیسے آیا اور تم نے سنام کے پھلوار سنگھ کی آواز کیسے نکالی۔ یہاں تو تم نے کبھی اس صلاحیت کا مظاہرہ نہیں کیا تھا، پھر پاکستان پہنچ کر ایک دم سے صداکار کیسے بن گئے۔ ماسٹر نند کشور اگروال کہتے ہیں کہ تم نے کہانیوں کی ایک کتاب بھی لکھی ہے جس میں داؤ چنت رام کی کہانی درج ہے۔ کیا یہ درست ہے کہ تم نے ایسی کوئی کہانی لکھی ہے اور کیا داؤ جی کو پتا تھا کہ تم نے ان کا حال احوال درج کر کے اپنے استاد کا مان بڑھایا تھا۔ وہ تو اب اس دنیا میں نہیں رہے لیکن میں نے ان کے لڑکے امی چند سے پوچھا تھا۔ وہ اس کہانی کے بارے میں کچھ نہیں جانتا۔ میں بھی ایک طرح سے تمہارا استاد ہی ہوں۔ گو اتنا مہاپرش نہیں جتنے داؤ جی تھے۔ لیکن اگر مجھ پر کوئی کہانی لکھنا تو مجھے بتا ضرور دینا، میں اسے پڑھے بغیر مرنا نہیں چاہتا۔ آگے انہوں نے میری لیاقت اور قابلیت کے طول و طویل

تعریف کے پل باندھے تھے۔ جن کے ساتھ ہلکی سی لکیر اس تفاخر کی بھی چلتی تھی کہ میرے کسی ایک شاگرد کو تو ایسا ہونا ہی چاہیے تھا۔ سو ایک نکل آیا۔

پینسٹھ کی جنگ کے دوران تو ہم بڑے خوش و خرم اور حوصلہ مند رہے، لیکن معاہدۂ تاشقند کے بعد ہمارے حوصلے کی طنابیں کاٹ دی گئیں اور ہمارے دل بجھ گئے۔ وہ جو سب کچھ اس قدر جوش اور ولولے کے ساتھ کیا تھا اور جس کارکردگی پر اتنا ناز تھا بے معنی سی ہو کر رہ گئی۔ ہندوستان ایک پدے سے حریف سے مار کھانے اور شرمندگی کے گڑھے میں اتر جانے کے بعد اچانک ایک صحت مند ملک کے روپ میں ابھرا، اور ساری دنیا سے داد حاصل کرنے لگا۔ کچھ عرصہ گزرنے کے بعد بھٹو صاحب نے وعدہ کیا کہ وقت آنے پر وہ اس راز سے پردہ اٹھائیں گے اور عوام کو حقیقت حال سے آگاہ کریں گے۔ خدا خدا کر کے وہ وقت آیا اور ہم سب گوش بر آواز اس انتظار میں بیٹھے رہے کہ اب اس راز سے پردہ اٹھے گا مگر ایسا نہ ہو سکا اور یہ راز، راز ہی رہا۔

ریڈیو کی رنگین اور پرکیف زندگی سے علیحدہ ہو کر میں بورڈ میں آ گیا اور کتابیں شائع کرنے کا کام شروع کر دیا۔ بورڈ کی زندگی تھکانے اور اکتا دینے والی تھی۔ اس میں کوئی لطف نہ تھا، نہ ہی کوئی بڑا چیلنج سامنے تھا جو کہ بورڈ کے ارکان طے کر دیتے اسے پورا کرنا پڑتا اور جس کام کا وہ حکم دے دیتے اسے طوعاً و کرہاً بجا لانا ہوتا۔ اس ملازمت کے دوران ایک اور ہی طرح کے گروہ سے پالا پڑا۔ یہ گروہ ریڈیو کے لوگوں کی طرح ذہین اور روشن فکر تو نہ تھا، البتہ طاقتور اور منہ زور بہت تھا۔ اس کے حکومت وقت کے ساتھ نزدیکی تعلقات قائم تھے اور یہ ہر کام بھی اسی ایک حوالے سے کرتا تھا۔ اس کے ایک ایک فرد کو بڑی مراعات حاصل تھیں اور ان کی حضوری میں میری حالت جاگیردار کے سامنے اس مزارع کی سی تھی جس کی بہت سی بیٹیاں ہوں اور جس کی زندگی کا دارومدار محض سرداروں کی خوشنودی پر ہو۔ اس گروہ نے مجھے دھو دھا کر اور پاک صاف کر کے الگنی پر سوکھنے کے لیے ڈال دیا اور میں آتے جاتے موسموں کی ہواؤں میں سوکھ کر ایک ایسا پارچہ بن گیا جس سے موٹریں صاف کی جاتی ہیں اور جسے نچوڑ کر پھر سوکھنے کے لیے ڈال دیا جاتا ہے۔

ماسٹر بالی کے خط مجھے اب بھی ملتے تھے لیکن ان میں وہ چاشنی نہیں رہی تھی۔ محبت اور تعلق کی چڑیا اڑ گئی تھی اور اب ایک خالی سا گھونسلا رہ گیا تھا جسے نہ پھینکا جا سکتا تھا نہ رکھا جا سکتا تھا۔

استاد مکرم اپنے خطوں میں جس قدر گرمجوشی کا اظہار کرتے اسی نسبت سے لاتعلقی کا خلا بسیط ہوتا جاتا۔ ان سے ملنے کی ایک موہوم سی آرزو البتہ باقی تھی، لیکن وقت کے ساتھ ساتھ وہ بھی ماند پڑ رہی تھی۔ رشتے ناتے کنکریٹ کی طرح مضبوط اور پلوں کی طرح پائیدار نہیں ہوتے۔ ان کے ختم ہو جانے کی زیادہ سے زیادہ قیمت ایک نوحہ یا ایک مرثیہ ہوتی ہے۔ بہت مضبوط ہوئے تو ختم ہونے کے بعد چند گلے اور کچھ شکوے باقی رہ جاتے ہیں۔ وہ بھی آہستہ آہستہ ہوا میں تحلیل ہو جاتے ہیں اور زندگی کی گاڑی واپس اپنے مومینٹم پر پہنچ جاتی ہے اور اس وقت تک اسی رفتار سے چلتی رہتی ہے جب تک زندگی کا اپنا آخری سٹیشن نہ آ جائے۔

ماسٹر صاحب زندگی کی ساری احتیاطی تدابیر کو اور جہد مسلسل کو کھیل تماشے کا نام دیتے تھے۔ ان کو نہ کھیل سے دلچسپی تھی نہ تماشے سے۔ نہ دیکھنے سے نہ اپنا آپ دکھانے سے۔ نہ روٹھنے سے نہ نچ کے یار منانے سے پھر بھی وہ کھیل تماشے کا بڑا احترام کرتے تھے۔ ان کے لیے بارات کی آمد اور جنازے کی روانگی ایک سے تقدس کے حامل تھے۔ وہ کامیابی اور ناکامی کی ماں بیٹی کے بے آسرا گھرانے کا بڑا خیال رکھتے تھے اور اپنی زکوٰۃ اور صدقے کی ساری رقم ان پر خرچ کرتے تھے۔ لیکن مجھ سا باعمل اور روشن خیال انسان جو اپنی ایگو کے خول سے باہر نکلنے کو رہبانیت گردانتا ہے، اس راہب سے متاثر ضرور تھا۔ گرمجوشی کم ہونے کے باوصف ہمارے درمیان بندھی ہوئی ڈور کھنچ کر باریک ضرور ہو گئی لیکن ٹوٹ نہ سکی۔

۱۵

مہاراجہ رنجیت سنگھ کی برسی پر سکھ یاتریوں کا جو قافلہ ہندوستان سے آیا اس میں بھائی کرپال سنگھ جتھے دار بھی تھے۔ مجھ سے ملنے بورڈ کے دفتر آئے تو ہم نے گھٹ کر ایک دوسرے کو جپھی ڈال لی اور دیر تک جدا نہ ہوئے۔ ان کے ساتھ دو اور سکھ بھی تھے جو ہمارے اس قریبی تعلق کو دیکھ کر بہت متاثر ہوئے۔ میں نے بھائی کرپال سنگھ کو کرسی پر بٹھاتے ہوئے کہا "بائی تو تو بالکل بوڑھا ہو گیا۔"

انہوں نے ہنس کر کہا "اپنی شکل نہیں دیکھتا جو ایک زمانے میں کلو کا سیب تھی' اب پپیتے کی طرح بے ڈھبی ہو گئی ہے۔"

میں نے کہا "بائی تیری تو ڈاڑھی بھی آدھی سفید ہو گئی۔"

کہنے لگے "تو ڈاڑھی رکھ لے اگر ساری سفید نہ نکلے تو میرا نام بٹا دینا۔"

دوسرے دونوں سکھ ہنسنے لگے تو میں نے بے بے جی' باپو جی' کلدیپ سنگھ اور چھوٹی بی بی کی بابت پوچھا۔ ہاتھ جوڑ کر کہنے لگے "سب راضی باضی' سکھ ساند' رب سچے کی مہربانی' واہگورو کی کرپا۔"

میں نے کہا "کلدیپ تو سنا ہے ولایت چلا گیا تھا؟"

کہنے لگے "ماں باپ کا لاڈلا' سب سے چھوٹا ویر' مرضی کا مالک' سٹھ ہزار روپیہ اجاڑ کے واپس آ گیا۔"

"کوئی میم وغیرہ تو نہیں لے آیا وہاں سے۔" میں نے پوچھا۔

"میم کی سن لو" انہوں نے بڑی سنجیدگی سے کہا "باپو جی کو تو اس کی چٹھیاں دکھاتا رہا۔ بے بے کو تصویریں دکھا کر ڈراتا رہا کہ سوموار آ رہی ہے' بدھ وار آ رہی ہے' دونوں ہی اس کور شوتیں وڈھیاں دیتے رہے کہ ناں کا کا ادھر نہ بلائیں' سارے ٹبر کی بدنامی ہو گی۔ ملنا ہو تو

ایک بار پھر ادھر ہی چلے جانا' ہم بھاڑا دے دیں گے۔"

"اور آپ نے کچھ نہیں کیا؟"

"میں کیا کرتا بھائی میرے۔ لاڈلا بیٹا' سب سے چھوٹا' اوپر سے سوہنا میں نے بھی کہہ دیا کہ ادھر منگوانی ہو تو ادھر منگوا لے' مجھے کوئی اعتراض نہیں' دوبارہ ولیت جانا ہووے تو خرچہ بھاڑا میرے سے لے لے بڈھے بابیاں کو تنگ نہ کر۔"

"بڑا سیانا ہے۔" بھائی کرپال سنگھ کے ایک ساتھی نے کہا "مہاجنوں کی طرح بیس لکھ کر سو پر انگوٹھا لگوا لیتا ہے۔"

"لاڈلا ہے بھئی لاڈلا۔" دوسرا بولا "جو بڑے ویر بھرا کا لاڈلا ہو اس کی تو چاروں طرف کپاہ ہی کپاہ ہے' چاہے کھڑے کھیت کا سودا کر لے چاہے منڈی بھیج دے۔"

"او بھائی کیا بڑا ابھرا اور کیا اس کی اوقات۔ واہگورو نے موج بنا رکھی ہے۔" کرپال سنگھ نے کہا "مورت جیسا کلدیپ سنگھ ہمارے گھر پیدا کر دیا' بے پرواکی بے پروایاں ہیں۔ اس کا کون سا ناںواں لگتا ہے چاہے جٹی سے ہیر بنا دے۔" پھر میری طرف غور سے دیکھ کر کہنے لگے "سارے تخت پور میں دھوم پڑی ہوئی ہے کہ کوئی بڑا افسر بن گیا ہے' کوٹھی بنگلہ گاڑی ساتھ سرکاری ملازم۔ سنا ہے بی بی بھی بڑی تعلیم یافتہ ہے' کتابیں لکھتی ہے۔"

میں نے کہا "آپ اس سے مل کر معلوم کر لیجئے گا کہ کس قدر تعلیم یافتہ ہے۔ اس وقت گھر چلتے ہیں اور وہیں کھانا کھاتے ہیں۔"

کہنے لگے "یہ اپنے سردار سوبھا سنگھ تو ماس کھا لیتے ہیں پر بھائی ہردت سنگھ ویجی ٹیرین ہیں۔"

بھائی ہردت سنگھ نے ہاتھ جوڑ کر کہا "کوئی بات نہیں آپاں سوکھی روٹی چینی کے ساتھ کھا لیں گے۔ بہت ہوا تو دہی منگوا لیں گے۔ ایسی کوئی بات نہیں۔"

میں نے شریف الدین کو اندر فون اٹھا کر کہا "بانو کو بتا دیجئے کہ صاحب کے ساتھ تین مہمان بھی آ رہے ہیں' جن میں سے ایک ویجی ٹیرین ہیں' کوئی آدھ گھنٹہ تک پہنچ جائیں گے۔"

سوبھا سنگھ نے ہردت سنگھ کو بتایا "اندر پی اے کو فون کیا ہے وہ آگے خود ہی بتا دے گا۔"

میں نے پی اے کو فون بھی اپنی افسری دکھانے کے لیے کیا تھا اور اپنے لیے "صاحب" کا لفظ بھی شان بڑھانے کے لیے استعمال کیا تھا۔ ان تینوں پر دھاک بیٹھ گئی اور بائی کرپال سنگھ

نے باری باری دونوں کی طرف دیکھ کر خاموش زبان میں پوچھا "دیکھا پھر! کیسے بڑے بڑے لوگوں سے ہمارے تعلقات ہیں اور کیسے بڑے بڑے لوگ ہمیں کھانے پر مدعو کرتے ہیں۔"

کھانے تک کا وقت گزارنے کے لیے میں نے بائی کرپال سے تخت پور کی خبریں پوچھنا شروع کر دیں جن کے نشریے میں ان کے ساتھی بھی شریک ہو گئے۔

میں نے کہا "بائی وہ آپ کی پتی میں ایک جانکی چماری ہوتی تھی شہر سے دور جھگی میں!"

ہردت نے کہا "وہ تو جب ہی مر گئی تھی، ہلے گلے کے دنوں میں، پتہ نہیں سپ لڑ گیا تھا یا ہلکا یا کتا کاٹ گیا تھا۔ جھگی کے اندر ہی مر گئی تھی۔"

"نہ سپ لڑا تھا، نہ ہلکا یا کتا بڈھیا تھا۔ کوئی چیز کھا لی تھی اس نے زہریلی۔" بھائی کرپال سنگھ نے کہا "دو دن تک اپنی جھگی میں پڑی رہی۔ جب بد بو آنے لگی تو لوگوں کو پتہ چلا۔ اب ناں تو کوئی اسے ساڑنے پر تیار تھا نہ پھونکنے پر۔ باپو جی نے چماروں کے بسرام جا کر اطلاع دی تو وہ بھی ہاتھ لگانے سے انکاری ہو گئے کہ ہماری گوت برادری نہیں ہم نہیں پھونکتے۔"

"پھر کمیٹی والوں نے اس کی ٹانگ میں رسی ڈال کر گھسیٹا اور کالو وال کی نیائیوں میں لے جا کر دبا دیا۔" ہردت نے کہا "پتہ نہیں کون تھی اور کہاں سے آئی تھی۔ ہم نے تو جب سے ہوش سنبھالا سے وہیں دیکھا اسی جھگی میں۔"

میں نے کہا "اور مودن پانڈی کا کیا حال ہے؟"

کہنے لگے "بالکل ٹھیک ٹھاک ہے۔ اس وقت سو سے اوپر ہو گا، اب بھی منڈی میں بوریاں اٹھاتا ہے اور اسی طرح جھگڑتا ہے۔ تھوڑا سا دماغ ہل گیا ہے، عورت مرد میں فرق نہیں کر سکتا۔"

میں نے کہا "ایک جانوں کلینر تھا جو گیس پلانٹ کی لاریوں میں سیخ مارا کرتا تھا...... وہ؟"

بھائی کرپال سنگھ نے کہا "جانوں کون سا، مجھے تو یاد نہیں؟"

سوبھا سنگھ نے کہا "حد کرتے ہو ویر جی، آپ کو جانوں یاد نہیں۔ لمبے لمبے بودوں والا جانوں کالیا، جو مرزا صاحباں کی ہیک لگایا کرتا تھا۔"

"اچھا اچھا جانوں کالیا" بھائی کرپال سنگھ نے کہا "وہ جو رتی چوہڑی کے ساتھ پکڑا گیا تھا۔"

"بالکل، بالکل" میں نے سر ہلا کر کہا۔ "وہی جو لیلیٰ اچیاں مندراں والیے پادے خیر فقیراں نوں گایا کرتا تھا۔"

کہنے لگے ''اس کو تو تیرے ہوتے ہوئے قید بول گئی تھی چھ مہینے کی۔ پھر وہ پانچ سال اور جیل میں رہا۔ اب پتہ نہیں۔''

میں نے کہا ''چھ مہینے کی قید بول گئی تھی تو وہ پانچ سال جیل میں کیسے رہا؟''

سوبھا سنگھ نے ہنس کر کہا ''وہ ماں کا یار بھی عجیب آدمی تھا۔ چھ مہینے کی قید کاٹ کر جس دن رہا ہوا تو جیل کے پاس ٹٹیوں کے پیچھے چھپ گیا۔ شام کو جب ملزموں کی لاری انہیں کچہری سے پیشی بھگتا کر واپس جیل لائی تو یہ سالا پھر ان میں رل مل کر جیل کے اندر داخل ہو گیا۔ پورے تین سال تک جیل کے اندر مفت کی روٹیاں کھاتا رہا۔ جس دن پتہ چلا تو ہتھکڑی اور بیڑی ڈال کر سپرنٹنڈنٹ جیل کے سامنے پیش کر دیا گیا۔ ہیرن صاحب تھا تو اینگلوانڈین پر تھا دولہا آدمی۔ جب جانوں نے اسے بتایا کہ باہر تو دھکے ہی دھکے ہیں اندر آرام ہے تو ہیرن صاحب بہت ہنسا اور اس نے وارڈن کو حکم دے دیا کہ جانو کو اندر ہی رہنے دیا جائے اور اس سے مشقت بھی نہ لی جائے۔ دو سال بعد جب ہیرن صاحب کی تبدیلی ہو گئی تو جانوں کو بھی مجبوراً رہا ہونا پڑا۔ اب پتہ نہیں کہاں ہے' واپس تخت پور تو نہیں آیا۔''

میں نے کہا ''اور ایک پنڈت شیورام ہوتا تھا' املی والی گلی میں جو ہر وقت داتن ہی کرتا رہتا تھا؟''

''وہ بے چارہ تو پھاہا لے کر مر گیا تھا۔'' ہردت سنگھ نے کہا۔ ''پڑوس کے لڑکوں سے کوئی جھگڑا ہو گیا۔ انہوں نے مل کر پھینٹی لگائی۔ چھوٹی سی دیہہ اور چھوٹی سی جان بے عزتی نہ سہار سکی۔ پرانے کیکر کے درخت میں رسہ ڈال کر پھانسی لے لی اور نہر میں ڈوب کر مر گیا۔''

میں ہنسا تو بائی کرپال سنگھ نے سنجیدگی سے کہا ''ہردت ٹھیک کہتا ہے۔ اپنے علاقے سے کوئی دو ڈھائی میل دور اودے کرن کے پل میں اس کی لاش پھنسی ہوئی تھی۔ اس نے تو اور دور نکل جانا تھا' اگر ڈالا پل میں نہ پھنستا۔''

''ڈالا!'' میں نے حیران ہو کر پوچھا تو سوبھا سنگھ جی کہنے لگے ''وجود تھا اس کا چھوٹا اور غصہ تھا اس میں زیادہ۔ گلے میں پھندا ڈال کر زور کا ہجوکا جو مارا تو ڈالا ٹوٹ گیا۔ دونوں نہر میں جا گرے۔ پھندا لگا رہا اور ڈالا شیورام کو کھینچتا ہوا اودے کرن کے پل تک لے گیا۔ اصل میں وہ پھندا لگنے سے نہیں مرا ڈوب کے مرا ہے۔''

ہردت سنگھ نے کہا ''ناں سردار جی' مرا پھندا لگنے سے ہی ہے۔ پانی تو اس کے پیٹ میں

بعد میں داخل ہوا جب وہ نہر میں گرا ہے۔"

بھائی کرپال سنگھ نے کہا "ہردت سیاں! کچھ عقل کی بات کر بھائی۔ پھانسی لگنے میں اس کا منکا تو ٹوٹا ہی نہیں، کیونکہ ڈالا تو ایک ہی ہیکے میں ٹوٹ کر پانی پر آگرا تھا۔ اب جب رسے کی تڑ ہی نہ رہی اور دیہہ کا بوجھ ہی نہ رہا، رسے پر تو منکا کس طرح سے ٹوٹ سکتا تھا، شیو رام ڈوب کر ہی مرا ہے۔"

ہردت سنگھ بولا "پر سردار جی پوسٹ مارٹم رپورٹ سے تو یہی اچارن ہوا ہے کہ پھندا لگنے سے مرا ہے۔"

"اوئے تم پوسٹ مارٹم کی رپورٹ چھوڑو۔" بھائی کرپال نے زچ ہو کر کہا۔ "چار ٹکے دے کر جیسی مرضی رپورٹ لکھوا لو۔ رپورٹ نے کوئی منہ سے بولنا ہے کہ میں جھوٹی ہوں۔"

ہردت سنگھ اس پر بھی نہ مانا تو ان تینوں کے درمیان گرما گرم مباحثہ شروع ہو گیا۔ کافی دیر تک وہ آپس میں جھگڑتے اور اپنی اپنی تحقیق کا جواز پیش کرتے رہے، لیکن کسی نتیجے پر نہ پہنچ سکے۔ جب میں نے انہیں اپنے مکالموں میں لڑکھڑاتے ہوئے دیکھا تو بھائی کرپال سنگھ سے پوچھا "لالہ رام چندر زندہ ہیں کہ فوت ہو گئے؟"

کہنے لگے "زندہ ہیں پر اب دکان پر نہیں آتے۔ گٹے گوڈے سوج گئے ہیں اور چلنے پھرنے سے معذور ہو گئے ہیں۔ دو آدمی بغلوں میں ہاتھ دے کر تھوڑا سا چلاتے ہیں اور پھر بٹھا دیتے ہیں۔ دکان پر اب گجانند اور شری بھگوان بیٹھتے ہیں۔ مول چند اور نرائن داس اسامیوں سے اگاہی کا کام کرتے ہیں۔"

"یہ بھی تو بتائیں کہ برف کا کارخانہ بھی لگا لیا ہے۔" سوبھا سنگھ نے کہا۔

"برف کا کارخانہ تو پہلے بھی تھا۔" بھائی کرپال سنگھ نے سوچتے ہوئے کہا۔

"ہمارے ہوتے ہوئے نہیں تھا۔" میں نے یقین سے کہا "ہمارے بعد میں لگایا ہو گا۔"

"چلو پہلے سہی یا بعد میں سہی۔ لالہ جی کی موج بہاریں ہیں۔ اولاد جوان ہے اور ساری کی ساری سیانی ہے۔ ہم جاٹوں کی طرح نہیں کہ بڈھے ہونے تک عقل ہی نہ آئی۔"

پھر میں نے دماغ پر جان بوجھ کر زور دیتے ہوئے پوچھا "وہ ایک کشمیری پنڈت رہتے تھے ویدوں کے محلے میں۔"

"ان کا کچھ پتہ نہیں" بھائی کرپال سنگھ نے جواب دیا تو سوبھا سنگھ جی کہنے لگے "بھائی جی

برجموہن کو پوچھ رہے ہیں......"

کرپال سنگھ نے ہاتھ اٹھا کر اپنے دونوں ساتھیوں کو منع کرتے ہوئے کہا "بھاپے کو بات کرنے دو اور مجھے جواب دینے دو، تم نے بیچ میں نہیں بولنا۔" پھر میری طرف مخاطب ہو کر بولے "ہاں جی؟"

میں نے کہا "بائی کرپال سنگھ جی شاید یہ ٹھیک کہتے ہیں، ان کا نام پنڈت برجموہن ہی تھا۔"

"تو نے پنڈت پرجموہن سے کیا لینا ہے تو سیدھی بات کر، اصلی۔"

"اصلی ہی تو کر رہا ہوں۔" میں نے مسکراہٹ روک کر کہا "ویدوں کے محلے میں نہیں رہتے تھے وہ؟"

"وہ تو ویدوں کے محلے میں ہی رہتے تھے پر تو اصلی بات کر اپنے اندر والی۔"

میں نے کہا "آپ بھی کمال کرتے ہیں بائی، میں اصل بات ہی تو کر رہا ہوں۔"

کہنے لگے "اصل بات اس سے اگلی ہے۔ ویدوں کے محلے سے بھی اور پنڈت برجموہن کی ذات سے بھی۔" یہ کہہ کر وہ رک گئے اور میری آنکھوں میں آنکھیں ڈال کر کہنے لگے "سیدھی طرح رجنی کا حال کیوں نہیں پوچھتا۔ بل فریب کیوں کر رہا ہے۔"

میں نے منہ پکا کر کے کہا "بل فریب کی اس میں کیا بات ہے، سبھی کا حال پوچھ رہا ہوں۔"

کہنے لگے "پہلے جتنے لوگوں کا حال پوچھا ہے ہم کو پلہ بنانے کے لیے پوچھا ہے۔ وہ تیرا اصل مقصد نہ تھا۔ پہنچنا تو رجنی تک چاہتا تھا، ہم کو خواہ مخواہ پھدو بناتا رہا۔"

میں نے زور کا ایک قہقہہ مار کر کہا "یہ بات نہیں بھائی کرپال سنگھ جی، میں نے سب کا حال ایک ایک کر کے ہی پوچھنا تھا ناں۔"

بھائی کرپال سنگھ نے کہا "اب تیرا استاد ہے اور ہمارا گیانی ہے۔ پوجیہ سمان منکھ ہے اس کو کچھ کہہ بھی نہیں سکتے پر اس نے رجنی کو مورت بنا کر چنائی کے ساتھ لگا دیا ہے۔"

میں نے جلدی سے کہا "تو اس میں ان کا کیا قصور ہے؟"

کہنے لگے "قصور تو کوئی نہیں، ساری ہونی کی بات ہے پر بی بی کے ماتھے پر لیکھ کی ریکھ کھنچ گئی۔ اب اس کا کیا جینا اور کیا مرنا؟"

سردار سو بھا نے بے چین ہو کر پوچھا "کس کی بات ہو رہی ہے بھائی جی؟"

"اپنے گیانی بھائی باہلی سنگھ جی نہیں۔" کرپال سنگھ نے کہا "وہ ویر جی کے استاد بھی ہیں

اور جگری یار بھی۔ ان کی بات کر رہا ہوں۔" سردار سوبھا سنگھ نے کہا "ان کو تو گورو مہاراج نے ایسا گیان دیا ہے کہ بڑے بڑے گیانی ان کے سامنے مٹی ہو گئے۔ کئی مرتبہ ان کو دربار امر تسر کے لیے بلاوا آیا پر وہ تخت پور چھوڑ کر نہیں جاتے۔ شبد کیرتن میں ان کی بانی سے جان پڑ جاتی ہے۔"

ہر دت سنگھ کہنے لگے "آپ ان کو جانتے ہیں ویر جی؟"

"جانتے!" کرپال سنگھ نے حیران ہو کر کہا "او بھائی یہ دونوں اک مک ہیں۔ تو نے دو ہیں تار ایک ہی کھڑ کتی ہے۔"

میں نے کانوں کو ہاتھ لگا کر کہا "کہاں سرکار بھائی بالی سنگھ جی اور کہاں میں۔ کہاں رام رام کہاں ٹیں ٹیں۔ مجھے اتنا گنہگار تو نہ کرو۔"

یہ پہلا موقع تھا کہ میں نے اپنے استاد کے نام کے ساتھ سنگھ کا لفظ استعمال کیا۔ کر تو گیا لیکن میری روح کانپ گئی اور بڑی دیر تک گم سم بیٹھا رہا۔ میں ان کا نام اس لفظ کے بغیر بھی لے سکتا تھا، لیکن سامنے بیٹھے ہوئے مہمانوں کی خوشنودی نے مجھے اس قدر بودا بنا دیا تھا کہ مجھے اپنے آپ پر اعتبار نہیں رہا تھا۔

اصل میں پاکستان کے لوگ بڑے وطن پرست، محبّ وطن اور اپنے تشخص سے پیار کرنے والے ہیں، لیکن ان میں آنکھوں کی شرم اور دل کی نرمی بہت ہے۔ غیر کا دل رکھنے کے لیے دوٹوک جواب نہیں دے سکتے۔ اس کی ہاں میں ہاں ملانے لگتے ہیں۔ ساتھ ہی ان کو ہر وقت یہ دھڑ کا لگا رہتا ہے کہ اگر میں دل کی بات زبان پر لے آیا تو لوگ مجھے پس ماندہ، تنگ نظر، بے علم اور بنیاد پرست سمجھیں گے۔ اس خوف کے پیش نظر وہ اپنے نظریئے اور اعتقاد کو ایک طرف لپیٹ کر غیر کے ہم خیال بن کر بیٹھ جاتے ہیں، لیکن بعد میں پشیمان ضرور ہوتے ہیں۔ اس وقت کچھ ایسی پشیمانی میں میں بھی مبتلا تھا اور اپنے اظہار پر علانیہ نظر ثانی کرنے سے معذور تھا۔

چپڑاسی نے آ کر بتایا کہ گھر سے فون آیا ہے، کھانے پر انتظار ہو رہا ہے۔ میں نے اپنا بریف کیس چپڑاسی کو دیا۔ مہمانوں کو ساتھ لے کر اٹھا اور دفتر سے باہر آ گیا۔ پورچ میں سفید وردی والا شوفر گاڑی کا دروازہ کھولے کھڑا تھا۔ پی اے اور اکاؤنٹس آفیسر گاڑی کے پاس موجود تھے۔ میں نے چند غیر ضروری ہدایات ان کو دیں اور مہمانوں کو لے کر گاڑی میں بیٹھ گیا۔ اتنے سارے طمطراق کے باوجود ہم غیر ملکی مہمانوں سے پھر بھی مرعوب رہتے ہیں۔ شاید باہر کی عظیم الشان بلڈنگ کی بنیاد اندر سے کھوکھلی ہے۔

۱۶

سکھ یاتریوں کے جانے کے پورے ایک مہینے بعد مشرقی پاکستان میں بے چینی کی لہر پیدا ہوئی اور دیکھتے ہی دیکھتے اس نے ایک شدید احتجاج کی صورت اختیار کرلی۔ مشرقی پاکستان کے مسلمانوں کا یہ احتجاج مغربی پاکستان کے مسلمانوں کے خلاف تھا' جو ان کے بھانویں ایک عرصہ سے مشرقی پاکستان کی دولت لوٹ لوٹ کر اپنا گھر بھر رہے تھے اور مشرقی پاکستان کے مقابلے میں امیر ہوتے جا رہے تھے۔ بھارتی حکومت کو چونکہ شروع ہی سے مسلمانوں سے قلبی لگاؤ ہے اور وہ دنیا کے کسی خطے میں بے عدلی اور بے انصافی کو برداشت نہیں کرتی' اس لیے اس نے مشرقی پاکستان کے مظلوم مسلمانوں کو ظلم و ستم کی وہ تفاصیل فراہم کرنا شروع کردیں جو مغربی پاکستان کے وہم و گمان میں بھی نہیں تھیں۔

بھارتی حکومت نے مشرقی پاکستان کے ایک ایک مسلمان کو جا کر سمجھایا کہ ان کے سنہرے ریشے کی برآمد سے اسلام آباد کی تعمیر ہو رہی ہے اور ان کی چائے کی دولت سے ملتان' ساہیوال اور لاہور کی سڑکیں بن رہی ہیں۔ پتوکی' کانا کاچھا' قصور' ایمن آباد اور چونیاں میں ایک سو پچاس پرائمری سکول اسی پیسے سے بنے ہیں۔ کرنافلی کا کاغذ باہر ایکسپورٹ کر کے اس سے ایک سو بتیس کاریں امپورٹ کی گئی ہیں جو ساری کی ساری مغربی پاکستان میں چل رہی ہیں۔

پھر بھارت نے آرٹ پیپر پر رنگین تصویروں کا ایک کتابچہ شائع کر کے بھی گھر گھر تقسیم کیا جس میں مغربی پاکستان کے عام آدمیوں کو دکھایا گیا تھا جو قد میں' رنگ میں' لباس میں اور صحت جسمانی کے اعتبار سے مشرقی پاکستان کے خاص آدمیوں سے سپیریئر تھے اور جن کی روزانہ خوراک کا استعمال وزن میں بھی زیادہ تھا اور طاقت فراہم کرنے میں بھی ارفع تھا۔ مغربی پاکستان میں شادی کے موقع پر کھنچی ہوئی ایک تصویر میں دولہا نوٹوں کا ہار پہن کر کھڑا

تھااور اس کے نیچے لکھا تھا "مشرقی پاکستان سے لوٹی ہوئی دولت کا کرنسی ہار جس کی مالیت اسی ہزار روپے ہے۔"

جب مشرقی پاکستان کے مجبور و مظلوم لوگوں نے بھارتی حکومت کی طرف رحم بھری نگاہیں اٹھا کر پوچھا "ہم کیا کریں؟" تو انہیں کلکتہ کے مولوی ربیع الدین احمد اور مولانا وددود القادر انصاری کے وہ دینی پمفلٹ دیئے گئے جو پرانی وضع کے سری رام پور کاغذ پر چھپے تھے اور جن کے صفحے چھری چاقو سے کاٹ کر الگ الگ کیے جاتے تھے۔ ان رسائل میں بنیادی دینی تعلیمات تھیں اور صحیح نماز ادا کرنے کے مسائل بیان کیے گئے تھے۔ آخری صفحے پر صبر کی تلقین تھی اور آخری پیرے میں حضرت ریان بن جابر کا فتویٰ تھا کہ جب تم پر ظلم کی اور جبر کی انتہا ہو جائے اور تمہارا بھائی تمہاری آنکھوں کے سامنے تمہاری دولت سمیٹنے لگے اور تمہاری نظروں کے سامنے اس دولت سے عیاشی کا سامان فراہم کرے تو اللہ کا نام لے کر تلوار اٹھاؤ اور اس کے خلاف جہاد کرو۔ یہ جہاد افضل ترین جہاد ہے۔ اور اللہ تعالیٰ کے نزدیک اپنے بندے کا سب سے پسندیدہ فعل ہے۔ آخری فقرہ تھا کہ اس وقت جس طرح سے مغربی پاکستان خاص طور پر پنجاب مشرقی پاکستان کو ایکسپلائٹ کر رہا ہے' ہر مسلمان مرد و زن اور بچے بوڑھے پر دینی فرض عائد ہوتا ہے کہ وہ اسلام آباد کے خلاف اعلان جنگ کرے اور اس وقت تک آرام سے نہ بیٹھے جب تک اللہ کی نصرت اس کے دروازے پر نہ پہنچ جائے اور وہ ظلم سے نجات حاصل نہ کر لے۔ حاشیئے کے باہر ایک خط کشیدہ لائن تھی جب تک ہم اپنی پوتر ماتری بھومی کے لیے "پاکستان کا گندا اور اشدھ لفظ نہیں چھوڑیں گے' اس وقت تک فتح مبین سے مالا مال نہیں ہوں گے۔"

مشرقی پاکستان کے پائمال و پریشان درد مند مسلمانوں نے جب اپنی بے چارگی اور کم مائیگی کا اظہار کیا تو بھارتی حکومت نے اللہ کے نام پر دین برحق کی خدمت کے لیے انہیں ہر طرح کی مدد کا یقین دلایا اور وعدہ کیا کہ اگر وہ مغربی پاکستان کے خلاف حق و صداقت کی تلوار اٹھائیں گے تو بھارتی حکومت ہر طرح سے ان کی مدد کرے گی اور فتح کے دن تک ان کا ساتھ دے گی۔ اس مدد میں گولہ بارود' رسل و رسائل' فوجی والنٹیر' مالی مدد سبھی کچھ شامل ہوگا اور اگر حالات نے ساتھ دیا تو ہوائی آپریشن بھی اس کا ایک حصہ ہوگا۔ مشرقی پاکستان کے مسلمان اس غیبی امداد سے بہت خوش ہوئے اور انہوں نے مغربی پاکستان اور پاکستان کی فوج کے خلاف باقاعدہ اعلان جنگ کر دیا۔

خوب لڑائی ہوئی اور گھمسان کا رن پڑا۔ مسلمان جب مسلمان کے خلاف لڑتا ہے تو بڑی دلیری اور بے جگری کے ساتھ لڑتا ہے۔ یہ ان بلٹ خاصیت شروع ہی سے اس کے اندر موجود ہے اور وقت آنے پر اپنی پوری توانائی کے ساتھ عود کر آتی ہے۔ غیر مسلم کے ساتھ مسلمانوں کی جنگ بڑی محتاط' بے حد متوازن' اصولوں پر مبنی اور شرافت کی جنگ ہوتی ہے۔ صلیبی جنگوں میں مسلمان اپنے دشمن کو عزت اور وقار کی نظر سے دیکھتے ہیں۔ مشکل وقت آجانے پر انہیں راستہ بھی دیتے ہیں۔ رچرڈ بیمار ہو تو اس کے علاج کے لیے اپنے حکیم و طبیب بھی بھیجتے ہیں۔ دشمن کا نام لینا ہو تو اس کو رچرڈ شیر دل کہہ کر یاد کرتے ہیں' لیکن جب اپنوں کے ساتھ جنگ ہو تو پھر کوئی اصول اصول نہیں رہتا' ضابطہ ضابطہ نہیں رہتا۔ سوچ کی ساری راہیں بند ہو جاتی ہیں اور بے رحمی کا ہر راستہ کھل کر سامنے آجاتا ہے۔ دونوں بڑھ بڑھ کر اپنے بھائی کو ایسے زخم لگاتے ہیں کہ اگر زخمی شیر بچ بھی جائے تو اردگرد کی لومڑیاں سالہا سال تک اس کا گوشت نوچ نوچ کر کھا سکیں اور اپنے پریوار کی پرورش کرتی چلی جائیں۔

ڈھاکہ فال کر گیا۔ پاکستانی فوج کے کمانڈر نے اپنا پستول بھارتی فوج کے فاتح کمان دار جنرل اروڑہ کی خدمت میں پیش کر دیا۔

مشرقی پاکستان کے مسلمانوں نے مسجدوں میں چراغاں کیا۔ اللہ کے پاک نام کا ورد بلند ہوا اور مجلسوں میں حمد و نعت کے بعد بھارتی حکومت کے کارناموں کے گیت اور ترانے گائے گئے۔ کچھ بڈھے روئے تو جوانوں نے ان کی ڈاڑھیاں کھینچ کر ان کی لنگلیاں ڈھیلی کر دیں۔ ظالم اپنے کیفر کردار کو پہنچا اور بنگلہ دیش میں خیر و خوبی اور دولت و فراوانی کی بہاروں نے ڈیرے ڈال دیئے۔ دولت لوٹنے والے کے ہاتھ اور سر قلم کر دیئے گئے تھے اور اب بنگلہ دیش کی دولت اپنی تھی' اس جنگ آزادی نے بنگلہ دیش کا سر فخر سے بلند کر دیا تھا اور دنیا کے سارے محکوم ملک ایڑیاں اٹھا اٹھا کر دیکھنے لگے تھے۔

مشرقی پاکستان پر فتح پانے کے بعد بھارت کا قد ایک دم اونچا ہو گیا تھا اور عالمی برادری کے مہذب ملک اس کو قدر کی نگاہوں سے دیکھنے لگے تھے۔ خود بھارت کے لوگوں نے اس عظیم فتح کے شکرانے میں اپنی ملکہ کو سونے کے تلادان میں تولا اور ملکہ نے ترازو کے پلڑے سے اعلان کیا کہ ہم نے ہزار سالہ غلامی کا بدلہ لے لیا۔

ہماری زندگیوں میں معاہدۂ تاشقند پہلے ہی ایک راز تھا' اب ایک دوسرا راز سقوط

ڈھاکہ کی شکل میں اس کے پہلو میں آکر کھڑا ہو گیا۔ کچھ آوازیں آ رہی تھیں یہ سب کچھ جنرل یحییٰ کی وجہ سے ہوا اس کو پھانسی دی جائے۔ کچھ کا خیال تھا کہ اگر سلامتی کونسل میں پولینڈ کا ریزولیوشن نہ پھاڑا جاتا تو پاکستان دولخت ہونے سے بچ جاتا۔ کچھ لوگ اسے البدر اور الشمس کی کارروائیوں کا نتیجہ سمجھتے تھے۔ کچھ پرانی وضع کے لوگ مشرقی پاکستان کے ہندوؤں کو نام دھرتے تھے۔ سوشلسٹوں کے لیے یہ ایک سیدھی سی بات تھی کہ یہ صاف اور واضح تاریخی عمل ہے جہاں استحصال ہو گا وہاں یہی حال ہو گا۔ جمہوریت نواز گروہ اسے مارشل لاء کی وجہ سے سمجھتا تھا۔ مارشل لاء ''ادھر تم ادھر ہم'' کے اعلان کو اس شکست سے وابستہ کیے بیٹھا تھا۔ جماعت اسلامی اسے دین سے دوری کا شاخسانہ خیال کرتی تھی۔ عام لوگ اتنی بڑی شکست کو امریکہ کی یارماری خیال کرتے تھے کہ سخت ضرورت کے وقت بھی بحری بیڑا نہ بھیجا۔

کچھ لوگ ایسے بھی تھے جن کی سمجھ میں کچھ نہیں آتا تھا۔ وہ روتے تھے اور ہر دم نالہ و شیون میں مبتلا تھے۔ انہوں نے کبھی مشرقی پاکستان دیکھا نہ تھا' لیکن اس سے وابستہ ضرور تھے۔ چند ایک ایسے بھی نکلے جنہوں نے ڈھاکہ فال کی خبر سنی اور ایک دلدوز چیخ کے ساتھ جاں بحق ہو گئے۔ انہوں نے صرف مشرقی پاکستان کا نام سنا ہوا تھا' اپنے مغربی پاکستان میں تھے لیکن ان کی روحیں مسجدوں والے شہر کے گنبدوں میں مقیم تھیں۔

علم کا سب سے بڑا کمال یہ ہے کہ یہ جتنا ایک طرف ہوتا ہے تقریباً اسی قدر مخالف سمت میں بھی موجود ہوتا ہے۔ جس قدر علم ایمان کا اس دنیا میں ہے' اتنا ہی کفر کا ہے۔ جتنا اجالے کا ہے اسی قدر اندھیرے کا بھی ہے۔ جتنا سامنے کا ہے اتنا ہی پیچھے کا۔ جیسا جیسا ترقی کا ہے ویسا ہی روایت کا بھی ہے۔ اپنے اپنے من چلے کا سودا ہے۔ کھٹا لینا ہے' کھٹا لے لو' میٹھا درکار ہے میٹھا لے لو۔ کوئی پابندی نہیں' جبر نہیں۔ اکراہ نہیں۔

علم کی آموزش میں شروع ہی سے مقابلے اور مجادلے کی بنیاد راسخ کر دی جاتی ہے۔ آزاد چھوڑ کر رخ متعین کر دیا جاتا ہے۔ قلم اور تلوار کے مقابلے میں چاہے قلم قبیلے میں شامل ہو جاؤ چاہے تلوار طریق اختیار کر لو' تمہاری مرضی ہے۔ ''دنیا کو ہے پھر معرکۂ روح و بدن پیش'' اس مباحثے میں چاہے بدن کی سائیڈ اختیار کر لو چاہے روح کی' ایک سا مواد مل جائے گا۔ ''یہ خاکی اپنی فطرت میں نہ نوری ہے نہ ناری ہے۔'' ...... ''سرخ سویرا جھانک رہا ہے کھیتوں میں پھیلی ہریالی' سرخ سویرا خوف کا سایہ بچنے کی امید نہیں ہے''، ''سائنس کی

ترقی نے انسان کو بام عروج پر پہنچادیا۔" کسی طرف کے ہو جاؤ علم ہر طرف سے تمہاری مدد کرے گا' اور ہر ہر قدم پر تمہارا ساتھ دے گا۔

ترازو کے تول تلے ہوئے علم کے ماہر سقوط مشرقی پاکستان پر اخباروں میں بھڑے' محفلوں میں الجھے' سیمیناروں میں گرجے' مباحثوں میں گونجے اور سارا ملک بنگلہ دیش منظور نامنظور...... نامنظور اور منظور کے پروں میں تقسیم ہو گیا' جس شدت کی لڑائی مشرقی پاکستان میں ہوئی تھی' کچھ ایسا ہی گھمسان کا بحثیارن ادھر پڑ گیا۔ الجھی ہوئی ڈوری کا سرا کسی کو بھی نہ ملا اور ہر پارٹی اپنی اپنی جگہ پر اس یقین محکم کے ساتھ اٹھی کہ سرا اس نے ڈھونڈ لیا ہے۔ اور یہی اصل وجہ ہے۔ دوسرا چاہے مانے نہ مانے' اصل حقیقت یہی ہے جو مجھ کو معلوم ہے اور جس پر میں قائم ہوں۔ میرا اپنی بات پر قائم ہونا اس بات کی دلیل ہے کہ میں سچا ہوں!

سن اکہتر کی جنگ میں ریڈیو کا ایک یومیہ پروگرام میرے ذمے بھی تھا۔ اس میں محاذ جنگ پر موجود فوجیوں کی حوصلہ افزائی' شہری آبادی کی ہمت بندھائی اور دشمن کی پسپائی کی تفصیلات بہم کرنے کا کام پیش نظر تھا۔ کرفیو کے اوقات اور بلیک آؤٹ کی تاریک راتوں میں پروڈیوسروں' انجینئروں اور صداکاروں کا وقت پر پہنچ کر ٹھیک ٹھیک نشانے لگانا بڑے دل گردے کا کام تھا۔ اپنے ملک اور اپنی ملت سے محبت کرنے والے یہ غریب' کم علم' بے آسرا اور گمنام لوگ اپنی جانیں ہتھیلیوں پر رکھ کر ہر دم تیار اور ہر وقت مستعد رہتے' لیکن ان کی محبت' خلوص نیتی' ہمت اور ہر طرح کی قربانی کے باوجود گاڑی پیچھے کو لڑھک رہی تھی اور اپنے ہی خاندان کے لوگ گاڑی کو ڈھلوان سے ڈھلتے دیکھ کر گھر والوں کی مدد کو آگے نہیں بڑھتے تھے۔ ان میں سے کچھ لوگ خوفزدہ تھے کہ آزاد خیال لوگوں کا گروہ ہمیں تنگ نظر سمجھے گا اور وطن پرستی کا طعنہ دے گا کہ ہم آفاقی اور عالمی قدروں سے بے بہرہ ہیں۔ کچھ لوگ بھارت کے پسندیدہ لوگ تھے اور وہ بھارت کی نظروں سے گرنا نہیں چاہتے تھے۔ بہت سے اہل نظر اسے مذہبی جنونیوں کا ایک تباہ کن اور ہولناک ارادہ جان کر خاموش بیٹھے تھے۔ کچھ کو اندر کھاتے اس ڈرامے کی حقیقت معلوم تھی اور وہ بے وقوف پاکستانیوں کا مذاق اڑاتے تھے۔ یہ لوگ اپنے اپنے مقام پر بڑی دانش اور بینش کے ساتھ آرام سے بیٹھے تھے اور ان کے مقامات بے وقوف پاکستانیوں سے بہت اونچے تھے۔ ریڈیو ماسکو بڑی جان سوزی کے ساتھ اپنی ہر ٹرانسمشن میں بھارت کا موقف اجاگر کر رہا تھا اور مغربی پاکستان کے مظالم کی تفصیلیں بڑی محنت سے براڈکاسٹ کر کے سارے پاکستان کو خوفزدہ کر رہا تھا۔ اس کا ہر نشریہ

اس بات پر ختم ہوتا تھا کہ پاکستان میں مختلف النوع قومیں آباد ہیں، جن کو آزاد ہونے کا اور آزادی سے زندگی بسر کرنے کا پورا پورا حق حاصل ہے۔ پاکستان کی مصنوعی اکائی مذہب کی کھوکھلی بنیاد پر اٹھائی گئی ہے جسے ہر حال میں ڈھنا اور ٹکڑے ٹکڑے ہونا ہے۔ جب تک یہ ملک مختلف قومیتوں میں تقسیم ہو کر آزاد سلطنتوں میں تبدیل نہیں ہوگا اس وقت تک جنوب مشرقی ایشیا میں امن و استقامت کی ضمانت نہیں دی جاسکتی۔

لے دے کے ساری بھری پری دنیا میں صرف امریکہ پاکستان کا واحد دوست اور سپورٹر تھا، جس کو ہر گھڑی یہی خدشہ لگا ہوا تھا کہ کہیں ہندوستان کسی انہونی وجہ سے پاکستان سے شکست کھا کر ذلیل و خوار نہ ہو جائے۔ شکست نہ بھی ہو اور برابر کی چوٹ ہو جائے پھر بھی اتنے بڑے ملک کی بے عزتی ہوگی، اس لیے ہندوستان کی عظمت، شہرت، اس کی قدیم روایت اور سبھیتا کو بچانے کے لیے پاکستان کو اس کی حد میں رکھنا ضروری ہے اور ممولے کو اس کی ممولیت یاد دلانا وقت کی اہم ضرورت ہے۔ پاکستان سے گہری دوستی کی بنا پر جب امریکہ نے ہندوستان کو ڈھاکہ فال کا سگنل دے دیا، اور روس کو بتادیا کہ ساتویں بحری بیڑے کی پیش قدمی کی کہانی پاکستان کا دل رکھنے کو بیان کی تھی، تو روس نے اپنے نشریے میں امریکہ کی دانشمندی کی داد دی اور بتایا کہ چونکہ مغربی پاکستان کو زندہ اور صحیح سلامت رکھنا ہمارے دشمن کی ضرورت ہے، اس لیے اس ضرورت کا خیال رکھا جائے گا اور ان کی درخواست کا احترام کیا جائے گا۔

جب ہندوستانی فوجوں نے مشرقی پاکستان فتح کرلیا تو بیجنگ سے چو این لائی کی آواز آئی کہ "سقوط ڈھاکہ بھارت کے خاتمے کی شروعات ہے" ہمارے دانشوروں نے مجذوب کی اس بڑ کا بڑا ٹھٹھا اڑایا۔ مجھے بھی اس عظیم تھنکر کے ایسے اعلان پر بڑا تعجب ہوا، لیکن چو این لائی اس وقت بوڑھا ہو رہا تھا اور بوڑھے لوگ کیسے بھی صاحب فکر کیوں نہ رہے ہوں، عمر کے آخری حصے میں ایسی بونگیاں ضرور مار جاتے ہیں۔ بھلا ہندوستان جیسے مضبوط قلعے میں جہاں صرف ایک ہی قوم بستی ہو، ایسی دراڑیں کیونکر پڑ سکتی تھیں!

۱۷

جب پاکستان آدھارہ گیا اور بنگلہ دیش پورا بن گیا تو جمہوریت کی رانی اپنا جلوس لے کر ادھر بھی آگئی اور ادھر بھی تخت پر بیٹھ گئی۔ سیانے لوگ کوچہ و بازار میں، گلی محلوں میں، تھڑوں کے اوپر گھروں کے اندر ایک ہی بات کہہ رہے تھے کہ اگر جمہوریت کو انتخابات کے ساتھ ہی آنے دیا جاتا تو ذلت و رسوائی کا ایسا سامنا نہ ہوتا۔ اگر نکاح کے فوراً بعد ہنی مون کا بندوبست نہ کیا جائے اور خلوص صحیحہ کا انتظام نہ ہو تو نکاح ایک لفظی سی بات رہ جاتی ہے۔ ایسے میں کوئی بھی الٹی پاڑھت پڑھا کر بنے بنی کو آسانی سے ورغلا سکتا ہے اور محبت میں لتھڑے ہوؤں کے درمیان بند باندھ کر انہیں باولا بنا سکتا ہے، اسی لیے کہتے ہیں کہ نکاح کر کے رخصت کر دو اور خود پیچھے ہٹ جاؤ اور الیکشن کر کے اگلے ہی دن پاور ٹرانسفر کر دو اور خود الگ ہو جاؤ۔ تاخیر ہو گئی تو دونوں معاملوں میں لاوا تباہ کر دے گا۔ ایک جگہ رک کر اور دوسری جگہ پھوٹ کر، لیکن یہ بات مانی نہ گئی۔

تیسری دنیا میں جمہوریت کسی عمل یا تبدیلی کا نام نہیں۔ ایک طرز حکومت کے اختیار کرنے کا اعلان ہے۔ اس میں کچھ کرنا نہیں ہوتا، جان نہیں مارنی پڑتی۔ ملک اور قوم کے لیے کچھ قربان نہیں کرنا پڑتا۔ گرہ سے نہ مال دینا پڑتا ہے، نہ وقت، نہ توجہ، نہ ہمدردی، نہ شفقت، نہ مہربانی...... بس مبارکباد دینی ہوتی ہے کہ جمہوریت آگئی، مبارک ہو۔ منہ ہاتھ دھوو، اجلے کپڑے پہنو، باغوں کی سیر کرو اور خدا کا شکر بجالاؤ جس نے تم کو ایسی نعمت سے نوازا اور اپنے خصوصی کرم سے خیر کثیر عطا کی۔ اگر کوئی تکلیف ہے تو عدالت سے رجوع کرو۔ کسی نے زیادتی کی ہے تو عدالت کا دروازہ کھٹکھٹاؤ۔ اگر حکومت کی سرزنش مقصود ہے تو کورٹ سے رابطہ کرو۔ جو کچھ بھی کرنا ہے آئین کے اندر اندر کر لو اور جس کسی کو سیدھا کرنا ہے آئین کی جنتری میں ڈال کے کھینچ لو۔

لیکن تیسری دنیا کے لوگ' پائمال و پریشان و درد مند' ذلتوں کے مارے' صدیوں کے ٹھکرائے' محکومیوں اور مجبوریوں کی جھلسیں اٹھائے' محبت کے ایک بول اور شفقت کی دو تھپکیوں کے متمنی ہوتے ہیں۔ ان کی سب سے بڑی خواہش یہ ہوتی ہے کہ دنیا کے پلیٹ فارم پر انہیں بھی تھرڈ کلاس پسنجر کا مقام مل جائے اور خود بخود مل جائے۔ رٹیں نہ کرنی پڑیں' عدالت نہ جانا پڑے' سوالی نہ بننا ہووے اور احتجاجی نہ کہلانا ہووے۔ لیکن قانون تو قانون ہوتا ہے اور انصاف ہمیشہ اندھا ہوتا ہے' اسی لیے دنیا کے آئین و دساتیر میں جذباتی باتیں درج نہیں کی جاتیں اور محبت و شفقت کی شقیں داخل نہیں کی جاتیں۔ وہاں صرف اصول ہوتا ہے اور اصولوں پر کوئی سمجھوتہ نہیں کیا جاسکتا' اس لیے عام آدمی کی سمجھ میں یہ بات نہیں آتی کہ دستور کے ہوتے ہوئے' عدالتوں کی موجودگی میں اور اصولوں کی حفاظت کے محافظوں کے باوجود اس کو خیر کیوں نہ پڑتی۔

جمہوریت آچکی تھی اور ہم شاداں و فرحاں زندگی گزار رہے تھے۔ نہ غم امروز نہ فکر فردا۔ نہ آدھا ملک گنوادینے کی ہوک نہ اپنوں سے بچھڑ جانے کا درد۔ زندگی بہت ہی خوشگوار اور پائیدار ہو گئی تھی' جس سحر کی آرزو لے کر ہم سن سینتالیس میں چلے تھے۔ وہ بڑی کر بہ پائی کے ساتھ خود ہی ہماری دہلیز پر آکر بیٹھ گئی تھی۔

جمہوریت اس قدر پاکیزہ چیز ہے کہ اس کی موجودگی میں انسان مذہب کے بکھیڑوں سے آزاد ہو جاتا ہے۔ یہ ایک اتنا بڑا کل ہے کہ دوسری ساری چیزیں اس کے تنبو میں آکر آرام سے بیٹھ جاتی ہیں اور سر جھکا کر خاموش ہو جاتی ہیں۔ پرانے سرداری' جاگیرداری اور قبائلی نظام' مذہبی پیشواؤں کے حکومتی ہتھکنڈے اور حالیہ بادشاہوں کے پرویزی حیلے یہ سارے دریا جمہوریت کے سمندر میں غرق ہو جاتے ہیں اور پھر اس سمندر کی اپنی ایک لہر اٹھتی ہے جو ساری بدیوں' برائیوں' عفونتوں اور زبونیوں کو خس و خاشاک کی طرح بہالے جاتی ہے اور انسان اپنے ہر عمل کے لیے انصاف و آئین کے کٹہرے میں کھڑا رہنے پر مجبور ہو جاتا ہے۔

ہمارے یہاں جمہوریت آگئی تھی اور ہم سب ظلم و زیادتی کی ارگھٹ گھاٹیوں سے نکل کر عدل و انصاف اور محبت و مساوات کے کھلے میدان میں آگئے تھے۔ پائمال' خواری اور زبوں حالی کا دور گزر گیا تھا اور لوگ معاہدۂ تاشقند کی مکروہ کہانی کی تفصیلات سننے کے لیے یکسو ہو کر بیٹھ گئے تھے۔

بڑا اچھا زمانہ اور بڑا سہانہ وقت تھا۔ ہر طرح کی اونچ نیچ مٹائی جا رہی تھی۔ برتری اور

ابتری کی لعنتیں ایک ساتھ ختم کی جا رہی تھیں اور جمہوریت کا عمل لوگوں میں آسانیاں تقسیم کر رہا تھا۔ دولت کے قارونی نشے اور طاقت کے فرعونی محکمی کے پرانے آثار زمین بوس ہو رہے تھے۔ کچھ نیا نیا ہونے کی نوید تھی اور پرانا پرانا ختم کرنے پر زور دیا جا رہا تھا۔ جیسے لوگ عید کے روز نئے کپڑے پہن کر اور خوشبو لگا کر نکلتے ہیں' کچھ ایسے ہی جمہوریت کا تہوار اکساتا رہا تھا لیکن لوگ کپڑے بدل کر نکلے نہیں' اخبار دیکھ کر خوش ہوتے رہے۔

لیکن یہ اخباری خوشی بھی چند دنوں کے اندر ہرن ہو گئی۔ گرمی' سردی' بہار' خزاں کی طرح ایک اور رت آئی۔ بے یقینی اور بے مرادی کی رت جو آہستہ آہستہ بداعتمادی کے بڑے موسم میں تبدیل ہو گئی۔ پھر اس موسم نے سارے ملک پر چھاؤنی ڈال دی اور پختہ ارادہ کر کے بیٹھ گیا کہ اب اس علاقے میں کوئی دوسرا موسم نہیں آئے گا۔ بس ایک میں رہوں گا!

اصل میں بہت سے لوگ جمہوریت کا یہ مطلب سمجھتے تھے کہ اس کے آجانے پر ہر شخص کی عزت و مرتبت کے تعین کا اعلان ہو گا اور پاکستان کے سب لوگوں کے ایک رتبے اور ایک مرتبے کا حکم جاری ہو جائے گا۔ لوگوں کو ان کی توقیر ذات واپس لوٹا دی جائے گی اور ان کے اس شان و مقام کو پوری دنیا پر واضح کر دیا جائے گا جو پہلے تو بادشاہوں نے پامال کیا پھر کمپنی بہادر نے اپنی مشینی برتری کی ٹھوکروں سے ریزہ ریزہ کر کے ہمیشہ ہمیشہ کے لیے مٹی میں ملا دیا۔

صبح جمہوریت کی آمد پر پاکستان کے سارے لوگ اس اعتماد کے ساتھ گھروں سے باہر نکل آئے تھے کہ اب گورے کو کالے پر اور کالے کو گورے پر کوئی ترجیح نہیں ہو گی۔ امیر غریب' پڑھے لکھے' ان پڑھ صاحب کلغی و کلاہ اور بے عرف و بے نوا برابر کے انسان سمجھے جائیں گے۔ اونچ نیچ ختم ہو جائے گی اور سارے ملک میں صدیوں کی رکی ہوئی عطر بیز بہار جمہوریت آجائے گی۔

لیکن ایسا نہ ہو سکا۔ جمہوریت کے سرداروں اور جمہوری کارخانے کے صنعت کاروں نے آگے بڑھ کر بڑی شفقت کے ساتھ اعلان کیا کہ ہم تمہاری مشکلات کے حل کے لیے میدان میں آئے ہیں اور تمہاری برسوں کی دبی ہوئی آرزوئیں پوری کرنے کے لیے اپنے سر ہتھیلیوں پر رکھ کر لائے ہیں کہ ہم تمہیں روٹی کپڑا اور مکان دیں گے۔ زمین اور رقبے دیں گے۔ لوگوں کی آنکھوں میں آنکھ ڈال کر بات کرنے کی ہیبت عطا کریں گے۔ لیکن ہم

مساوات اور برابری کا چلن عام نہیں کر سکیں گے' کیونکہ ہم کو بہ امر مجبوری ایک طے شدہ اونچے مقام پر بیٹھ کر تمہاری عزت افزائی کے منصوبے تیار کرنے ہیں اور تمہارے درمیان خوشیاں اور آسودگیاں تقسیم کرنی ہیں۔

جب یہ سب کچھ طے پا گیا تو باہر نکلے ہوئے لوگوں میں سے ایک شخص نے آگے بڑھ کر کہا ہم تو جمہوریت کو ایک ایسا زندگی آموز عمل سمجھتے تھے' جو گروہ انسانی کے کردار میں رفعت اور سربلندی پیدا کر دے۔ ہر شخص کا احترام ہو۔ ہر ایک کی تکریم ہو۔ کسی کو دیوتا نہ سمجھا جائے۔ کسی کی پوجا نہ ہو۔ کوئی اونچے کھٹولے میں بیٹھ کر نیچے بستے انسانوں کو شاباش نہ دیتا جائے۔ مرحبا مرحبا نہ کہتا جائے۔ یہ جمہوریت تو نہیں یہ تو کچھ اور ہے۔ ہم تو بڑی امیدیں لے کر چلے تھے۔

جب جمہوریت کا معاملہ ایسا سیدھا' ستواں' آسان اور خوش آیند نکلا تو میں نے سیاست میں حصہ لینے کا پروگرام بنا لیا۔ اس میں عزت بھی تھی' دولت بھی۔ آسودگی اور فراوانی بھی۔ خوش وقتی بھی اور خوش فکری بھی۔ سیاست کے دخیل ہنستے بستے لوگ تھے۔ ہر وقت ہنستے کھیلتے رہتے۔ موج میلے کرتے' جشن مناتے' اٹکھیلیاں کرتے' زندگی گزارتے' آتے جاتے تالیاں بجواتے' نعرے لگواتے' ہاتھ چلاتے' وی کے نشان بناتے' دیوتاؤں سمان نکل جاتے تھے اور لوگوں کو یقین دلا جاتے تھے کہ تالیاں بجانے اور نعرے لگانے سے ان کی عزت اور نیک نامی میں اضافہ ہوا ہے اور وہ ذی وقار لوگوں میں شامل ہو گئے ہیں۔

جس طرح وکالت کے پیشے سے منسلک ہونے کے لیے نئے وکیل کو کسی پرانے اور کہنہ مشق وکیل کی شاگردی میں داخل ہونا پڑتا ہے' اس طرح ہمارے یہاں ایک سیاست دان بننے کے لیے کسی بڑے سیاست دان کی جوتیاں سیدھی کرنی پڑتی ہیں اور ہر وقت اس کی معیت میں رہنا پڑتا ہے۔ میں نے بڑے سیاست دانوں کے قریب رہنے اور ان کی خوشامد کرنے کے لیے اپنے دفتری اوقات سے اچھا خاصہ وقت ادھار لے کر ان چلتے پھرتے اداروں پر صرف کرنا شروع کر دیا۔ بڑے اچھے نتائج برآمد ہوئے اور میرا درخشاں مستقبل خود بخود میرے قریب آنے لگا۔ وہ جو سیاست دانوں اور حکمرانوں کی ایک مخصوص رعونت ہوتی ہے وہ تو مجھ میں فوری طور پر پیدا نہ ہو سکی' البتہ میرے اندر طمطراق کی کئی شمعیں ایک ساتھ روشن ہو گئیں۔

۱۸

ایک دن صبح شیو کرتے ہوئے میں نے محسوس کیا کہ میرا چہرہ پہلے سے زیادہ خوبصورت ہو گیا ہے اور اس کے کھردرے پن میں ایک خاص طرح کی جاذبیت پیدا ہو گئی ہے۔ میں نے پیچھے ہٹ کر دیکھا تو مجھے یوں لگا جیسے میرے سارے وجود میں ایک عجیب طرح کا زرافہ پن پیدا ہو گیا ہے اور میری گردن اس قدر لمبی ہو گئی ہے کہ مجھے ہر شے نیچی نیچی نظر آنے لگی ہے اور میرا سراپا عین لفظ طمطراق کی طرح پیچیدہ' کم' مستعمل' جھنجھٹ دار اور رپھڑی سا ہو گیا تھا۔ مجھے اپنے اندر یہ تبدیلی دیکھ کر بڑی خوشی ہوئی۔ میں ٹھیک ٹھیک راستے پر تھا۔

عوام کے ساتھ گہرا اور قریبی تعلق ہونے کی وجہ سے تقریباً سارے سیاستدان ضعیف الاعتقاد' پیر پرست' وہمی' جوتش پسند' اعداد پرست' شگون گیر' فال مست اور قرعہ کیش ضرور ہوتے ہیں۔ وہ ڈیروں' استھانوں' تکیوں پر بھی جاتے ہیں اور جوتشیوں' نجومیوں کو اپنے یہاں بلا کر بھی ان سے اپنی قسمت کی فال نکلواتے ہیں۔

ان جوتشیوں' نجومیوں اور رمالیوں کی بھی ایک عجیب دنیا ہے۔ کچھ تو ان کا یہ پیشہ ہے اور کچھ ان کو اس کام کا بھی چسکا ہے۔ گاہک ہو نہ ہو' وہ اپنا سودا بناتے جائیں گے اور رجسٹر بھرتے جائیں گے۔

انہی لوگوں میں سے ایک خوشی محمد عامل کامل بھی تھا' جس کا اڈہ جون میکڈونلڈ سکول کے پہلو میں پٹرول پمپ کے پیچھے ایک بے آباد سے گیراج میں تھا۔ یہاں بہت سے چارٹ اور نقشے آویزاں تھے۔ کھلی الماریوں میں کھوپڑیاں حنوط شدہ نیولے' سانپ' گوہیں اور سیہیں رکھی تھیں۔ فرش پر کھجور کی چٹائیاں بچھی تھیں۔ کونے میں رلی کا ایک خوبصورت جھول تھا' جس پر خوشی محمد بیٹھتا تھا اور سامنے اس کے منشیوں والی ایک صندوقچی تھی جس کا ڈھکنا آدھے

سے بھی کم اٹھا کر وہ اندر دیکھتا تھا اور غیب کی خبر بتاتا تھا۔

اس زمانے کے نامی گرامی سیاستدان' منسٹر' بیوروکریٹس اور کروڑ پتی اس کے یہاں حاضری دینے آتے تھے اور اپنی قسمت کا حال معلوم کر کے مشکلات کے اپائے کا چٹکا لے کر جاتے تھے۔ میں بھی ایک سیاستدان کی معرفت (جو بعد میں وزیر صنعت بنے) خوشی محمد کی خدمت میں حاضر ہوا اور اس کے کمال فن اور بول بچن سے اس قدر متاثر ہوا کہ دل میں دھار لیا کہ اب آگے چل کر کچھ بننا ہے تو خوشی محمد ہی بننا ہے' اس سے کم نہیں۔

میں نے وقت بے وقت اس کی خدمت میں حاضریاں دینا شروع کر دیں اور اس کی خوشنودی کے لیے ہر طرح کے کام کرنے اور آلام اٹھانے کا تہیہ کر لیا۔ خوشی محمد بھی انسان شناس تھا۔ جلد بھانپ گیا کہ میں اس کے کام کی ایسی بوٹی ہوں جس کو نسخہ کے طور پر استعمال کر کے وہ بڑے سے بڑا شکرا پکڑ سکتا ہے۔ اور اس زمانے میں شکرے بہت تھے جو پکڑے جانے کے لیے پھڑ پھڑا رہے تھے۔

خوشی محمد کے ارادے کو اچھی طرح سے جانچ کر میں نے بھی اس پر یہ شرط عائد کر دی کہ جب تک وہ کشف کے اسرار و رموز سے مجھے واقف نہیں کرے گا' میں اس کے خطرناک پروگراموں میں اس کا ساتھ نہیں دوں گا' البتہ چھوٹی موٹی بدیوں اور کمینگیوں میں اس کے پہلو بہ پہلو ضرور چلوں گا۔ خوشی محمد کو اس بھاؤ پر یہ شرط منظور تھی کیونکہ وہ میری اندرونی فطرت سے کافی حد تک متاثر ہو چکا تھا اور مجھے پسند کرنے لگا تھا۔

جب اس نے مجھے اپنے فن کی کچھ ابتدائی باتیں بتائیں اور کتاب طلسم کے اولیں صفحات سے روشناس کرایا تو میرا دل ماننے سے منکر ہو گیا۔ ایسے جوڑ توڑ تو میں نے تیسری چوتھی جماعت میں بہت کیے تھے' جب ہمارے محلے کا درزی عنایت اللہ ہمارے علاقے کی عمری بھرائین کی لڑکی پر عاشق ہو گیا تھا اور اس کو قابو کرنے کے لیے مجھ سے ٹونا کروانے آتا تھا۔

عنایت اللہ درزی ہر جمعرات میرے پاس مرغی کا ایک براؤن انڈہ لاتا اور اس پر مجھ سے میرے ہی قلم سے اور میری ہی صوف والی سیاہی سے لکھواتا تھا "ابجد' ہوز' حطی' کلمن' سفوص' اور پھر اس کے بعد دو نقطے اوپر نیچے ڈال کر اس کے آگے لکھا جاتا "عنایت اللہ درزی فنا شد و تباہ شد در محبت جیجاں محبوبہ شوخ و شنگ بنت عمری بھرائن و دولو بھرائی......"

میں جب اس سے کہتا کہ آگے انڈا ختم ہو گیا ہے عنایت بھائی' تو وہ مایوس ہو کر چپ ہو جاتا

ورنہ اس کے پاس مونہہ زبانی یاد کیے منتر کے ابھی دو چار جملے اور باقی ہوتے۔

اس انڈے کو محبوبہ کے قدموں میں توڑا جانا ضروری تھا۔ چنانچہ جب جیجاں کمیٹی کے نلکے سے پانی کا گھڑا بھر کر لا رہی ہوتی اور اس کے دونوں ہاتھ گھڑے پر ہوتے تو عنایت اللہ "ٹھا" کر کے میرا لکھا ہوا انڈا اس کے قدموں میں پھوڑ کر وہاں سے رفوچکر ہو جاتا...... میرا خیال ہے جیجاں کو اس بات کا علم تو تھا کہ یہ انڈا پھوڑی کس مقصد کے لیے کی جاتی ہے لیکن وہ اس کی پروانہ کرتی تھی اور اسی طرح سے گھڑا اٹھائے اٹھلاتی ہوئی گھر پہنچ جاتی تھی۔

جب خوشی محمد کے ساتھ میری کوئی پندرہ بیس نشستیں ہو چکیں تو میں اس سے کچھ مایوس ہو گیا کہ اس کے پاس وہ گوہر مقصود نہیں تھا، جس کی تلاش میں میں اس کے پاس پہنچا تھا۔ اس کے پاس کچھ چھوٹے چھوٹے کمالات اور ذرا ذرا سی پیش بینیاں تھیں، جن کے زور پر وہ روحانیت کا پنساری بنا ہوا تھا۔

میں نے کہا میں تو اس بحر طلسمات میں گہرا غوطہ لگانا چاہتا ہوں اور روحانیت کے پاتال میں اتر کر ان بوقلمونیوں کا مشاہدہ کرنا چاہتا ہوں، جن کے اسرار دائروں کی صورت میں سطح آب پر آتے ہیں، لیکن اندر کے بھید نہیں کھلتے۔ کہنے لگا "میں آپ کو اپنے گرو سے ملا دوں گا، لیکن اس کے لیے مجھے ان کی اجازت لینا ہو گی۔" میں نے کہا "آپ کے گرو یہیں ہیں، اسی شہر میں؟"

کہنے لگا "اب یہ ان کی مرضی ہے کہ وہ آپ سے ملاقات کرنا چاہیں یا مجھے جھڑک دیں، لیکن میں کوشش ضرور کروں گا۔ آگے آپ کی قسمت۔ کوئی وعدہ نہیں کرتا۔"

میں نے کہا "کون ہیں آپ کے گرو؟"

تو اس نے ڈھیلا سا منہ چھوڑ کر، سینہ پر ہاتھ رکھ کے پولی سی آواز میں کہا "شیطان!"

میرے اور اس کے درمیان ایک طویل وقفے کا تناؤ تن گیا۔

"شیطان!" میں نے گلا صاف کرتے ہوئے کہا "ابلیس؟"

اس نے سینے پر ہاتھ رکھ کر ادب سے سر جھکایا او منحنی آواز میں بولا "استاد کامل کو آپ جس نام سے بھی پکاریں ان کا مقام ویسا ہی بلند رہے گا، جیسے کہ طے کر دیا گیا ہے۔"

وقت مقررہ پر جب میں خوشی محمد کے ڈیرے پر پہنچا تو میری حالت غیر تھی۔ وہ جو کہتے ہیں کاٹو تو لہو نہیں بدن میں، کچھ ویسی کیفیت میری تھی۔ لیکن شوق اور تجسس کا یہ حال تھا کہ الٹے پھر آنے پر طبیعت مائل نہ تھی۔ میں ایک چور بچے کی طرح خوشی محمد کے سامنے

Should you pay prescription charges? Read all the statements in **Part 1** opposite. You don't have to pay a prescription charge if any of the statements apply to you (the patient) on the day you are asked to pay. (A valid War Pension exemption certificate only entitles you to free prescriptions for your accepted disablement.) Put a cross in the first box in **Part 1** that applies to you, read the declaration and complete and sign **Part 3.**

Benefits which DO NOT provide exemption. You are NOT entitled to exemption from prescription charges because you receive Pension Credit Savings Credit, Incapacity Benefit, Disability Living Allowance, Contribution based Jobseeker's Allowance or Contribution based Employment and Support Allowance. Only those benefits listed in **Part 1** provide exemption. An HC3 certificate does not entitle you to free prescriptions.

Evidence. You may be asked to provide evidence to show that you do not have to pay. You could show the relevant benefit award notice, or an exemption or pre-payment certificate. If you cannot show evidence at that time you can still get your prescription items free but NHS England may arrange to check your entitlement later if you do not show proof (see paragraph about Penalty Charges).

If you have to pay a prescription charge. You (or your representative) should put in **Part 2** the amount you have paid and then sign and complete **Part 3.**

Information about who must pay prescription charges and who is exempt can be found at www.nhs.uk/healthcosts. See leaflets HC11 (available online) or HC12 (available in hard copy - phone 0300 123 0849 to order). You can also ring 0300 330 1343 for information.

Not entitled to free prescriptions? A prescription pre-payment certificate (PPC) may reduce the cost of getting your prescription items dispensed. Call 0300 330 1341 for details of PPCs, the savings they offer and how to buy one. Buy on line at www.nhsbsa.nhs.uk or get an application form (FP95) from your pharmacy.'

Do you need a refund? If you are unsure if you are entitled to free prescriptions you should pay for the prescription item(s) and ask for a receipt form FP57. **You must get the FP57 form when you pay for the item(s), you cannot get the form later.** If you find you didn't have to pay, you can claim your money back up to 3 months after paying. The FP57 form tells you what to do.

Patient Representative. If you are unable to collect your prescription yourself, someone can take your completed form for you. If you claim exemption you must complete Part 1 or if you pay prescription charges your representative must complete Part 2. Your representative **must** complete Part 3. **Anyone who collects a schedule 2 or 3 controlled drug must sign the box in Part 1 when they collect the item(s)** and provide proof of identity if necessary.

Data collection. Information about the prescription items on this form will be processed centrally to pay monies due to the pharmacist, doctor or applianc contractor for the items they have supplied to you. The NHS will also use th information to analyse what has been prescribed and the cost. NHS England an the NHS Business Services Authority may use the information from this form t prevent and detect fraud and incorrectness in the NHS.

Penalty Charges. If it is found that you should have paid for your prescriptio items, you will face penalty charges and may be prosecuted under the powe introduced by the Health Act 1999. Routine checks are carried out on exemptio claims including some where proof may have been shown. You may be contacte in the course of such checks.

 Date pri

IQBAL, Mah (Mrs)

NHS Number: **624 787 6599** EM

Manzil, 23 Lych Way, Horsell, Woking, GU2

Your named GP is SHARMA, Rakesh (Dr)

Amlodipine 5mg tablets

One To Be Taken Each Day, 56 tablet
Last Issue: 08-Nov-2018

Clobazam 10mg tablets

HALF TO BE TAKEN AT NIGHT, 30 tablet
Last Issue: 08-Nov-2018

Fultium-D3 800unit capsules (Internis Pharmaceuticals Ltd)

Two To Be Taken Twice A Day, 360 capsule

Fultium-D3 800unit capsules (Internis Pharmaceuticals Ltd)

Two To Be Taken Twice A Day, 360 capsule
Last Issue: 08-Nov-2018

Lamictal 100mg tablets (GlaxoSmithKline UI

Twice A Day, 112 tablet
Last Issue: 08-Nov-2018

Review Date: 10-Aug-2019

PATIENTS – please read the notes overleaf

کھڑا تھا اور اپنے بوٹوں کے اندر دونوں انگوٹھے پتاووں پر رگڑ رہا تھا۔ گنجائش تو نہ تھی لیکن میرا خیال ہے انگوٹھے حرکت کر رہے تھے۔

خوشی محمد نے کہا "گروجی آپ کا انتظار کر رہے ہیں۔" اس نے اپنے کندھے کے پیچھے اس کمرے کی طرف اشارہ کیا جسے میں آج تک ایک بند گودام سمجھتا رہا تھا۔

اور میں غلط نہیں سمجھتا رہا تھا۔ وہ واقعی ایک گودام تھا اور اس کے اندر پرانے تختے، ٹوٹا پھوٹا فرنیچر، بنگے ٹیڑھے ٹرنک اور گوڈر پھونس کے ڈھیر تھے۔ ایک جھلنگا سی چارپائی پر شیطان بیٹھے تھے اور ان کے دونوں پاؤں فرش پر تھے۔ دبلے پتلے اور لاغر قسم کے "بزرگ" تھے۔ ٹھوڑی پر چھوٹی سی مضحکہ خیز ڈاڑھی تھی۔ سر ننگا تھا اور ایک پکے ہوئے بڑے سے کھیرے سے ملتا جلتا تھا۔ یوں لگتا تھا جیسے اندر بھی پکے پکے بیج ہوں گے، جن کا خول مضبوط اور ذائقہ بکبکا سا ہو گا۔ آنکھیں گول اور چھوٹی چھوٹی تھیں۔ ایک ڈھیلی سی پرانی گھسی پٹی لکیروں والی شیروانی پہنے تھے، جس کی لکیریں اب تقریباً بالکل معدوم ہو چکی تھیں۔ ہونٹ موٹے اور کان بڑے تھے۔ چہرے پر ملائمت، شرافت اور شفقت نمایاں تھی۔ آواز میں ٹھہراؤ اور لہجے میں بزرگی کا انداز تھا۔ پائینتی کی طرف اشارہ کر کے بولے "بیٹھو برخوردار تشریف رکھو۔"

میں نے کہا "ٹھیک ہے جی، اگر آپ اجازت دیں تو میں اسی طرح سے ٹھیک ہوں۔"

فرمانے لگے "کیا چاہتے ہو؟"

میں نے ڈرتے ڈرتے عرض کی کہ میں کائنات کے بھید جاننا چاہتا ہوں اور اپنے اندر کشف کی کیفیت پیدا کرنے کا خواہشمند ہوں، جو دعا مانگوں وہ پوری ہو جو آرزو کروں اس کی تکمیل ہو۔"

میری بات سن کر ذرا سا مسکرائے اور پھر گہرے تفکر کے انداز میں میری طرف دیکھنے لگے۔ میں پامردی کے ساتھ اپنے مقام پر ڈٹا رہا اور ان کی طرف غور سے دیکھتا رہا۔ ان کی شکل ان کا وجود اور ان کا انداز نشست اس آدمی سے ملتا تھا جو ایک زمانے میں لاہور کی مال روڈ پر ٹولنٹن مارکیٹ سے نیشنل سکول آف آرٹس تک چکر لگایا کرتا تھا اور لاہور میوزیم کے سامنے رک کر، پیٹھ سڑک کی جانب کر کے اور منہ عجائب گھر کی طرف اٹھا کر تاریخ کے مختلف ادوار کو گالیاں دیا کرتا تھا اور پٹڑی پر جھک کے خیالی پتھر اٹھا اٹھا کر میوزیم کی طرف مارا کرتا تھا۔ وہ تھا تو بڑا تنک مزاج، دکھی اور مستہلق مجذوب، لیکن اپنے بھرے پُرے جذب کے

عالم میں عورتوں اور بچوں کو پٹڑی پر آتا دیکھ کر سر جھکا کر ایک طرف ہو جایا کرتا تھا۔

خوشی محمد ہاتھ باندھے کسی کام سے اندر آیا تو انہوں نے ہاتھ کے اشارے سے اسے واپس بھیج دیا' پھر میری طرف مخاطب ہو کر بولے "اس آرزو کی تکمیل کے لیے آپ نے اب تک کیا کیا کوشش کی اور کس کس مرحلے سے گزرے؟"

میں نے کہا "جناب! میری کوشش ابتدائی قسم کی تھیں' چھوٹے چھوٹے چلے' بارہ تسبیحاں' پاس انفاس' ذکر اسم ذات وغیرہ......"

کہنے لگے "کچھ خاص فائدہ ہوا؟ نہیں ہوا ہو گا۔ عام طور پر اس طریق میں بڑی دیر لگتی ہے۔ کبھی کبھی تو ساری عمر ہی لگ جاتی ہے اور گوہر مقصود ہاتھ نہیں آتا' لیکن ہمارا طریق اس سے مختلف ہے' اس میں نہ دیر ہے نہ اندھیر۔ ٹھیک سے معاملہ طے ہو جاتا ہے اور سالک سالوں کی منزلیں ایک ایک دن میں طے کر جاتا ہے۔"

مجھے حضرت ابلیس کی یہ بات سن کر حیرت بھی ہوئی اور خوشی بھی۔ اگر تو ان کی بات اپنا لینے میں یہ سب کچھ ہو جاتا ہے تو کیسی خوش آیند بات ہے اور اگر یہ بات غلط ہے تو اس میں کوئی خاص وقت ضائع نہیں ہوتا اور سیانے کہتے ہیں کہ وقت ہی دولت ہے۔ میں نے کہا "اچھا فرمائیے کہ آپ کے طریق کی ابتدا کیسے کی جا سکتی ہے اور اس کی کیا کیا شرائط ہیں؟"

کہنے لگے "ہمارے مسلک کے مطابق روحانی درجات کی بلندیوں تک پہنچنے میں آپ کو زیادہ سے زیادہ ایک ہفتہ لگے گا۔ اگر آپ غبی اور تساہل پسند ہیں تو دس دن لگ جائیں گے اس سے زیادہ نہیں۔"

میں نے کہا "اور اس سے وصول کیا ہو گا۔"

فرمانے لگے "اس سے ایک تو آپ کی ہر خواہش پوری ہونے لگے گی۔ دوسرے کشف کی راہیں کھل جائیں گی۔ تیسرے لوگ آپ کے گرویدہ ہو جائیں گے اور آپ کی ذات مقبول عام اور مقبول عوام ہو جائے گی۔ چرند پرند آپ کے تابع ہو کر آپ سے خوف کھانے لگیں گے اور ہر اعتبار سے آپ کے مطیع ہو جائیں گے۔ بس یہ سمجھ لیجیے' آپ کی کلا جگ جائے گی اور چاروں کھونٹ سے آپ کی طلب کا ناد بجنے لگے گا۔"

"اور مدت زیادہ سے زیادہ دس پندرہ دن؟"

بولے "ایک ہفتہ! سنیچر کو شروع کر کے سنیچر پر آ جائیں گے اور آپ کے سارے راستے کھل جائیں گے۔"

میں نے کہا" آپ کا وظیفہ کچھ مشکل اور پیچیدہ ہے؟"

کہنے لگے " بالکل بھی نہیں۔ ایک بچہ بھی آسانی سے کر سکتا ہے اور اس میں طبیعت پر کوئی بوجھ بھی نہیں پڑتا۔"

میں نے کہا" سنیچر میں تو ابھی تین دن پڑے ہیں، جب تک میں کیا کروں؟"

کہنے لگے " تیاری!اور تیاری کے لیے ایک مخصوص رویے کی دھن...... جب تک آپ کے موجودہ چلن میں تبدیلی پیدا نہیں ہو گی آپ کا راستہ سیدھا نہیں ہو گا۔ یہ زندگی جو آپ بسر کر رہے ہیں یا جو اب تک بسر کرتے چلے آئے ہیں، اس میں تین سو ساٹھ ڈگری کی پلٹ کا پیدا ہونا بہت ضروری ہے۔ اگر وہ نہیں ہو سکا تو آپ کی سدھی نہیں ہو گی اور آپ راستے سے بھٹک جائیں گے۔"

میں نے دیکھا وہ بات کرتے ہوئے بار بار اپنی ناک کو کھجاتے تھے اور تھوڑی دیر بعد ناک کی پھننگ پر اس چھوٹی سی گومڑی کو دیکھتے تھے۔ اس طرح دیکھنے سے ان کی دونوں آنکھیں بھینگی ہو جاتی تھیں اور ڈھیلے ناک کی جڑ سے پیوست ہو جاتے تھے۔

کہنے لگے سنیچر آنے تک آپ کو اپنا آپ تیار کرنا پڑے گا، جس طرح اچھی فصل کے لیے زمین کو تیار کرنا پڑتا ہے، اس میں اعلیٰ درجے کی کھاد ملا کر اسے اتھل پتھل کرنا پڑتا ہے، اسی طرح جسم سے روح کی فصل تیار کرنے کے لیے جسم کو اعلیٰ درجے کی کھاد سے ہمکنار کرنا پڑتا ہے۔ کل سے آپ کو طہارت کی ڈرل کا خاتمہ کرنا ہو گا۔"

مجھے ان کی یہ بات سمجھ نہ آئی اور میں نے حیرانی سے ان کی طرف دیکھا تو انہوں نے کہا "کل سے آپ اپنی بدنی صفائی بالکل بند کر دیں گے۔ حوائج ضروریہ کے بعد آبدست نہیں کریں گے۔ نہانے کے قریب نہیں جائیں گے۔ موقع موقع پر اپنے رینٹ اور تھوک کو اپنے ہاتھوں اور بازوؤں پر ملتے رہیں گے۔ دن میں ایک دو مرتبہ اپنے زیریں بدن کو پیشاب اور مادہ منویہ سے لتھڑے رہیں گے......"

میں سیڑھی پر بیٹھے اس کبوتر کی طرح انہیں دیکھ رہا تھا جس کے گلے میں رسی بندھی ہو اور جس کی گرہ آہستہ آہستہ تنگ کی جا رہی ہو۔

انہوں نے فرمایا" پہلے پہلے ذرا سی تکلیف ہو گی۔ تھوڑی سی الجھن ہو گی، لیکن تیسرے روز جب بدن سے بھبکار آنے لگے گی تو آپ کی طبیعت لگ جائے گی اور زوال کی کامیاب پرواز شروع ہو جائے گی۔

''زوال کی پرواز۔ ''میں نے چیخ کر کہا تو انہوں نے فرمایا ''عروج اور زوال دراصل ایک ہی چیز کے دو نام ہیں۔ نارتھ پول اور ساؤتھ پول ایک سے ہیں اور حقیقت میں ایک ہی ہیں۔ جو جہاز زمین کے گرد جنوب کی طرح جاتا ہے وہ دراصل شمال کی جانب ہی مائل پرواز ہوتا ہے۔''

میں نے کہا ''معاف کیجئے میں تو کسی اور شے کی تلاش میں یہاں آیا تھا لیکن خوشی محمد نے مجھے بدرہی پر مجبور کر دیا...... خدا ہم دونوں کو معاف کرے۔''

حضرت شیطان نے بڑی لطیف مسکراہٹ کے بعد فرمایا ''یہ تو ابتدائی بدنی پابندی ہے' اس لیے اس پر عمل ضروری ہے۔ جب تک آپ کا بدن سیدھی راہ پر نہیں ہوگا' آپ کی جان کا بوجھ ہلکا نہیں ہو سکے گا۔''

''یہ جان کا بوجھ ہلکا کرنے کی ترکیب ہے؟'' میں نے پوچھا۔

کہنے لگے ''بس اپنے اپنے اصول میں اور ہم اصولوں پر کوئی سمجھوتہ نہیں کر سکتے۔

میں نے پوچھا ''اور اس کے بعد؟''

کہنے لگے ''ایک ہفتے کا لگاتار ورد ہوگا اور دنیا کے راستے آپ سے آپ روشن ہوتے جائیں گے۔''

میں نے کہا ''وہ ورد اس وقت ملے گا یا بھکار پیدا کرنے کے بعد بتایا جائے گا۔''

کہنے لگے ''ہمارے یہاں پیروں کی طرح غیر ضروری پابندیاں نہیں ہیں۔ طالب ضدی اور ہٹیلا ہونا چاہیے' نام اسی وقت دان کر دیا جاتا ہے۔''

میں نے کہا ''مجھے کس شے کا ورد کرنا ہوگا؟ کوئی مشکل پاڑھت تو نہیں؟''

بولے ''سیدھی سی آسان سی پاڑھت ہے' تم اس سے مانوس بھی ہو۔ کوئی تکلیف نہیں ہوگی۔''

میں نے کہا ''یعنی؟''

بولے ''آپ کو الحمد شریف کا ورد کرنا ہوگا۔''

''الحمد شریف!'' میں نے حیران ہو کر پوچھا۔

کہنے لگے ''ہاں...... کیا مطلب؟''

فرمانے لگے ''تم کو الٹی الحمد شریف پڑھنا ہوگی' سنیچر سے سنیچر تک اور پھر آپ ہمارے جیش کے ایک بہادر سپاہی بن جائیں گے۔ اس کے بعد آپ کا نشانہ کبھی خطا نہیں

جائے گا۔"

میں نے کہا "الحمد شریف پڑھنے کے لیے مجھے آمین سے شروع کرنا ہو گا؟ یعنی پہلے آمین، پھر ولد آلین پھر علیھم......"

بات کاٹ کر بولے "اس طرح سے الٹ نہیں معنی کے اعتبار سے الٹ۔ میرے ساتھ ساتھ پڑھئے۔"

"لا بسم اللہ...... لا رحمٰن...... لا رحیم......"

"نعوذ باللہ...... نعوذ باللہ...... نعوذ باللہ...... میری زبان کو تالا لگ گیا اور میرا بدن تھر تھر کانپنے لگا۔ وہ نفی کے انداز میں سورۃ پڑھتا گیا اور لہراتا گیا۔ میں خوف کے مارے "اسے روک بھی نہ سکا' اس کی شیطنت کا ہالا بڑا گہرا' بہت مضبوط اور بے حد دبیز تھا۔ میں نے دل ہی دل میں لاحول ولا قوۃ الا باللہ تیزی کے ساتھ پڑھنا شروع کر دیا تو وہ رک کر بولا "یہ جو تم اندر ہی اندر کچھ پڑھ رہے ہو' اس کا مجھ پر کوئی اثر نہیں ہوتا...... وہ لوگ جنہوں نے خواہش کو اپنا معبود بنایا ہوا ہے جب وہ کچھ پڑھتے ہیں تو اس کا کوئی اثر کسی پر بھی نہیں ہوتا۔ تم بھی انہی لوگوں میں سے ہو' اس لیے اپنی کوشش ضائع نہ کرو۔

میں پتھر کا بت بن کر ابلیس کے سامنے گم گما گیا اور مجھ میں ہلنے کی سکت باقی نہ رہی۔ ہلنا تو ایک طرف مجھ سے سانس لینا بھی مشکل ہو گیا۔ اس کی دونوں آنکھیں ناک کے بانسہ سے آ لگیں اور اس نے ہاتھ جھٹک کر ایک دو موہی گندی گالی دے کر کہا "جا دفع ہو جا' گورے دنبے تجھے خباثت کی نعمت کبھی نہ ملے اور تو نیکی کے پیچھے ہاتھ ملتا ملتا دھوئیں کی لکیر بن کر معدوم ہو جائے۔ جا؟ دفع ہو جا...... تیری ماں تجھے روئے اور تیری بہنیں تیرا سیاپا کرتی پھریں۔"

وہ بڑے جلال میں تھے اور دائیں بائیں تھوک رہے تھے۔ پھر وہ بھڑک کر اٹھے اور چلا کر بولے "بند کر' بند کر' یہ پڑھنا بند کر نہیں تو میں تجھے کماد کے پتے کی طرح چیر کر دو کر دوں گا۔"

ان کو غلط فہمی ہوئی تھی۔ پڑھنا پڑھانا تو ایک طرف میرا تو دم بھی مقام واپسیں پر پہنچ کر اٹک گیا تھا۔

خوشی محمد نے گھبرا کر پردے کا ایک کونہ اٹھایا تو مجھے اندر آنے والی روشنی سے بھاگنے کا اذن ملا۔ کسی نے میرے دونوں کندھوں کو مضبوطی سے پکڑ کر مجھے گھمایا اور باہر کی روشنی کا

ایک کوندا میری طرف جھپٹا۔ کچھ اسی کوندے کی لہک اور کچھ کندھوں پر مضبوط ہاتھوں کی گرفت کا دھکا، میں رپٹ کر سڑک پر آ گیا۔

پھر جو میں پاگلوں کی طرح یونیورسٹی گراؤنڈ کی طرف بھاگا تو کئی موٹروں کی بریکیں چیخیں اور کئی بھاگتے گھوڑوں کی راسیں کھنچیں، مگر میں ان جھپٹوں سے زندہ سلامت نکل ہی گیا۔

یونیورسٹی گراؤنڈ کی دیوار سے لگ کر میں نے سانس ہموار کرنے کی کوشش کی تو میرے اندر سے غوں غم گلٹ کر کے بدبو کا ایک بلبلا نکلا جیسے بند گٹر کے اندر سے بدبو کا ایک صوتی بھبکا اٹھا کرتا ہے اور گٹر کے اندر چلنے والا دھیما دھیما پانی ایک طرف ہو کر بلبلے کو راہ دینے پر مجبور ہو جاتا ہے۔ یہ بدبو مردہ کتوں کی لاشوں، گدھوں کے خون اور چربی سے لتھڑے پنجوں، غرقی کے اندر سیاہ فضلے کی گھائی، بے طہارت بوڑھے کے تہمد، فوڈ پوائزن والی لڑکی کی قے، بال صفا پاؤڈر کی ہمک اور کوہستانی بچے کے بب کا امتزاج تھی۔ میں جوں جوں اس سے دور بھاگتا تھا، یہ میرے جسم کے ہر رگ و ریشہ سے آواز دے کر نکل رہی تھی جیسے تانگے کے کسی گھوڑے کے بدن سے ٹاپ کے ساتھ ساتھ جسم کا ہنکارا بھی نکلا کرتا ہے۔

میں نے ابھی اپنی بد بطنی کا اعلان بھی نہیں کیا تھا صرف اشارت کی تھی اور اس کے بدلے میں مجھ پر یہ لعنت مسلط ہو گئی تھی۔ اگر میں اقرار کر لیتا یا ارادہ باندھ لیتا، یا اس طرف کا رخ کر لیتا تو پھر پتہ نہیں مجھ پر کیا گزرنی تھی۔ تین دن اور تین راتیں مجھ پر قیامت بن کر گزریں اور میں گھر والوں سے بہت پرے رہ کر وقت کو دھکے مارتا رہا۔ اس عرصے میں مجھے جو کچھ بھی آتا تھا، میں نے پڑھا، جو ورد مشکل نظر آتا تھا کیا۔ لائی سول ڈال کر دن میں تین تین مرتبہ غسل کیا، لیکن بدن سے برآمد ہونے والی بدبو کم نہ ہوئی۔ جلد بھی جگہ جگہ سے کھرستی گئی اور چتیاں پڑ گئیں۔ ہڈیوں کی تنی ہوئی کمانیاں بھی ڈھیلی پڑ گئیں اور جسم میں جگہ جگہ چپ پڑ گئے۔

انسان بلا ارادہ، بے پتا، بے اختیار اور بے محل شیطان کی پیروی کرے اور اسے اپنی جبلت کی وجہ سے سمجھتا رہے تو اس کا کوئی خاص نقصان نہیں ہوتا، لیکن اگر وہ با اختیار و با ارادہ دائرہ شیطان میں داخل ہونے کا پروگرام بنائے اور اس کو ایک شنیع فعل نہ سمجھے تو پھر اس کے واپس آنے کا کوئی امکان نہیں رہتا۔ اس کے تہیہ کو پختہ کرنے کے لیے شیطان کے علاوہ اور دوسری مثبت طاقتیں بھی اس کی مدد کرتی ہیں اور اس کی ذرا سی آرزو کو وسعت عطا کر کے

اسے شیطانی ہیکل میں دھکیل دیتی ہیں۔ چلتی ہوئی تیز ہوائیں' سمندروں کی لہریں' کشش ثقل کی مسلسل کھینچ' موسموں کے تغیر و تبدل' چاند کا جذب' سورج کی تپش یہ سب اس کے ارادے کو تقویت عطا کر کے اسے تباہ و برباد کر دیتی ہیں۔ اس کی طرف رخ ہی نہیں کرنا چاہیے۔ رخ تو ایک طرف ایسا خیال بھی دل میں نہیں لانا چاہیے۔ بس اسے ایک خوفناک اور خونخوار دیوانہ کتا سمجھ کر اس کے قریب سے آنکھ بچا کر گزر جانا چاہیے۔ اس طرف نگاہ اٹھا کر دیکھنا نہیں چاہیے۔

شیطان تو زندگی میں اکثر ملتا رہا ہے۔ ملتا رہتا ہے۔ ملتا رہے گا۔ ہمارے اور اس کے راستے ایک دوسرے کو کراس کرتے ہیں' لیکن عافیت اسی میں ہے کہ ان راستوں پر سر نیہوڑ کر کندھے جھکا کر' سانس روک کر اپنی چال چلتے ہوئے گزر جائے۔ نہ جلدی کرے' نہ رکے' نہ ان کو پتہ چلنے دے کہ کوئی ڈرا ڈرا سا گزر رہا ہے۔ بس ایک مرتبہ ان کے محاذ سے نکل گیا تو اگلی نکڑ خود گھوم کر قریب آ جائے گی اور گلی آپ سے آپ مڑ جائے گی۔

میں شیطان کے لیے ہمیشہ جمع کا صیغہ استعمال کرتا ہوں۔ بہت بڑی طاقت ہے۔ بڑے بڑوں کا لوہا ان کے آگے پانی ہو گیا۔ ہم کس باغ کی مولی ہیں۔ جب بھی گزرو' ادب سے گزرو۔ بھاگنے کی کوشش نہ کرو' ورنہ پکڑے جاؤ گے۔ جب تک زندہ ہیں ان سے ملاقات تو ہوتی رہے گی۔ ان کا کام ہی لوگوں کو اغوا کرنا ہے۔ دوسرے تو تاوان لے کر چھوڑ بھی دیتے ہیں' یہ گھر آئے ہوئے کو جانے نہیں دیتے پکڑے ہوئے کو چھوڑتے نہیں۔ اپنی محبت میں مبتلا کر کے گھر داماد سا بنا لیتے ہیں۔

میں متجسس ضرور تھا لیکن بدنیت نہیں تھا۔ مجھے تجسس نے مارا اور اپنی ذات میں ذلیل کر کے چھوڑ آیا۔

ایک ہفتہ کے بعد مجھ سے بدبو آنا تو بند ہو گئی' البتہ میرے وجود میں ایک نمایاں تبدیلی پیدا ہو گئی کہ میں خود کو ایک لال بیگ سمجھنے لگا۔ سمجھنے کیا لگا میرے اندر ایک کاکروچ کی صفات پیدا ہو گئیں۔ ویسے ہی چلنا' اسی طرح سے رکنا' کسی کو دیکھ کر دبک جانا' کوئی نظر بھر کے دیکھ لے تو وہاں سے بھاگ کر کسی کونے میں چھپ جانا۔ میں بظاہر تو ایک انسان تھا' لیکن میرے اندر ایک بینڈا بول رہا تھا' جس کی آواز صرف مجھے سنائی دیتی تھی۔ مجھے پتہ تھا کہ میرے اندر کا خون سفید ہو چکا ہے۔ شیو کرتے ہوئے مجھے ایک مرتبہ ٹک لگا تھا تو میں نے فوراً پیچھے مڑ کر دیکھا تھا کہ کسی اور نے تو آئینے میں میرے خون کی رنگت نہیں دیکھی! جس

طرح ایک کاکروچ سیدھا چلتا ہوا بھی پہلوؤں کی طرف جاتا دکھائی دیتا ہے، کچھ ایسی ہی تبدیلی میری چال میں بھی پیدا ہو گئی تھی۔

میرے سنگی ساتھیوں اور میرے گھر والوں کو تو اس تبدیلی کا علم نہ ہوا، لیکن میری ماں میرے ماتھے پر ہاتھ رکھ کر بار بار پوچھتی رہی "کاکا تیرا جی تو ٹھیک ہے؟"

میں ماں کو گھور کر دیکھتا تھا اور کوئی جواب نہیں دیتا تھا۔ مجھے وہ ایسا سوال کرتی ہوئی بہت بری لگتی تھی، کیونکہ مجھے یقین ہو گیا تھا کہ میں مر جاؤں گا اور مر کر کسی غلط مقام پر پہنچ جاؤں گا۔

اور پھر ایسے ہی ہوا۔ ایک شام لارنس باغ کے باہر میاں بشیر کی کوٹھی کے سامنے ایک تیز رفتار کار نے مجھے ٹکر ماری اور مجھے سڑک پر تڑپتا چھوڑ کر بھاگ گئی۔ لوگوں نے اٹھا کر مجھے گنگا رام ہسپتال کے ایمرجنسی وارڈ میں پہنچایا اور خود چلے گئے۔

پورے چوبیس گھنٹے موت و حیات کی کشمکش کے بعد مجھ سے میرے استاد بھائی بالی ملنے کے لیے آئے۔ وہ میرے بستر کے سامنے کرسی پر بیٹھے مسکرا رہے تھے، لیکن میں یقین سے نہیں کہہ سکتا تھا کہ موت و حیات کی کشمکش کے بعد وہ موت کے اندر تشریف لائے ہیں یا حیات نو پا چکنے کے بعد آئے ہیں۔ انہوں نے ہاتھ اوپر اٹھا کر، سر ہلاتے ہوئے پوچھا "ٹھیک ہو؟" میں نے اسی طرح لیٹے لیٹے ہاتھ گھما کر کہا "پتہ نہیں، ٹھیک ہی ہوں۔"

انہوں نے کہا "خیر ہو گئی شفائی، وقت ٹل گیا۔"

میں نے پوچھ "میں بچ گیا؟"

بولے "دونوں طرح سے، یوں بھی اور ووں بھی۔"

مجھے ان کی بات ٹھیک سے سمجھ نہ آئی، کیونکہ جب کوئی بچتا ہے تو یوں ہی بچتا ہے، ووں کس طرح سے بچا کرتا ہے۔"

جب ڈاکٹر اندر داخل ہوا تو استاد مکرم کرسی سے اٹھ گئے اور ان کی جگہ ڈاکٹر وہاں بیٹھ گیا۔

ڈاکٹر نے ایکسرے دیکھتے ہوئے کہا "شکر ہے سر پر ایسی کوئی چوٹ نہیں آئی، جس سے کسی مستقل نقصان کا اندیشہ ہوتا۔ یہ بس اوپری چوٹیں ہیں۔ ان کا کوئی اندیشہ نہیں۔ خود ہی ٹھیک ہو جائیں گی۔"

اس حادثے کا یہ فائدہ ہوا کہ میرا کاکروچ مر گیا اور ساری نحوست خود بخود دور ہو گئی!

۱۹

پاکستان کی گاڑی ایک مرتبہ پھر بڑی تیزی کے ساتھ اپنی منزل کی طرف رواں ہو گئی تھی اور طے شدہ مقامات پر گھڑنت آوازیں نکالتی کانٹے پر کانٹا بدلتی جارہی تھی۔ ملک اوپر نیچے دائیں بائیں آگے پیچھے بڑی سرعت کے ساتھ ترقی کر رہا تھا اور پہلے کے مقابلے میں ہر طرح سے پھیل کر وسعت پذیر ہو رہا تھا۔ لوگوں نے باہر جانا شروع کر دیا تھا۔ باہر کی دولت اندر آرہی تھی۔ نئی نئی کرنسیاں' بھاری بھر کم بینک ڈرافٹ' غیر سرکاری مگر معیاری ہنڈیاں' انتقال زر کے نئے نئے طریقے' کچھ نیا نیا اور سا ہو رہا تھا۔

پرانے طریق معدوم ہو رہے تھے اور وہ فن جو ہم نے بڑے جوکھوں سے سیکھا تھا کہ ایک مکان یہاں کھلوا کر الاٹ کرالو' دوسرا کسی قریبی شہر میں' تیسرا کسی اور ضلع میں اور زمینوں کے نمبر ڈلوالو۔ زراعت نہ بھی کی ہو تو اب کرلو۔ اب بھی دل نہ کرے تو زمین الاٹ کرا کے ٹھیکے پر دے دو۔ کرایہ جمع کر کے قرضہ دے دو۔ چھوٹے موٹے ساہوکارے سے نئی زندگی کی ابتداء کرلو۔ مسجد کی تعمیر کے لیے چندہ دے دو۔ مدرسے کے لیے زکوٰۃ نکال دو۔

بس اس قسم کی چھوٹی چھوٹی بھوت پھسرئیاں تھیں جو ہم نے بڑی محنت سے ایک دوسرے سے سیکھ کر اپنی زندگیاں بنالی تھیں اور اپنے اعمال ضائع کر دیئے تھے۔ اور اب لوگوں نے ان ضائع شدہ اعمال کے ققنس کی راکھ سے نئے انداز کے بے شمار ققنس بچے پیدا کر لیے تھے جو اعمال کے بچے کھچے بل کھاتے کرموں کو اپنی چونچوں میں دبا کر بھاگتے تھے اور ایک دوسرے سے اس کا کرم چھیننے کی کوشش میں مصروف رہتے تھے۔

ترقی کی منازل تیزی سے طے کرنے کا یہ بڑا ہی سہانا دور تھا اور اس کی پیروی میں میں خوشی محمد کے ڈیرے پر گیا تھا' لیکن اپنی کم سوادی' بے عقلی اور بزدلی کی مار کھا کر واپس آگیا تھا اور اب پتلون کی دونوں جیبوں میں ہاتھ ڈال کر بے مصرف گھوم رہا تھا۔

جب سیاست کے وسیع سمندر میں داخل ہو کر بحری قزاق کی طرح ایک آنکھ پر اندھیاری لٹکا کے لوگوں کو لوٹنے کی خواہش پوری نہ ہوئی تو میں نے ملک التجار بننے کا پروگرام بنایا اور دفتر سے چھٹی لے کر کراچی پہنچ گیا۔ تجارت کے سارے راستے تنی ہوئی ہتھیلی کی طرح کھلے تھے اور کویت' دبئی' قطر' شارجہ' سعودی عرب' لیبیا کی منڈیاں بیلی ڈانسر کی طرح آنکھیں مار کر قریب بلا رہی تھیں' جو کوئی ان کے قریب جا کر گلے میں بانہیں ڈال دیتا تھا اسے مالا مال کر دیتی تھیں۔

کراچی کے بالاخانوں میں درآمد برآمد کے بڑے بڑے تاجر بیٹھے تھے جو اپنی اپنی تجارتوں کو بل دے دے کر آگے پھیلا رہے تھے۔ ان میں تیل کے تاجر' کیمیکلز امپورٹر' سپورٹس گڈز کے سپلائر' کپڑے کے بیوپاری' رڈی کے تھوک فروش' باٹلی کارک کے امپورٹر' جوتا مال کے انڈینٹر' کھالوں کے ایکسپورٹر' کپڑے کے تاجر اور تلے کے سمگلر بیٹھے تھے۔

میرے پاس کل تین ہزار روپے تھے جن میں سے پانچ سو میں گھر چھوڑ کر چلا تھا۔ کچھ واپسی کے سفر خرچ کے لیے بچانا ضروری تھے۔ باقی کی ساری رقم تجارت کے لیے مختص تھی۔ سنہرے مستقبل کا خواب میرے سامنے تھا اور میں اس کی سب سے اونچی چوٹی پر بیٹھا نظریں گھما گھما کر کرۂ ارض کے مختلف براعظموں کو دیکھ رہا تھا' جہاں میرے کارندے بڑی تن دہی کے ساتھ اپنے اپنے کام میں مشغول تھے۔

بولٹن مارکیٹ کے سامنے والی بلڈنگ کی اوپری منزل میں بڑی گہما گہمی تھی۔ کچھ لوگ اندر گھوم رہے تھے' کچھ کھڑکیوں میں بیٹھے باہر جھانک رہے تھے۔ ایک پورٹیبل پنواڑی پان کا پھٹہ گلے میں لٹکائے گلوریاں بنا بنا کر بیچ رہا تھا۔ مجھے کسی نے اس بلڈنگ کا پتہ دیا تھا کہ یہاں ہر نوع کا کاروبار ہوتا ہے اور یہاں سے اناڑی آدمیوں کی تجارت کا صیغہ بھی کھل سکتا ہے۔

اوپر پرانی وضع کے کمروں میں بے شمار تجارتی دفتر تھے' جہاں اپنی اپنی طرز کا کام ہو رہا تھا۔ اندر لٹکتے ہوئے پیلے پیلے بلب تو روشن تھے' لیکن کمرے دھندلے دھندلے سے تھے۔ کام کرتے ہوئے کارندوں کے چہرے ٹھیک سے دکھائی نہ دیتے تھے۔ شاید وہ انہیں ٹھیک سے دکھانے کے آرزومند بھی نہیں تھے۔ ہر دفتر میں سامنے کاؤنٹر پر ایسا کچھ ہو رہا تھا جیسا خفیہ انداز میں اندھیرے کونے میں ہو رہا ہو۔

میں جس کمرے میں رموز تجارت سمجھنے کی غرض سے داخل ہوا' اس میں سلک کا جھلجھلا سوٹ پہنے ایک کلین شیو مرد دائیں ہاتھ بیٹھی ٹائپسٹ گرل کو چٹھی لکھوا رہا تھا اور

پٹاپٹ ایسے بولے جارہا تھا جیسے اس نے یہ چٹھی زبانی یاد کر رکھی ہو۔ بائیں جانب ایک اور گیلی سی لڑکی بڑے ٹائپ رائٹر پر بڑے بڑے فارم ٹائپ کر رہی تھی۔ دونوں لڑکیاں گوانیز ے تھیں اور ہلکے سانولے رنگ سے نکھر کر باہر کو نکل رہی تھیں۔ میں کرسی کھینچ کر کاؤنٹر کے سامنے بیٹھ گیا، لیکن باس نے میری طرف کوئی توجہ نہ دی۔ ایک چٹھی ختم کرا کے اس نے دوسری شروع کرادی!

میں اس کے سامنے کرسی پر بیٹھا تھا اور وہ مجھے دیکھتے ہوئے بھی نہیں دیکھ رہا تھا۔ جب اس کی ڈکٹیشن ختم ہوگئی تو اس نے غور سے میری طرف دیکھا اور بولا "فرماؤ؟"

میں نے کہا "آپ کس چیز کی تجارت کرتے ہیں؟"

اطمینان سے بولا "ہم رودہ جرمنی بھیجتے ہیں اور ہالینڈ سے خوشبوئیں منگواتے ہیں۔" پھر تھوڑی دیر سوچ کر بولا "آپ کسی کاروبار میں ہیں؟"

میں نے کہا "میں تو سرکاری ملازم ہوں، لیکن اب کاروبار کی سوچنے لگا ہوں۔ تھوڑی دیر تک ساتھ ساتھ نوکری کروں گا، اس کے بعد چھوڑ دوں گا۔"

"وہ تو ٹھیک ہے۔" اس نے میرے پروگرام میں دلچسپی لیتے ہوئے کہا "آپ دھندہ کس چیز کا کرو گے؟"

میں نے کہا "امپورٹ کروں گا۔"

بولا "کس چیز کی؟"

میں نے کہا "کسی چیز کی بھی، جس میں زیادہ سے زیادہ نفع ہو۔"

"اور ایکسپورٹ کیا کرو گے؟"

میں نے کہا "ایکسپورٹ کی مجھے چنداں ضرورت نہیں۔"

وہ حیرانی سے میرا منہ تکنے لگا۔ پھر ذرا سا مسکرایا اور سر کو ہلکا سا جھٹکا دے کر بولا "امپورٹ کے لیے فارن ایکسچینج کدھر سے لاؤ گے۔"

میں نے کہا "وہ مجھے میرا بینک دے دے گا۔"

کہنے لگا "آپ کو اس دھندے کا کچھ علم ہے ایکسپورٹ امپورٹ کا؟"

میں نے کہا "تھوڑا سا کتابی علم ہے، باقی کا میں ساتھ ساتھ سیکھ جاؤں گا۔"

وہ پھر ہنسا اور اس نے سر کو پھر اسی طرح سے جھٹکا دیا۔ مجھے یوں لگا جیسے میں اسے جانتا ہوں۔

کہنے لگا" پہلے آپ کو سال دو سال کی نوکری کر کے یہ کام سیکھنا چاہیے اور پھر اس میں ساتھ کسی حصے دار کو ملا کر یہ کام کرنا چاہیے۔ لیکن...... " وہ رک گیا۔

میں نے کہا" لیکن کیا؟"

بولا" شرط یہ ہے کہ وہ حصے دار نیک اور ایماندار شخص ہو۔"

میں نے کہا" کیا آپ میرے ساتھ اس حصہ داری میں شریک ہو سکتے ہیں؟"

اس نے نفی میں سر ہلایا اور اسی طرح سے مسکرایا' جیسے کہہ رہا ہو میں باز آیا محبت سے اٹھالو پاندان اپنا۔

مجھے یوں لگا جیسے میں نے اسے پہلے کہیں دیکھا ہے۔

اس نے کرسی سے ذرا سا اٹھ کر میرے ساتھ مصافحہ کرنے کو ہاتھ آگے بڑھایا تو میں نے بڑے تپاک کے ساتھ اس کا ہاتھ اپنے دونوں ہاتھوں میں پکڑ لیا۔

اس نے زور کی چیخ مار کر اپنا ہاتھ میری گرفت سے چھڑا لیا اور تھر تھر کانپنے لگا۔یا مجھے ایسے لگا گویا وہ کانپ رہا ہو۔

اس کی دونوں گوانیزے لڑکیاں کام روک کر حیرت سے اسے دیکھنے لگیں۔

وہ اپنے کاؤنٹر کا پھٹا اٹھا کر باہر نکلا اور میرے ساتھ چمٹ گیا۔

میں نے اس سے پرے ہونے کی کوشش کی تو وہ میرے ساتھ اور جڑ گیا اور ہولے ہولے کراہنے لگا۔

مجھے یہ سب کچھ اچھا نہیں لگا اور دل میں جلدی جلدی طرح طرح کے خیال گزرنے لگے۔

اس نے مجھ سے الگ ہو کر گردن ذرا سی اکڑا کر پوچھا" ابھی تک ریڈیو میں ہو یا محکمہ تبدیل کر لیا؟"

میں نے کہا" محکمہ تبدیل کر لیا۔اب میں وزارت تعلیم کا ملازم ہوں۔ لاہور میں میرا دفتر ہے اور میں وہیں قیام پذیر ہوں۔"

"لیکن تم کون ہو؟" یہ میں اس سے نہ پوچھ سکا۔اگر میں پوچھتا تو شاید وہ بتا بھی دیتا لیکن میرا یہ سب کچھ پوچھنے کا حوصلہ نہ ہوا۔

وہ کہہ رہا تھا" آپ بزنس کریں تو پہلے ایک مخلص اور دیانتدار قسم کا ساتھی ڈھونڈیں' پھر اس کے ساتھ کچھ وقت گزاریں اور اس کو گرومان کر اس سے کچھ سیکھیں......"

وہ تو اپنی رو میں بولتا چلا جاتا تھا' لیکن میں اس کے اسی سوال پر اٹکا ہوا تھا۔ اس کا چہرہ بڑا مانوس اور شناسا قسم کا تھا' مگر وہ میرے ذہن سے پھسل پھسل جاتا تھا۔ پکڑائی نہیں دیتا تھا۔ میں نے کہا "میں آپ کو پہچان نہیں سکا؟"

بولا "کوشش کرو۔"

میں نے کہا "یاد کے اندر تو بہت کوشش کر کے دیکھ لی' اب باہر سے دیکھ رہا ہوں۔"

بولا "ابھی تم نے یاد کے اندر پورے طور پر جھاڑو نہیں دیا۔ ادھر ادھر کے ہاتھ چلا کر فارغ ہو گئے ہو۔ اس سے کچھ نہیں ملے گا اور کوشش کرو۔"

میں ٹکٹکی باندھ کر بڑی دیر تک اس کے چہرے کو دیکھتا تھا اور وہ فائلوں کے صفحے الٹ پلٹ کرتا مسکراتا رہا۔ تھوڑی دیر بعد نظریں اوپر اٹھائے بغیر مسکرا کر بولا "تم شروع ہی سے ایسے کاہل اور آسی آدمی ہوں۔ تم میں ہمت نہیں ہے۔ پہلے بھی جب ملے تھے تو ایسے ہی ٹھس اور احدی انسان تھے۔"

یا اللہ! یہ کون ہے جو ایسی جان پہچان اور گہری واقفیت کی باتیں کر رہا ہے! گول چہرہ' کلین شیو' سرخ و سفید' گنجا سر' کوجیک نژاد' خوش پوش' خوش گفتار' صاحب علم' زمانہ شناس' ملک التجار...... کون ہے بھائی؟ یہ کون ہے؟

اس نے میرے اندر کی آواز کو بغور سن کر چہرہ اوپر اٹھایا۔ ایک لمحہ کے لیے مجھ کو دیکھا۔ پھر نہ بتانے کے انداز میں بولا "ارے بھائی میاں! میں بابا سنگل شاہ ہوں...... محمد الیاس جنجوعہ؟......"

میں اٹھ کر کھڑا ہو گیا۔ اس سے بے اختیار چپھی ڈالنے کو جی چاہتا تھا' لیکن وہ کاؤنٹر کے اس پار اسی طرح سے بیٹھا اپنے کاغذات لکھتا رہا۔ سٹینو لڑکی نے اسے چٹھی دی تو اس نے سونے کا پارکر نکال کر اس پر بے اعتنائی سے دستخط کیے اور مجھے کہنے لگا "میں رودے کا بیوپار کرتا ہوں۔ رودہ جرمنی ایکسپورٹ کرتا ہوں اور وہاں سے ڈائز منگواتا ہوں۔ کھانے والے رنگ اور تین قسم کی خوشبوئیں' ونیلا' سٹابری اور اناناس...... پاکستان میں' خدا کے فضل سے' اس فیلڈ میں میری ٹکر کا اور کوئی تاجر نہیں۔"

میں نے کہا "لیکن تم کو تو میں گجرات کے اڈے پر چھوڑ کر آیا تھا۔ اس عرضی نویسی کا کیا بنا؟"

کہنے لگا "لالہ موسیٰ سے ذرا آگے ایک کار سوار کی درخت سے ٹکر ہو گئی تھی۔ میں

سائیکل پر سوار کھاریاں جارہا تھا۔ بائیسکل پرے پھینک کر میں نے مشکل سے اس شخص کو کار سے نکالا۔ اسے زمین پر لٹا کر مصنوعی تنفس دیا۔ دل کی مالش کی۔ دونوں بازو کھولے، بند کیے لیکن وہ جانبر نہ ہوسکا۔ اس کی جیب میں پچاس ہزار روپے کا پیکٹ تھا جو میں نے احتیاط سے نکال کر اپنی سائیکل کی گدی کے نیچے اڑس لیا۔ تھوڑی دیر بعد بہت سے لوگ ادھر جمع ہوگئے۔ میں میت ان کی حفاظت میں چھوڑ کر اپنے سفر پر روانہ ہوگیا۔

"دل بہت بے چین تھا۔ رہ رہ کر اس جوان مرگ کا خیال ستاتا تھا۔ پتہ نہیں کون بد نصیب تھا اور کہاں کا رہنے والا تھا۔ کدھر سے آیا تھا، کدھر کو جانا تھا اور کدھر پہنچ گیا تھا۔ دنیا کی بے ثباتی کا دل پر ایسا اثر ہوا کہ میں گجرات چھوڑ کر کراچی آگیا اور اس رقم سے یہاں بیٹھ کر تجارت کی راہ اختیار کر لی۔ قسمت یاور تھی۔ ایک اچھا میمن گرو مل گیا۔ اس نے روڈے کی ایکسپورٹ میں ڈال دیا۔ اس وقت سے لے کر اب تک یہ دھندہ کر رہا ہوں۔ حال اچھا ہے۔ مال کافی ہے۔ جب تک اس کو منظور ہوگا یہ دھندہ کرتا رہوں گا۔ پھر جو اس کا حکم ہوگا اس کے آگے سر جھکا دوں گا۔"

یہ سب کچھ سننے کے بعد میرے پاس جواب دینے کو کیا باقی رہ گیا تھا۔ منہ میں گھنگھنیاں ڈالے ٹک ٹک اس کا چہرہ دیکھتا رہا اور دل ہی دل میں سبحان اللہ وبحمدہ، سبحان اللہ والعظیم کا ورد کرتا رہا۔

کہنے لگا "گھر سے کھانا آیا ہے، ہے تو پرہیزی قسم کا، لیکن ہم دونوں کے لیے کافی ہوگا۔ چاہو تو یہیں کھالیتے ہیں ورنہ الفینسٹن سٹریٹ پر ایک چائینز ہوٹل ہے وہاں چلتے ہیں۔"

پھر خود ہی کہنے لگا "یہاں کھا کر کیا کریں گے، چائینز چلتے ہیں، وہاں کا کھانا بہت کمال کا ہے۔ ڈرم سٹکس بہت اچھی بناتے ہیں۔ فرائیڈ پرانز کا جواب نہیں...... چلو وہیں چلتے ہیں۔"

جب ہم نیچے اترے تو ایک اس کا پرانی وضع کا جوناگڑھی ڈرائیور تھا اور ایک عدد نئی امپالا کار تھی۔ اس کی سیٹ پر سخت چمڑے کی ایک چوکور گدی تھی جس پر بیٹھنے سے اس کی ریکٹم کا ورم دبا رہتا تھا۔ میں بہت ڈرتے ڈرتے بڑے تپاک سے اور نہایت لجاحت کے ساتھ اس کی کار میں داخل ہوا اور اس سے ذرا دور ہو کر بیٹھ گیا۔

کہہ رہا تھا "مجھے سمجھ نہیں آتی کہ میری منزل کہاں ہے اور مجھے کیا کرنا ہے اور میرے لیے کیا کام طے ہے۔ لیکن اب کچھ کچھ محسوس ہوتا ہے کہ مجھے تجارت کرنی ہے۔ بہت سا روپیہ کمانا ہے۔ اپنے ملک کی اور اپنے ہم وطنوں کی مدد کرنی ہے۔ یہ بھی ایک طرح کا جہاد

ہے!" پھر اس نے غور سے میری طرف دیکھا اور کہا "جہاد ہی ہے ناں؟"

میں نے کہا "بالکل جہاد ہے، لیکن مجھے ٹھیک سے معلوم نہیں کہ جہاد کا اصل مفہوم کیا ہے۔ بظاہر تو ہر طرح کی کوشش' جدوجہد' سعی' دوڑ دھوپ' مشقت اور تگ ودو جہاد ہی ہے' لیکن اصل جہاد کچھ اور ہوتا ہے۔"

یہی تو میں کہتا ہوں۔" اس نے چہرہ چھت کی طرف اٹھا کر کہا "میری ابتدا تو اچھی تھی اور میں نے اس میں کشٹ بھی کافی کاٹا تھا' لیکن پھر پتہ نہیں کیا ہوا......"

"پھر سنگل ٹوٹ گیا۔" میں نے شرارت سے کہا۔

"ہاں کچھ ایسا ہی ہے۔" اس نے سنجیدگی سے کہا "اصل میں یہ سنگل بھی بہت کمزور ہوتا ہے۔ کچے دھاگے کی طرح ٹوٹ جاتا ہے۔"

"ٹوٹنا تو نہیں چاہیے۔" میں نے سوالیہ انداز میں یقین دلایا۔

"ہاں ٹوٹنا تو نہیں چاہیے۔" اس نے سوچتے ہوئے کہا "لیکن یہ جو مرد کی ذات ہے ناں اس کا سنگل پر بڑا زور ہوتا ہے اور سچی بات یہ ہے کہ اس کا سنگل ہی کمزور ہوتا ہے۔ مجھ پر جو گزری اس کا تمہیں اچھی طرح سے علم ہے۔"

میں نے کہا "اوپر کا علم تو ہے لیکن اندر کا نہیں۔"

کہنے لگا "اب یہاں بھی ایک ہے۔"

"کوئی دوسری!"

"ہاں دوسری۔ لیکن اس کا گھر والی کو علم نہیں' وہ ابھی گجرات ہی میں ہے۔ ایک چکر لگا گئی ہے اور دو مہینے میرے ساتھ گزار بھی گئی ہے۔"

میں نے خوش ہو کر کہا "یہ تو مرد کے کمال فن کا اظہار ہے۔ ہزاروں سال سے ایسا ہی ہوتا آیا ہے اور اسی طرح سے ہوتا رہے گا۔ اس میں گھبرانے کی چنداں ضرورت نہیں۔"

اس نے میری بات کا کوئی جواب نہ دیا اور چپ سادھ کر کھانا کھانے لگا۔

کچھ دیر تک ہم خاموش کھانا کھاتے رہے اور پھر اس نے ریستوران کے باہر کراچی کی اُسی ہوئی گرمی کو دیکھا جو پھٹے حالوں فقیرنی کی طرح ریستوران سے باہر ہمارا انتظار کر رہی تھی۔

"چینی قہوہ؟" اس نے اچانک پوچھا۔

میں نے کہا "ابھی تو ہم نے کھانا بھی ختم نہیں کیا' ابھی سے قہوہ کیسا؟"

بولا ''پہلے سے کہہ دیں تو کھانا ختم کرتے ہی مل جاتا ہے۔ پھر میں ذرا جلدی میں بھی ہوں۔ میرے دو تین کیبل گرام جرمنی سے متوقع ہیں۔ کچھ مال بھیجا تھا' اس کی اب تک کوئی اطلاع نہیں ملی۔''

میں نے کہا کون سا مال اور کہاں کا مال۔ بیچ میں سے تو روده ہی ہے 'گندا' بد بودار' پیٹ میں رہے تو آنت' باہر نکل آئے تو تانت۔''

کہنے لگا ''بس بس یہ تانت ہی شیطان کی آنت ہے' جس سے میرے ازل کی ڈوری بندھی ہے۔''

میں نے کہا ''تانت کے ساتھ ؟''

بولا شیطان کے ساتھ ! مجھ سے بڑی ہمدردی کرتا رہا۔ اڑے تھڑے وقت میں میرے کام آتا ہے۔ کوئی مشکل پڑ جائے تو ڈٹ کر ساتھ دیتا ہے۔ جتنے برس سنگل پوش رہا' میری خدمت کرتا رہا' مجھے سہارا دیتا رہا۔ میرے ہر ہر نفس کے ساتھ رہا...... لیکن میں شاید اس کا بندہ نہیں ہوں۔''

میں نے کہا ''خدا نہ کرے...... تم واقعی اس کے بندے نہیں ہو...... نعوذ باللہ''

گھبرا کر بولا ''میں شاید خدا کا بندہ بھی نہیں ہوں...... میری راہوں میں اس کے بلاوے کی آواز نہیں پہنچتی' بس اک گونج سی سنائی دیتی ہے' الفاظ سمجھ میں نہیں آتے...... لیکن یہ میری زندگی نہیں' میری زندگی کچھ اور ہے۔''

''یعنی؟'' میں نے پوچھا۔

''یعنی یہی کہ میں جو کے بدلے جنت حاصل کرنا چاہتا ہوں۔''

میں نے حیرانی سے اس کی جانب غور سے دیکھا تو اس نے کہا ''آنے والے پیغمبروں میں سے کسی ایک نے بابا آدم کو طعنہ دیتے ہوئے کہا واہ بابا جی واہ! آپ نے گندم کے ایک دانے کے بدلے جنت گنوا دی اور اس سے خالی ہاتھ باہر نکل آئے۔ کیسا گھاٹے کا سودا کیا......! بابا آدم نے اطمینان سے فرمایا کہ اب یہی جنت میری اولاد سے کوئی جو کے ایک دانے کے عوض خرید لیا کرے گا۔ جو میں نے گندم کے دانے کے بدلے فروخت کر دی...... تو میری آرزو ہے کہ میں بھی یہ سودا کروں اور اس میں کامیابی حاصل کروں۔''

میں اس کی یہ بات سن کر حیران رہ گیا۔

کہنے لگا ''میں جہاں جہاں ہوتا ہوں' وہاں بس ہوتا ہی ہوں۔ اصل میں یہ میری منزل

نہیں ہے۔ مجھے کسی اور جگہ ہونا چاہیے۔"

میں نے کہا "میں آپ کی بات نہیں سمجھا۔"

بولا "وہ جہاں میں تھا۔ مری کے پہاڑوں میں، وہ میرا اصل مقام نہیں تھا۔ مجھے اس سے کافی ہٹ کے ہونا چاہیے تھا۔"

"مثلاً؟" میں نے پوچھا۔

"میں یہ نہیں بتا سکتا، لیکن میری بے چینی مجھ سے بار بار یہی تقاضا کرتی رہتی تھی کہ تم ایک غلط مقام پر آگئے ہو، اس کو چھوڑ دو۔"

"اور وہ اصل مقام کا کیا اشارہ دیتی تھی؟" میں نے پوچھا "تمہاری بے چینی!"

"وہ بڑی باقاعدگی سے اشارہ دیتی تھی لیکن میں سمجھ نہیں سکتا تھا...... جیسے میں اب اس محبوبہ کی آغوش میں ہوتا ہوں، اسی کراچی والی دختر قصاب کی گود میں، تو میرا دل گھبرانے لگتا ہے اور مجھے اپنی گجراتن بیوی یاد آنے لگتی ہے...... اور جب میں گجرات جا کر چند ہفتے اس کے ساتھ گزارتا ہوں تو مجھے اس کی یاد ستانے لگتی ہے، جس نے ایک مرتبہ مری میں میرے سنگل کھولے تھے۔ لیکن ان میں سے کوئی بھی میری جیون ساتھی نہیں ہے۔"

"کیا؟" میں نے چیخ کر پوچھا۔

تو اس نے آرام سے کہا "میری ان کے ساتھ شناسائی ضرور ہے، لیکن ان میں سے کوئی بھی میری جیون ساتھی نہیں ہے...... میری اصل جیون ساتھی میری موت ہے جو میرے بہت ہی کمزور لمحوں میں ان چھوٹی جیون ساتھنوں کے ساتھ ایک ایرانی بلی کی طرح میرے دونوں پاؤں کے درمیان گھومنے لگتی ہے اور اپنی کھڑی دم باری باری سے میری پنڈلیوں پر بجاتی جاتی ہے۔"

اس کی ایسی سوچ کا کیا جواب دیا جا سکتا تھا بھلا!

وہ کہہ رہا تھا "اپنی من پسند موت کو گلے لگانے میں بڑی لذت ہے۔ وہ جب تمہاری شہ رگ کی طرف اپنی تھوتھنی بڑھاتی ہے تو اس کے دانتوں اور کچلیوں سے ایک عجیب طرح کی خوشبو نکلتی ہے۔ گلاب اور اناناس کی خوشبو۔ یہ موت کی آمد کی خوشبو ہے اور جب وہ بہت قریب پہنچ جاتی ہے تو اس کے حلق سے جائفل اور جاوتری کی بھبک آنے لگتی ہے۔" مجھے اس کی باتیں سن کر خوف آنے لگا، لیکن وہ بڑے اطمینان سے باہر سڑک کی طرف دیکھ رہا تھا اور خوش تھا کہ اس کو اپنے من کی باتیں سنانے کے لیے کوئی جھڈو ڈھانڈا مل گیا ہے۔

میں اس سے جب بھی بزنس کی کوئی بات چھیڑتا یا حرفت کی اوٹ سے نکل کر کچھ پوچھنے کی کوشش کرتا وہ مجھے ہر مرتبہ خالی دے کر جہاد کے بارے میں گفتگو شروع کر دیتا۔ اس کا خیال تھا کہ انسان کو زندہ رہنے کے لیے اسے ہمیشہ ایک جنگجو کے روپ میں زندہ رہنا چاہیے۔ ایک دلدور مبارز کی شکل میں۔ اس سے اس کے اندر کی حقیقت واضح طور پر عیاں رہتی ہے اور دیکھنے والے کو کسی قسم کا دھوکا نہیں ہوتا۔ وہ شخص جس کی تلوار ہر وقت اس کے پہلو میں آویزاں رہتی ہے اس کے اندر کسی قسم کی آلائش جمع نہیں ہوتی۔ وہ اندر باہر سے شفاف ہوتا ہے۔"

صاحب السیف ہونے کے لیے جہاد کا رخ ہونا بہت ضروری ہے۔ جب تک ذہن میں جہاد کی جہت نہیں ہوگی' انسان کا سیدھا ہونا ممکن ہی نہیں۔ جس طرح قطب نما کی سوئی ہر وقت شمال کا رخ کر کے لرزتی رہتی ہے' اسی طرح انسانی وجود اگر جہاد کی طرف رخ کر کے لرزتا رہے تو اس کے اندر کوئی خرابی نہیں رہتی اور وہ ہر طرح کی ذہنی' جسمانی' نفسی اور نفسیاتی بیماری سے امیون ہو جاتا ہے۔

میں نے پوچھا "تم نے یہ سب کچھ کیونکر جانا؟"

بولا "یہ میرا شخصی تجربہ ہے۔"

میں زور سے ہنسا اور میرے ہاتھ سے کانٹا چھوٹ کر میز سے پرے جا گرا۔ اس نے میرے اس غیر ارادی فعل کو خاطر میں لائے بغیر کہا "میرے اندر کی سوئی بھی قطب نما کی طرح ارتعاش پذیر ہوتی ہے' مگر کبھی کبھی۔ اس وقت میں ایک اور شخص ہوتا ہوں۔ ایک اور آدمی۔ بہت ہی پرانے زمانے کا ایک شمشیر زن۔ کئی کئی مرتبہ بڑی بڑی دیر تک یہ کیفیت ہوتی ہے پھر میں واپس اپنے گند کی گدی پر لوٹ آتا ہوں۔"

"اپنی اصل سیٹ پر!" میں نے طنزاً کہا۔

کہنے لگا "لیکن وہ شاید میری اصل سیٹ نہیں ہے۔"

"مگر یہ تم نے کیونکر جانا؟" میں نے اپنا سوال دہرایا۔

اس نے ہلکے گولڈن رنگ کا قہوہ پیالی میں ڈالتے ہوئے کہا "لکھنؤ میں ایک خان صاحب تھے جو ٹھاکروں کی طرح ڈاڑھی چڑھاتے تھے اور لمبی بڑھا کر مونچھوں کو تاؤ دے کر رکھتے تھے۔ لباس بھی کچھ ایسا ہی کافرانہ ان کو پسند تھا۔ فسق کی یہ ظاہری صورت تھی۔"

میں نے کہا "اگر ظاہری صورت ایسی زوردار تھی تو اندر کی کیفیت کیا ہوگی؟"

بولا ”دنیا بھر کی بازیاں ان کے اندر موجود تھیں، جن میں سے ایک ایک کا تعلق فسق و فجور کی اعلیٰ سے اعلیٰ شق سے منسلک تھا۔ شام کو ولایتی بوتل منگوا کر گھونٹ گھونٹ کر کے پیتے اور رنڈی کو ران پر بٹھا کر اس کا مجرا سنتے۔ خوش، نہال ہو کر سازندوں کے ساتھ تالیاں بجا بجا کر لہک لہک کے گاتے اور لوٹ لوٹ جاتے۔ جب کوئی کہتا خان صاحب اب عمر رسیدہ ہو گئے ہو، قبر میں جانے کا وقت قریب آ گیا ہے، اب تو توبہ کر لو۔ تو خان صاحب حیران ہو کر اس کا چہرہ دیکھتے۔ وہ آدمی بڑی دردمندی کے ساتھ رک رک کر کہتا۔ نماز پڑھو، روزہ رکھو، مال و دولت رکھتے ہو، حج کر آؤ۔ تو خان صاحب پوچھتے نماز پڑھ کر، روزہ رکھ کر کیا ملے گا؟ لوگ جواب دیتے جنت ملے گی۔ اللہ کا دیدار نصیب ہو گا۔

خان صاحب پوچھتے جنت کے واسطے اتنی محنت، ایسی مشقت! پھر ہنس کر کہتے میاں کوئی وقت ایسا آوے گا کہ ایک ہاتھ ادھر، ایک ہاتھ ادھر، کائی سی پھٹ جائے گی اور کھٹ سے جنت میں جا کھڑے ہوں گے۔ جنت میں جانا کون سا مشکل کام ہے۔“

”اتنا زعم!“ میں نے حیرانی سے کہا۔

کہنے لگا ”اب خان صاحب کی اس بات کو کوئی نہ سمجھتا...... لیکن جلدی وقت آ گیا، جس وقت مولوی امیر علی صاحب ہنومان گڑھی پر جہاد کے لیے تشریف لے گئے تو بہت سے مسلمان تیار ہو گئے۔ ہمارے خان صاحب بھی مولوی صاحب کے پاس پہنچے اور کہا مولوی صاحب ہم جیسے گنہگاروں کو بھی اللہ تعالیٰ قبول فرمالیں گے۔ مولوی صاحب نے کہا کہ خان صاحب مانع کون ہے اور آپ کی راہ میں حائل کون ہو سکتا ہے۔ راہ حق کا جہاد ہے کسی کا کوئی اجارہ نہیں۔

خان صاحب صافہ باندھ کر اور ہاتھ میں خاندانی تلوار لے کر میدان جنگ میں پہنچے۔ ایک ہاتھ ادھر اور ایک ہاتھ ادھر چلانا شروع کر دیا۔ شمشیر زنی کا پرانا خاندانی فن ہر ہر بڑھت پر ساتھ دیتا گیا۔ ایک کثیر تعداد کافروں کی ختم کر دی۔ اب کسی کافر کا ہاتھ خان صاحب پر پڑ گیا۔ ایک دم کائی سی پھٹ گئی اور کھٹ سے سیدھے جنت میں جا کھڑے ہوئے۔ بظاہر فاسق تھے، مگر باطن میں عاشق تھے۔ جھنڈی لوٹ کر لے گئے۔“

میں نے کہا ”آپ کا کیا ارادہ ہے؟“

کہنے لگا ”میں بھی عاشق ہوں پر میرے اوپر کالک جمی ہے، چھٹتے چھٹتے چھٹے گی۔ لیکن پتہ نہیں...... اس عرصے میں وفات بھی ہو سکتی ہے۔“

میں نے کہا ”کیسی باتیں کرتے ہیں۔ ابھی تو آپ کو بہت سے کام کرنے ہیں۔ صنعت

کو فروغ دینا ہے کارخانے لگانے ہیں‘ غیر ملکوں میں برانچیں قائم کرنی ہیں۔“

بولا ”ارادہ تو یہی ہے لیکن پتہ نہیں یہ بیل منڈھے چڑھے گی بھی کہ نہیں۔“

پھر وہ جہاد کا فلسفہ چھوڑ کر کاروباری باتیں کرنے لگا اور اس میں اتنی دور تک چلا گیا کہ اس نے چرس کی سمگلنگ کے خواب دیکھنے شروع کر دیئے اور ایک انٹر نیشنل سمگلر کے طور پر خود ایک فلمی ہیرو سا بن کر کھڑا ہو گیا اور ریستوران ہی کے اندر ڈرامہ سا کرنے لگا۔ اس کا یہ جذبہ‘ جذبہ ٔجہاد سے بھی بڑھ کر عیاں ہونے لگا اور دیکھتے دیکھتے اس کے سارے وجود پر محیط ہو گیا۔

کہنے لگا ”دولت سے بڑھ کر اور کوئی حسین شے اس دنیا میں موجود نہیں۔ اس کے نرخرے پر چہرہ رکھ دو تو سارے زمانے کی خوشبوئیں سمٹ کر اس نقطے پر آ جاتی ہیں۔ محبوب کے گلے کی خوشبو ساری خوشبوؤں سے افضل ہے اور دولت کی خوشبو اس گلے سے بھی بہت اوپر نکل جاتی ہے۔“ پھر اس نے رک کر غور سے میری طرف دیکھا اور کہنے لگا ”تم نے سٹیٹ بینک سے آئے نوٹوں کی تازہ گڈی سونگھ کر دیکھی ہے......؟ سونگھ کر دیکھنے کی بھی ضرورت نہیں......اسے قریب سے دیکھنے کی طلب ہو تو وہ خوشبو آپ سے آپ آنے لگتی ہے۔

مجھے یاد آیا کہ جب ابا عید پر عیدی دینے کے لیے نئے نوٹ بینک سے منگوایا کرتے تھے‘ تو ان میں سے ایسی خوشبو آتی تھی۔

میں نے کہا ”مجھے یاد ہے اور میں نے اس خوشبو کو کئی بار اپنے وجود کے ساتھ محسوس کیا ہے۔ مہینے کی پہلی تاریخوں میں جب میں اپنی قمیص اتار کر کھونٹی پر لٹکایا کرتا ہوں تو میری جیب سے تازہ نوٹوں کی خوشبو آیا کرتی ہے‘ حالانکہ نوٹ کب کے خرچ ہو چکے ہوتے ہیں۔“

اس نے کہا ”دولت کی خوشبو دنیا کی ساری خوشبوؤں سے افضل ہے۔ اس میں دونوں مہکیں شامل ہوتی ہیں۔“

”دونوں مہکیں!“ میں نے تعجب سے پوچھا۔

”ہاں!“ اس نے ٹھوڑی کھجاتے ہوئے کہا ”اس میں دلہن کی سیج کی باس بھی ہوتی ہے اور جنازے کی چادر کی خوشبو بھی اور دونوں ایک ساتھ ملی ہوتی ہیں......میں نے سوئٹزر لینڈ کی شونیف کمپنی سے یہ سنتھیٹک خوشبو بنوا کر منگوائی تھی۔ بڑی مفید ثابت ہوئی......“

”جنازے کی خوشبو!“ میں نے خوفزدہ ہو کر پوچھا۔

''نہیں نہیں۔'' اس نے جھٹک کر کہا ''جنازے کی خوشبو نہیں جھلے' تازہ نوٹوں کی خوشبو...... میں نے اس خوشبو کے زور پر بڑے مزے لوٹے ہیں اور مشکل سے مشکل عورتوں کو آسان کر کے اپنے ساتھ لپیٹا ہے۔ وہ جیبوں' کندھوں' کنپٹیوں اور ہتھیلیوں پر ملی ہوئی اس خوشبو کی سگندھ پا کر تمہارے ساتھ لپٹتی چلی جاتی ہیں۔''

''اور جیبیں خالی ہوتی ہیں۔'' میں نے اٹھلا کر کہا تو اس نے نفی میں سر ہلایا اور پھر چماکا مارنے کے انداز میں ہونٹ کھول کر کہا ''بالکل خالی نہیں ہوتیں' ان میں بھی کچھ ہوتا ہے۔''

میں نے کہا ''تم تجارت کرنے کی غرض سے یہاں آئے ہو کہ خوشبوؤں کے مزے لوٹنے کو آ بیٹھے ہو؟''

کہنے لگا ''دولت بھی زن پلتی کی طرح بڑی جاذب...... دلکش اور کشتندہ چیز ہے' جس طرح خاص ایام میں عورت کے وجود سے ایک مخصوص قسم کی ہمک آتی ہے' اسی طرح یہ بھی شکی جنوں کی طرح ''آدم بو' آدم بو'' پکارتی چلتی ہے۔''

میں نے کہا ''تم بھی کمال کے احمق انسان ہو' کبھی اس کی خوشبو کی بات کرتے ہو کبھی اس کو بدبو میں بدل دیتے ہو۔ ایک پڑ پر قائم رہو۔''

سنجیدگی سے بولا ''تم نے کبھی باسی پھولوں کے گل سڑ جانے کے بعد ان کی بدبو سونگھی ہے۔ خوشبودار پھلوں کو پھپھوندی لگ جانے کے بعد ان کو چھو کر اپنی انگلی سونگھ کر دیکھی ہے۔''

میں حیرانی سے اس کا چہرہ دیکھنے لگا۔

بولا ''اب یہ دولت جس کے نوٹوں سے ایسی اچھی خوشبو آتی ہے' غلاظت بھی ہے' یہ اجابت ہے۔ جس طرح انسانی بدن میں غذا کی گردش بتدریج متعلقہ خانوں میں ہوتی رہے تو صحت کا سلسلہ قائم رہتا ہے' لیکن اگر یہ گردش رک جائے تو قبض کی صورت اختیار کر لیتی ہے اور اس سے جان کے لالے پڑ جاتے ہیں۔''

ہمارے شہر کا سب سے امیر آدمی نتھو چرچرا تھا اور اس کو ہر وقت جان کے لالے پڑے رہتے تھے۔ گھر کے باہر ڈیوڑھی میں اس کو ہر روز حقنہ ہوتا تھا اور اس کی کراہیں دور دور تک جاتی تھیں۔ ہم سکول سے آتے ہوئے نتھو چرچرے کی حویلی کے سامنے کھڑے ہو کر اس کی آہوں اور کراہوں کے مزے لوٹا کرتے تھے اور ہنس ہنس کر لوٹ پوٹ ہو جاتے تھے۔

سنگل شاہ نے کہا ''جب دولت پر دولت ٹھونسی جائے اور نکاسی کے راستے بند کر دیئے

جائیں تو جان لیوا قبض ہو جاتی ہے۔ دولت دراصل شٹ ہے۔ اس کو جمع کرتے جائیں تو بدبودار اروڑی بن جاتی ہے۔ بکھیرتے جائیں تو اعلیٰ درجے کی کھاد بن جاتی ہے جس سے رنگارنگ پودے، پھل اور پھول پیدا ہوتے ہیں اور لوگ سیر گل کے لیے دور دور سے چل کر آتے ہیں...... دولت میں اور شٹ میں ایک قدر مشترک ہے کہ دونوں ہی خوشحالی کی ضامن ہوتی ہیں۔ ایک معاشرے میں دوسری خیابان میں۔"

پھر وہ خاموش ہو گیا اور دیر تک میری طرف دیکھتا رہا۔ جب میرے چہرے پر اس کی ٹکٹکی سے گھبراہٹ کے آثار پیدا ہوئے تو وہ کہنے لگا "میں اس نتیجے پر پہنچا ہوں کہ یہ دولت کوئی چیز نہیں ہے، کوئی شے نہیں ہے، یہ ایک عمل ہے...... تم یوں سمجھو کہ زندگی کی عبارت میں دولت ایک ناؤن نہیں، بلکہ یہ ایک فعل کے طور پر اور متعلق فعل کے طور پر استعمال ہوتی ہے۔ دولت ایک اسم نہیں یہ ایک فعل ہے۔"

میں نے کہا "سنگل شاہ تم تجارت کرتے ہو کہ سکول ماسٹری؟"

دونوں ساتھ ساتھ میں۔ ایک میں سے ایک نکلتی ہے۔"

وہ اپنے ہاتھ کی لکیریں دیکھتے ہوئے بولا "میں نے بڑے سال فقیری میں لگائے اور بہت دور تک پہنچا مگر اب دیکھتا ہوں تو پتہ چلتا ہے کہ امیری فقیری سے بدرجہا بہتر ہے۔ اس میں روحانیت کا رنگ غالب ہے۔ آدمی ہر وقت لرزاں و ترساں رہتا ہے۔ مستقبل کے خوف سے کانپتا ہے۔ حال میں زندہ نہیں رہ سکتا...... بات یہ ہے کہ دولت چیزوں کو رخ دیتی ہے، خلق کرتی ہے، جنم دیتی ہے، وجود میں لاتی ہے، یہ دنیا میں عمل کا ایک ذریعہ ہے۔ یہ اقتصادیات کی شرع کی فقیہہ بھی ہے اور اس کی معرفت شناس بھی۔ یوں لگتا ہے کہ زندگی کا دارومدار اس پر ہے۔ لیکن انسان کا اندر اس سے احتراز بھی کرتا ہے۔ پھر دنیا پر قابض طاقتور سکہ آگے بڑھ کر اس احتراز کی سزا بھی دیتا ہے۔ گوشمالی کرتا ہے۔ خوب ٹھکائی کرتا ہے۔ جوں جوں اس کا بطلان ہو گا، اس کی سزا خوفناک ہوتی جائے گی۔ اس کی عقوبت بڑھتی جائے گی۔"

اس نے کہا "میں تین مرتبہ ولایت گیا ہوں اور وہاں جا کر میں نے محسوس کیا ہے کہ اقتصادیات دولت کو راہ راست پر لانے سے معذور ہے۔ دولت ناخلف اولاد کی طرح اکنامکس کی ایک نہیں مانتی، جو دل میں آتا ہے کرتی ہے۔ اکنامکس ڈری ڈری، سہمی سہمی، شرمندہ شرمندہ اپنی ڈگڈگی بجائے چلی جاتی ہے اور کچھ نہیں ہوتا۔ اعداد و شمار دولت کے بھالو کو نہ تو ڈور پر لگا سکتے ہیں نہ اسے اپنی مرضی کے مطابق تماشا دکھانے پر مجبور کر سکتے ہیں۔"

پھر اس نے اپنی گرگابی پہنتے ہوئے کہا "یہ جو اکنامکس ہے ناں' یہ چیمبر آف کامرس...... یہ سٹہ' یہ ملٹی نیشنل' یہ سب ایک طرح سے دولت کا عصبی اختلال ہیں۔ اس کا نیوروسس ہیں' جو اس درندے کو حملہ آور ہونے سے روکتے ہیں۔ لوگوں کو محفوظ رکھنے کی کوشش کرتے ہیں' لیکن لوگ بچتے نہیں' ضرب شدید کا شکار ہو جاتے ہیں۔"

وہ اٹھ کر کھڑا ہو گیا اور جوش میں آ کر بولا "یہ جو ماہرین اقتصادیات ہیں' بروکر ہیں' اکاؤنٹینٹ' سرمایہ کار اور مالی مشیر ہیں یہ سارے کے سارے دولت کے مندر کے پجاری ہیں جو دن رات اس کی آرتی اتارتے ہیں اور اس کی شان میں بھجن گایا کرتے ہیں۔"

میں نے کہا "کچھ خدا کا خوف کرو سنگل شاہ یہ تم نے کیا نئی کتھا شروع کر دی' کہاں سے چلے تھے اور کدھر پہنچ گئے۔ اوپر کی اڑان کس طرح پستیوں میں اتر گئی۔ تم تو وہ رہے ہی نہیں ہو جو تھے۔ تم وہ ہو ہی نہیں جس کو میں جانتا تھا۔ میری نظروں میں تو تم ایک ہیرو تھے اور اب ایک معمولی انسان بھی نہیں رہے۔

کہنے لگا "یہ جو دولت ہے ناں یہ ہیرو کی اور اس کے کارہائے نمایاں کی یاد دلاتی رہتی ہے۔ بس اسی میں یہ وصف موجود ہے اور کسی شے میں نہیں۔"

پھر اس نے جیب سے سو روپے کا ایک نوٹ نکالا اور کہنے لگا "اس نوٹ پر قائداعظمؒ کی تصویر دیکھ رہے ہو؟"

میں نے اثبات میں سر ہلایا تو وہ فخریہ انداز میں بولا "یہ سو روپے کا نوٹ قائداعظمؒ کو اس سرزمین کے ہیرو کے طور پر پیش کر رہا ہے۔ یہ ایک کرنسی نوٹ ہی نہیں میرے قائد کے ہونے کا ایک دستاویزی ثبوت ہے۔ اس نوٹ پر ان کی تصویر ہی نہیں ان کی اسی تقریر کا ساؤنڈ ٹریک بھی موجود ہے جو انہوں نے پاکستان سٹیٹ بینک کے اجراء پر کی تھی۔ اسے دیکھ کر وہ ساری متحرک فلمیں یاد آ جاتی ہیں جو قائداعظم کی ذات سے' ان کی جدوجہد سے اور ان کے لازوال ایقان سے تعلق رکھتی ہیں۔ دولت' بہادروں کی عظمت کے قصے' ان کی پوری جزیات کے ساتھ یاد رکھتی ہے۔ نہ صرف یاد رکھتی ہے بلکہ ان کی یاد دلاتی بھی رہتی ہے۔ دولت گند ہے' غلاظت ہے' نجاست ہے' عفونت اور بساند ہے لیکن ساتھ ہی سگند ہے' باس ہے' مہکار ہے' شمیم ہے۔ اس سے رکے ہوئے کام چل پڑتے ہیں اور چلتے ہوئے اجسام ساکت ہو جاتے ہیں۔ یہ موت سے زندگی پیدا کرتی ہے اور زندگی کو موت میں داخل کر دیتی ہے۔ جتنے بھی بھگت' اولیاالله' شہید' سورمے اس دنیا کو ارفع اقدار عطا کر گئے' دولت ان کی یادوں کو سہارا

دیتی ہے۔ ان کے دن مناتی ہے۔ ان کی برسیاں کرتی ہے۔ ان کے یگ کرتی ہے۔ ان کے عرس مناتی ہے۔ دولت نہ ہو تو فقیروں اور بزرگوں کے مزاروں کی تزئین و آرائش نہ ہو سکے۔ ان کے گرد عقیدت مندوں کی بستیوں کو مہنگے بھاؤ خرید کر ان آستانوں کو وسعت نہ دی جا سکے۔ ان کے مرقدوں کے ارد گرد گلستان نہ بن سکیں۔ اس کے ذریعے قدیم ہیرؤں کی سلامی اتاری جاتی ہے اور اس کے بل بوتے پر گزرے ہوؤں کو زندہ کیا جاتا ہے۔"

کہنے لگا "اصل میں دولت ہی ٹائم ہے۔ یہی ٹائم کی کہانی کی اصل ہیرو ہے۔ انسانی ذہن گھوم پھر کر، کھود کھود کر اور ڈھونڈ ڈھونڈ کر تصوراتی خواب بنتا ہے۔ پھر ان خوابوں کو وہ وقت کی سرزمین میں بوتا ہے تو ان مشکل خوابوں کو وقت کی سنگلاخ زمین میں بونے کے لیے دولت ہی اس کا واحد ذریعہ اور سہارا بنتی ہے۔"

میں نے جب اپنے دونوں کانوں پر ہاتھ رکھ لیے تو وہ ہنسنے لگا اور مجھے اس کی ہنسی میں ایک مرتبہ پھر وہی معصومیت نظر آئی جو اس بے وقوف سنگل پوش کے چہرے پر ایک چھوٹی سی سبزی مائل چڑیا کے روپ میں آکر بیٹھ جاتی تھی اور ایک مرتبہ ادھر ادھر دیکھ کر پر پھیلا کر سو جاتی تھی۔

میں پورا ایک ہفتہ اس کے ساتھ رہا اور تجارت کرنے کے لیے ہر قسم کی مدد کا وعدہ اور عملی سہولت کی یقین دہانیوں کا مظاہرہ دیکھ کر واپس آ گیا۔ میرے لیے تجارت ایک پیچیدہ غلام گردش تھی جس کے ہر کونے میں ایک ننگ دھڑنگ کالا بھجنگ ڈنڈا پکڑ کر بیٹھا تھا اور میرے قدموں کی آہٹ پا کر اس ڈنڈے کو فرش پر بجانے لگتا تھا۔

میں درخت کی اونچی شاخ پر ہاتھ نہ پڑنے کی وجہ سے لنگور کی طرح واپس اپنے ٹھنے پر آ گیا۔

۲۰

میرے دفتر میں ڈاک کا ایک تودا جمع ہو کر اپنے ہی وزن سے میز پر گر چکا تھا اور اس کے اندر سے انواع و اقسام کے خط جھانک رہے تھے۔ ایک لفافہ لمبائی میں کم اور چوڑائی میں زیادہ دکھائی دیتا تھا۔ دونوں طرف بے شمار مہریں تھیں۔ کونے میں ہندوستان کا ٹکٹ چسپاں تھا اور لکھائی کافی مانوس سی تھی۔ میں نے خط کھولنے سے پہلے اسے سونگھا تو اس میں سے استاد باہلی کے ہاتھوں کی خوشبو آئی۔ وہ بالوں میں ''کوٹی'' کا تیل لگا کر دونوں ہاتھوں کا کہنیوں تک مسح کر لیا کرتے تھے۔ ململ کے کرتے کی آستینوں سے دن بھر ولایتی سینٹ کی خوشبو آیا کرتی تھی۔

خط کھول کر دیکھا تو انہی کا تھا۔ اوپر لکھا تھا ''ست نام سری واہگورو ست نام۔'' نیچے السلام علیکم ورحمتہ اللہ وبرکات۔ کے بعد لکھا تھا کہ ایک لمبے عرصے کے بعد تم کو خط لکھ رہا ہوں۔ شاید یہ میرا پہلا خط ہے۔ ہو سکتا ہے یہی خط آخری اور انتمی ہو۔ گورو مہراج فرماتے ہیں کہ پریم مارگ پر اگامی سفر کرنے کے لیے برہ برگ فراق اور فرقت خوراک کا درجہ رکھتے ہیں۔ پریمی سے جتنی دوری ہو گی' اس قدر آنکڑا مضبوط اور کڑا ہو گا۔

اس مرتبہ میں بیساکھی کے میلے پر لاہور آ رہا ہوں۔ ایک سو بیس پریمیوں کا جتھہ ہے۔ گوردیال سنگھ ڈھلوی جتھے دار ہیں۔ میں ان کا نائب جتھے دار ہوں۔ تین دن لاہور میں رہیں گے۔ چوتھے دن حسن ابدال چلے جائیں گے' وہاں سے دو روز بعد واپسی ہو گی۔ پھر لاہور میں پورا ایک دن بسرام ہو گا۔ اگلے روز بعد دوپہر واہگہ کے راستے واپس۔ پر میں یہ سارا ٹائم تیرے ساتھ گزاروں گا اور تیرے پاس ہی رہوں گا۔ ہو سکتا ہے میں حسن ابدال بھی نہ جاؤں اور وہاں کے دو دن میں تیرے ساتھ لاہور ہی میں گزاروں۔ کچھ پتہ نہیں۔ آنے پر ہی حال خریت معلوم ہو گی اور آنے پر ہی اصل پروگرام بنے گا۔''

وہ جس کیمرے کی میں نے تیرے سے فرمائش کی تھی' وہ ابھی تک نہیں مل سکا۔ ہندوستان میں ہر طرح کی امپورٹ بند ہے۔ خاص طور پر رنگ راس اور عیش آنند کی چیزوں کی۔ کسی نے مجھے بتایا کہ پشاور میں کوئی باڑہ منڈی ہے جہاں سے ہر طرح کا سودا مل جاتا ہے۔ ہم لوگوں کو لاہور اور حسن ابدال کے علاوہ اور کسی شہر میں جانے کی اجازت نہیں لیکن پچھلے یاتری بتاتے ہیں کہ بہت سے سودے راولپنڈی تک پہنچ جاتے ہیں اور میلے کے سمے میں حسن ابدال میں بھی دکانیں ولایتی مال سے بھر جاتی ہیں۔ تم پتہ کر کے رکھنا شاید کوئی اچھا سا کیمرہ مل ہی جائے لیکن ہو جرمنی کا۔ یہ جو روسی کیمرے جرمن نقل میں بنتے ہیں' وہ نہیں لینا۔ روسی تو خود پاگل پٹھانوں کے ہاتھوں مار کھا رہے ہیں' ان کی مشینوں کا کیا اعتبار؟ گوردیال سنگھ کا بھتیجا جسونت پچھلی مرتبہ ایک روسی کیمرہ حسن ابدال سے خرید کر لایا تھا لیکن اس میں فلم ہی نہیں چلتی۔ ہر دو فریموں کے بعد پھنس جاتی ہے۔ بس تم پتہ کرنا اور ساری انفرمیشن اکٹھی کر رکھنا۔ باقی باتیں میرے آنے پر ہوں گی۔ جیسے جیسے یاد آتی جائیں گی' کرتے جائیں گے۔ جب حکم ہو گا' بجوگ والی ساہ پر واپس چلے جائیں گے' شاید اس بار لمبا ہی حکم ہو۔

میرے لائق کوئی خدمت ہو تو لکھنا' باقی سب لوگ ٹھیک ٹھاک ہیں۔ چوک بھی آباد اور خوشحال ہے اور لوگ بھی رجے پجے' سکھی اور بھاگوان ہیں۔ سب کا دعا سلام۔ قبول ہووے۔

تمہارا درشن ابھلاشی
بھائی باہلی گرنتھی

صدیوں بعد اپنے محبوب کا خط پا کر دل میں ٹھنڈک کی دھند اتر آئی۔ پر ان کے نام کے ساتھ گرنتھی کا لفظ دیکھ کر دل بیٹھ گیا۔ بندہ بھی کیا بے اختیار چیز ہے کہ اس کو ہر شے جب چاہے جیسا چاہے تبدیل کر کے رکھ سکتی ہے۔ اس شے میں طاقت ہو نہ ہو' بدھی ہو نہ ہو' ارادہ ہو نہ ہو' جاندار ہو چاہے بے جان' ٹھوس ہو چاہے' مائع ہو' چاہے گیس۔ کیسی بھی حالت میں ہو' کسی بھی صورت میں بڑے سے بڑے بلوان کو بے دست وپا کر کے انگوٹھی میں سے گزار کر الٹا کے کھڑا کر دیتی ہے۔

پہلے مجھے انسان کی لاچاری اور بے اختیاری پر غصہ آتا تھا۔ پھر جب میں خود اس حال کا محرم ہوا تو سارا غصہ گلا دور ہو گیا۔ پہلے تو میں نے مجبور انسان کو گود میں اٹھایا۔ پھر اس کی انگلی پکڑ کر باغ کی سیر کرانے' اسے روش روش لے کر پھرتا رہا۔ جب سے اب تک میں اس کا

خدمت گار اور بیٹ مین ہوں۔ اب وہ اپنی مجبوری اور لاچاری پر روتا نہیں۔ میری طرف دیکھ کر سر جھکا لیتا ہے اور اس وقت تک چہرہ اوپر نہیں اٹھاتا جب تک کوئی دوسری آفت آکر اس کے لٹو کی ڈور نہ گھماوے۔

جب ہم یاتریوں کے جتھے کی سواگت کے لیے واہگہ بارڈر پہنچے تو وہاں سب لوگ موجود تھے' سوائے بھائی باہلی کے!

یاتریوں نے بتایا کہ ان کے کاغذ میں کوئی نقص رہ گیا تھا جس کی وجہ سے وہ جتھے میں شامل نہ ہو سکے۔ اب وہ بائی ایئر آئیں گے اور شام کی فلائٹ سے یہاں پہنچ جائیں گے۔ شکر ہے اس روز ایک فلائٹ آتی تھی۔

وقت مقررہ پر میں ایئرپورٹ پہنچا تو مجھے سیڑھیوں سے اترتے لوگوں کے گروہ میں اپنے گوہر مقصود کا چھریرا وجود نظر آیا۔ انہوں نے تنگ پائجامہ اور ململ کا کرتہ پہن رکھا تھا اور ان کے سر پر نیلی پگڑی تھی۔ چمکتی دھوپ میں' سیڑھی کے عین درمیان دائیں ہاتھ کو ہو کر انہوں نے ہاتھ باندھ کر پہلے لاہور کو دائیں طرف پرنام کیا' پھر بائیں طرف۔ پھر چہرہ اوپر اٹھا کر واہگورو اکال پرکھ سے کوئی بات کی اور آہستہ آہستہ سیڑھی سے نیچے اترنے لگے۔

جب وہ کسٹم کرا کر باہر نکلے تو انہیں دیکھ کر میرا رونا نکل گیا۔ پگڑی کے پیچھے سے ان کی الٹی کنگھی کے کیس نمایاں تھے۔ ہاتھ میں کڑا تھا۔ الٹے ہاتھ کی طرف چار پانچ انچ لمبی ایک کرپان ان کے پہلو میں لٹک رہی تھی۔ جسم جو پہلے ایک محبوب بھروئے کی طرح ذرا سا لچکیلا تھا' اب سیدھا' ستواں اور پر اعتماد نظر آنے لگا تھا۔

میں ان کے راستے میں دونوں بازو پھیلا کر کھڑا ہو گیا۔ پندرہ بیس قدم کے فاصلے پر انہوں نے مجھے پہچان لیا تھا لیکن مجھے دیکھ کر انہوں نے اپنی رفتار تیز نہ کی۔ اسی طرح چلتے رہے اور میرے قریب پہنچ کر بیگ زمین پر رکھ کر مجھ سے ایسے چمٹ گئے جیسے اس کے بعد پھر کبھی جدا نہ ہوں گے۔

میں رونے کے ہلکے ہلکے ہچکولے کھاتا ہوا جب ذرا تیز ہوا اور میری آواز قدرے اونچی ہو گئی تو انہوں نے میری پیٹھ تھپتھپاتے ہوئے کہا "بس بس۔ اس سنسار واٹکا کا یہی پھل ہے۔ اس کے ساتھ منور نجن ہو کر رہنا ہے اور اسی کی مہما کرنی ہے۔"

میں نے ان کی بات کا کوئی جواب نہ دیا اور اسی طرح ان کے ساتھ چمٹا رہا۔ لوگ ہمارے ارد گرد سے گزرتے رہے اور حیران ہو کر دیکھتے رہے کہ ایک پاکستانی کو اس محبت اور

عقیدت کے ساتھ ایک سکھ کے حضور میں ایسی سسکیاں نہیں بھرنی چاہیے تھیں!

ان کو جب میں اپنی شوفر والی سرکاری گاڑی میں لے کر شہر کی جانب چلا تو انہوں نے ادھر ادھر دیکھتے ہوئے کہا ''پاکستان بننے کے پورے سات سال پہلے میں نے لاہور دیکھا تھا' وہ بھی تین دن کے لیے۔ اب وہ تو یاد نہیں کہ کیسا تھا' یہ صاف نظر آ رہا ہے۔''

میں نے کہا ''سر لاہور اب بہت بڑا ہو گیا ہے اور ایشیا کے چند خوبصورت شہروں میں سے ایک گنا جاتا ہے تو انہوں نے مسکرا کر سر ہلایا کہ ٹھیک ہے اور ٹھیک ہی کہہ رہے ہو۔''

پھر بولے ''ہم نے تو تمہارے اسلام آباد کی بڑی تعریف سنی ہے' لوگ بڑی سوبھا کرتے ہیں۔''

میں نے کہا ''جی وہ بھی ٹھیک ہے۔ اس کا حسن باغوں' بہاروں اور پہاڑوں والا ہے لیکن اس کی ثقافت کوئی نہیں۔ نیا نیا آباد ہوا ہے۔ پانچ چھ سو سال بعد جا کر اس کے وجود کی ڈھلائی شروع ہو گی' ابھی تو کچا کچا سا ہے لیکن ہے خوبصورت!

پوچھنے لگے ''اب ہم کہاں جا رہے ہیں؟''

میں نے کہا ''اپنے گھر جا رہے ہیں جہاں میں آپ کو اپنی بیوی سے ملاؤں گا۔ وہ دل و جان سے آپ کے حسد میں مبتلا ہے اور کئی سال سے آپ کا انتظار کر رہی ہے۔''

ہنس کر بولے ''اس سے ضرور ملیں گے لیکن اس وقت میں ان کو سلام نہیں کر سکتا۔ مجھے حکم کے مطابق سیدھے پہنچنا ہے کہ یہی جتھے دار کا حکم ہے اور اس حکم کے تحت اس نے مجھے ایک دن لیٹ آنے کی اجازت بخشی تھی۔''

میں نے کہا ''گھر سے چائے کی ایک پیالی پی کر سیدھے ان کے پاس پہنچ جائیں گے۔''

کہنے لگے ''ایسا ممکن نہیں۔ مجھے سیدھے ان کی سیوا میں حاضر ہو کر فتح بلانی ہے۔ پھر جیسا وہ حکم دیں گے' ان کی آگیا کا پالن کریں گے۔''

میں نے کہا ''آدھ پون گھنٹے میں کیا فرق پڑ جائے گا؟''

کہنے لگے ''بہت فرق پڑ جائے گا۔''

میں نے کہا ''فرض کیجئے جہاز دو گھنٹے لیٹ ہو جاتا پھر؟''

بولے ''یہ دوسری بات ہے اور اس کا پربھاؤ اور ہے۔''

میں نے کہا ''پھر بھی میں آپ کو پہلے گھر لے کر جاؤں گا' پھر مڑھی رنجیت سنگھ پر چھوڑ کر آؤں گا۔''

بولے ''اُستاد کا نرنے پر حکم ہے' تم اس کے خلاف نہیں جاسکتے۔''

میں نے ڈرائیور سے کہا ''گاڑی رنجیت سنگھ کی مڑھی کو لے چلو۔ بعد میں دیکھ لیں گے۔''

استاد گرامی نے فرمایا ''شاباش! ٹھیک کیا۔''

ان کے اس فیصلے سے میں کچھ رنجیدہ سا ہو گیا تھا لیکن نہیں چاہتا تھا کہ ان کو میرے اس رویئے کا احساس ہو۔ میں نے کرید کرید کر ادھر ادھر کی باتیں شروع کر لیں جن میں زیادہ تر ان لوگوں کے حال احوال کی تفتیش مطلوب تھی جو میرے ان کے جانے پہچانے تھے۔

میں نے ان کو اس سکھ جوڑے کی تفصیل سنائی جو مجھے روم میں ملا تھا اور جس کی سردارنی بھائی بالی کی دل و جان سے عاشق تھی اور ان کے بیان بھاشن اور پاٹھ پر فریفتہ تھی۔ میں نے کہا جب بھی اس کا سردار ہم کو اکیلے چھوڑ کر کچھ لینے دینے جاتا تو وہ آپ ہی کا قصہ شروع کر دیتی اور بے حد افسردہ ہو کر رونے کے قریب ہو جاتی۔

کہنے لگے ''عورتیں عام طور پر جذباتی ہوتی ہیں اور ان کی سوچ کا دائرہ شوک سوگ کے اندر ہی رہتا ہے۔ جو وجود ممتا کے رس سے بنتا ہے' وہ کشٹ میں ہی جیون بتاتا ہے۔ اس لیے ہر عورت دکھ دائی زندگی بسر کرتی ہے۔''

میں کیا کہنا چاہتا تھا اور وہ کدھر کو لے گئے۔

پھر میں نے ان کو بتایا کہ وہ نوجوان جس نے ایک مرتبہ بھائی گوربخش سنگھ کی دکان سے حمائل شریف چرائی تھی اور لوگوں نے پکڑ کر چوک میں اسے چھینٹی چڑھائی تھی' وہ آج کل واپڈا کا ایک بہت بڑا افسر ہے اور مجھے اکثر ذکر کی محفلوں میں ملتا رہتا ہے۔

استاد صاحب نے کہا ''بس ہم دونوں سے پورے جیون میں ایک ہی نیکی کا کام ہوا اور ہم اس گدڑ پروانے کے زور پر گیٹ پاس کر سکتے ہیں۔''

پھر وہ مجھ سے اس کا احوال پوچھنے لگے۔ اس کے گھر بار' بال بچوں اور آر پردار کے بارے میں استفسار کرتے رہے۔ اس کے بڑے بزرگوں خاص طور پر اس کے ماموں کی بابت پوچھا تو میں کوئی جواب نہ دے سکا لیکن انہیں یہ یقین دلایا کہ ایک روز ہم ان سے جا کر ملیں گے اور وہ آپ کو دیکھ کر بہت خوش ہوں گے۔

فرمانے لگے ''نہیں بھئی نہیں۔ میں ان سے ملوں گا بھی نہیں۔ آخری ملاقات کوئی خوشگوار اور روچک نہیں تھی' اس لیے میں ان کے سامنے نہیں جاؤں گا۔''

میں نے کہا "کیوں؟"

بولے "شاید وہ مجھے دیکھ کر شرمندہ ہوں اور ان کو وہ سارا وقوعہ یاد آجائے۔"

میں نے کہا "میں بھی تو ان سے ملتا ہوں۔ مجھے دیکھ کر تو وہ کبھی شرمندہ نہیں ہوتے بلکہ خوش ہی ہوتے ہیں۔ پھر ملنے کی آرزو کرتے ہیں۔ گلے لگا کر رخصت کرتے ہیں۔"

کہنے لگے "تمہاری اور بات ہے۔ تم نے اس وقت ان کی کم مدد کی تھی۔ میں نے اپنی حیثیت سے بڑھ کر ان کی سہائتا کی تھی۔ بھرپور مدد کرنے والے کو بھکاری پسند نہیں کرتا۔ لابھ اٹھانے والا جتور سے آنکھیں چراتا ہے۔"

میں نے کہا "یہ تو کوئی منطق نہ ہوئی اور آپ کی بات میرے دل کو نہیں لگی...... شاید کوئی اور وجہ ہو جس کا ذکر آپ مناسب نہیں سمجھتے۔"

دکھی سے ہو کر بولے "اس وقت میں ان کا دھرمی ساتھی تھا۔ ہم سب ایک تھے۔ اب میں ایک اوپرا سا منکھ ہوں' آپ کے ساتھ کا نہیں۔ جو بھی مجھ سے ملے گا' ہزاروں سوالوں میں گھرا ہوگا۔ لوگوں کو شانت رکھنا چاہیے' اشانت نہیں۔ یوں بھی ملنے ملانے میں کیا رکھا ہے۔ بس سارا کھیل تماشا ہے۔ اصل حقیقت کسی کو بھی معلوم نہیں۔"

تھوڑی سی دیر میں ہم رنجیت سنگھ کی مڑھی پر پہنچ گئے۔ سارے یاتری اندر میں جمع تھے اور بھوگ ڈالا جا رہا تھا۔ دو مقامی گرنتھی گرنتھ صاحب کا پاٹھ کر رہے تھے اور باہر سے آئے ہوئے سکھ اور سکھنیاں بڑی شرھا کے ساتھ پاٹھ سن رہی تھیں۔ کچھ لوگ باہر صحن میں اور براموں میں کھڑے تھے اور بے معنی قسم کے انتظامی امور کی گتھلیاں سلجھا رہے تھے۔ یہ لوگ زیادہ تر پشاور' دیر' سوات سے آئے تھے اور ان کے ساتھ افغانستان کے سکھ بھی شامل تھے۔ یہ آپس میں پنجابی بولتے تھے لیکن جب کسی بات پر چھپے پڑ جاتے تو خوفناک قسم کی پشتو بولنا شروع کر دیتے۔ افغانستان کے فارسی بولنے والے سکھ نرم دل' نرم رو اور نرم گفتار تھے لیکن ان کی بیویاں جب گٹھڑی کی رسی کھول کر مطلوبہ شے برآمد نہ کر سکتیں تو وہ بھی دوسرے سکھوں جیسے ہو کر اونچ اونچ بولنے لگتے اور فارسی کے بجائے پشتو میں دبکے مارنے شروع کر دیتے۔

اتنے سال بعد اتنے سارے سکھوں کو اکٹھا دیکھ کر مجھے اپنا لڑکپن اور جوانی کا زمانہ یاد آگیا۔ میں نے یہ سارا وقت سکھ گھروں اور سکھ گھرانوں میں گزارا تھا۔ ان کے بڑے بزرگوں سے ہر طرح کی سکھشالی تھی اور ان کی عورتوں کی نرم مزاجی سے بڑے فائدے

اٹھائے تھے۔ پھر اچانک پتہ نہیں ان کو کیا ہو گیا تھا کہ ہندوستان کی تقسیم کے وقت انہوں نے سارے پرانے تعلقات پر لکیر پھیر کر انہی لوگوں کو قتل کرنا شروع کر دیا تھا جنہیں انہوں نے اپنی گود میں بٹھا کر چوریاں کھلا کھلا کر پالا تھا۔ میں اپنے دشمنوں کو اپنے شہر میں اپنی نگاہوں کے سامنے دیکھ کر حیران ہو رہا تھا کہ ان کو بخش دیا جائے یا ان سے پرانے کرموں کا بدلہ لے کر اسی وقت نیست و نابود کر دیا جائے۔

بھائی بابلی کو بہت سی سکھنیوں نے پہچان لیا اور وہ بھاگ کر ہمارے گرد جمع ہو گئیں۔ ان کے ساتھ کچھ مرد بھی تھے جنہوں نے بھائی بابلی کے بارے میں سن رکھا تھا مگر انہیں دیکھا نہیں تھا۔ انہوں نے ہاتھ باندھ کر میرے استاد سے بینتی کی کہ وہ انہیں دھارمک بھاشن دیں اور سری گورو گرنتھ صاحب سے گرنتھ کنڈ کی کوئی بانی سنائیں۔

بھائی بابلی نے کہا "اس وقت اندر کھنڈ پاٹھ ہو رہا ہے اور ایسے وقتوں میں دھارمک بھاشن کا کوئی سمے ہی نہیں چاہے گرنتھ کنڈھی سے ہی کیوں نہ ہو۔" لیکن انہوں نے استاد مکرم کی کوئی بات نہ مانی اور جھوم جھوم کر احتجاج سا شروع کر دیا۔ اس احتجاج میں عورتیں پیش پیش تھیں اور استاد صاحب کو دونوں بازو پکڑ کر آگے کو کھینچ رہی تھیں۔ وہ نہ نہ کرتے ہوئے بڑی آہستگی کے ساتھ ان کی کھینچ میں لپٹے چلے آ رہے تھے اور بڑی شریفانہ سی مزاحمت کر رہے تھے۔

بزرگ سکھ کہہ رہے تھے "بس پنج منٹ کی بات ہے۔ اس برامدے میں کھڑے ہو کر آپ کی بات سن لیں گے اور من پرسن کر لیں گے۔ روز روز تو آپ کے درشن ہونے نہیں اور روز روز آپ نے ملنا نہیں۔ ایک بار سن توش ہو گیا تو یہ کوڑا پرادلا سے بھرا جنم سپھل ہو جائے گا۔ آپ کا کچھ جانا نہیں، ہماری زندگی بن جانی ہے۔"

عورتوں نے ان کو برآمدے میں لا کر کھڑا کر دیا اور چار پانچ بڑی عمر کی خوبصورت سکھنیوں نے ہاتھ اوپر اٹھا کر نعرہ مارا "واہگورو کا خالصہ واہگورو کی فتح۔" مردوں نے اپنی بھاری اور گھمبیر آواز میں کہا "جو بولے سو نہال۔ ست سری اکال۔"

بھائی بابلی گرنتھی اپنے صاف شفاف کھدر کے پاجامے اور کھدر کے چست کرتے میں ان کی طرف بڑھے اور برآمدے کے ستون کے ساتھ ڈھو لگا کر کھڑے ہو گئے۔ پہلے تو ان کے بودے کھلے ہوا کرتے تھے اور کندھوں تک آتے تھے، پھر انہوں نے گیسو رکھ لیے اور بڑے کنگھے کے بجائے چھوٹی کنگھیوں سے گیسو سنوارنے لگے لیکن اب ان کے سر پر نیلی

پگڑی تھی جس نے ان کے کیسوں کو مضبوطی سے جکڑا ہوا تھا۔ یہ پگڑی کلف لگی نہیں تھی۔ اکالیوں کے انداز کی تھی لیکن اس کا رنگ گہرا نیلا نہیں تھا' بس نیلا تھا۔ اس رنگ میں ان کی اپنی مرضی شامل تھی۔ اس کی کوئی دھارمک وجہ نہیں تھی۔

انہوں نے ستون کے ساتھ ڈھو لگا کر پہلے تو ہاتھ باندھ کر اوپر کی طرف اشارہ کیا' پھر بندھے ہوئے ہاتھ یاتریوں کی طرف گھما کر سب کو پرنام کیا۔ کچھ مرد اور عورتوں نے اونچی آواز میں کیرتن کا کوئی شبد اٹھایا لیکن ان سب کی آواز بھائی بالہا گرنتھی کی واضح اور شفاف آواز میں ڈوب کر رہ گئی۔

پہلے انہوں نے اسی طرح ہاتھ باندھے الحمد شریف کی قرات کی اور پھر گورو گرنتھ صاحب سے محلہ ایک کی اشپدیاں سے راگ مارو کا انتخاب کیا۔ یہ گورونانک دیو جی کا کلام تھا اور اپنے بچن بیان کی بدولت بہت اونچے درجے کی چیز تھا۔ راگی اور ربابی اسے ہارمونیم اور طبلے کی سنگت کے بغیر نہیں گاتے تھے لیکن میرے مرشد کو اللہ نے ایک ایسے کمال سے نوازا تھا جس کا کوئی نام تو نہیں تھا البتہ اس کے اندر گن سارے موجود تھے۔ ماری' روحانی' نفسی' خلقی' ترلوکی' جمالی' جادوئی' فلکی' فہمی اور فریادی۔

انہوں نے مدھم تہہ کی پکار میں کہا:-

بکھ بوھتا لادیا دیا سمندھ منجھار
کندھی وس نہ آونی نہ آرا نہ پار
ونجھی ہتھ نہ کھیوٹو جل ساگر آسرال
بابا جگ پھاتا مہاجال
گور پر ساری ابرے سچا نام سنبھال

کہنے لگے یہ شری گورونانک صاحب پہلی بادشاہی کا شبد ہے۔ آپ دنیا کی اوستا بیان کرتے ہیں' سننے اور بچارنے کے لائق مضمون ہے۔

مہراج جی فرماتے ہیں کہ اس دنیا کا ہر ایک جیو من روپی کشتی میں بیٹھا ہوا ہے لیکن جب تک روح پار برہم میں نہ جائے' تینوں گن' تینوں شریر پچیس پرکرتی' من' مایا سے آزاد نہیں ہوتی۔ اس وقت روح من کے ماتحت ہے۔ ہم رشتے ناتے اور دنیا کے کام من کے کہنے پر کرتے ہیں۔ گویا ہم من کے کہنے پر سنسار سمندر میں بہتے جا رہے ہیں۔ سمندر کیسا ہے جس کا نہ ورے کا کنارا صحیح ہے' نہ پرے کا۔ کوئی نہیں کہہ سکتا یہ دنیا کب سے بنی ہے۔ کئی پرلے'

مہاپرلے ہوئیں اور کئی ہوں گی۔ گورونانک صاحب فرماتے ہیں:-

"تھت وار ونا جوگی جانے' رت ماہ نہ کوئی + جا کرتا سرسٹی کو ساجے آپ جانے سوئی"

یعنی نہ جوگیوں کو پتہ ہے نہ کسی اور کو پتہ ہے جس مالک نے یہ سرشٹی بنائی ہے' وہی جان سکتا ہے۔ ہم یہاں کروڑوں جگوں سے آئے ہوئے ہیں۔ اگر راستہ ملا ہوتا تو یہاں نہ بیٹھے ہوتے۔"

گورونانک جی مہاراج فرماتے ہیں کہ دنیا کے جہازوں کے ساتھ کپتان ہوتے ہیں۔ دریاؤں والی کشتیوں کے ساتھ ملاح ہوتے ہیں جو بانس ڈال کر دیکھ لیتے ہیں کہ پانی کتنا گہرا ہے مگر ہماری کشتی کے ساتھ نہ کوئی ملاح ہے' نہ ملاح کے ہاتھ میں بانس ہے۔ کروڑوں جگ ہو گئے' ہماری کشتی' سنسار' سمندر میں ڈگمگاتی پھرتی ہے۔ اگر ادھر سے ہوا آئی' ادھر چلی گئی۔ ادھر سے ہوا آئی' ادھر چلی گئی۔ کروڑوں جگ بیت گئے۔ بے شمار قوموں کی قومیں' مذہبوں کے مذہب اس میں غوطے کھا رہے ہیں۔ وچار کر دیکھو

بابا جگ پھاتا مہا جال

گورونانک دیو جی فرماتے ہیں کہ افسوس کل عالم مہا جال میں پھنسا ہوا ہے۔ رحم کون کھاتے ہیں؟ جو اس جیل خانے سے نکل کر واہگورو سے مل چکے ہوں۔ وہ واہگورو کے بھیجے ہوئے آتے ہیں اور ہم پر ترس کھاتے ہیں اور آکر بتاتے ہیں کہ:-

گور پرسادی ابرے سچا نام سمہال

یعنی وہ آکر یہ سمجھاتے ہیں کہ بھائی تیرے اندر سچا نام ہے۔ تو کچھ نہ کر' نہ قوم چھوڑ' نہ مذہب' نہ کام کاج چھوڑ' نہ بال بچے چھوڑ۔ بس اپنے آپ کو اس سچے نام کے ساتھ جوڑ دے......اب سوچو سچا نام کون ہے؟ ہر مذہب' ہر قوم اور ہر فرقہ اپنے اپنے نام کا دعویٰ کرتا ہے۔ کوئی اسے کلام الٰہی اور بانگ آسمانی کہتا ہے۔ کوئی اسے "ورڈ" کے نام سے یاد کرتا ہے۔ کوئی بھگوان' رام کہتا ہے لیکن خود خدا اور سچا نام اندر ہوتے ہوئے بھی کچھ نہیں ملتا کیونکہ ساری خدائی نے آنکھوں کے پیچھے پردہ لگا کر اسے باہر نکالا ہوا ہے لیکن جب تک گورو کے پاس نہیں جاؤ گے' کچھ نہیں ملے گا۔ گورو کے ساتھ ہو تو اندر جانے کے لیے اور شہ رگ تک پہنچنے کے لیے سیدھی جرنیلی سڑک ہے۔ گورو تیار ہے۔ وہ کہتا ہے اکیلا نہ جا' میں تیرے ساتھ چلوں گا۔ بس تو دروازے چھوڑ دے' میں تیرے ساتھ ہوں' تیری رہنمائی کروں گا اور تجھے نام کے ساتھ جوڑ کر آؤں گا۔ یہ نام کیا ہے؟ اس کا جن سادھارن سے کیا ناتہ ہے اور

گورو ناک دیو جی اس نام کو کیا مانتا دیتے ہیں؟

سب نے اونچی آواز میں سریلے انداز اور یقین کی لے میں کہا:-

نانک نام جہاز ہے چڑھے سو اترے پار

پھر میرے استاد نے میری طرف دیکھا۔ میں سامنے کی دیوار سے ڈھو لگا کر بیزاری کے انداز میں کھڑا تھا اور مسلسل ان کی طرف دیکھ رہا تھا۔ یہ آج کی بات نہیں تھی' پہلے دن کا قصہ تھا۔ جب میں نے ان کو اپنے چوبارے پر کلارنٹ بجاتے سنا تھا اور میں بے اختیار ان کی سیڑھیاں چڑھ کر آدھے راستے میں کھڑا ہو گیا تھا۔

مجھے ان کی باج تو صاف سنائی دے رہی تھی' ان کا ایک طرف کا پہلو بھی تھوڑا تھوڑا دکھائی دے رہا تھا۔ اچانک مجھے خیال آیا کہ اگر میں لڑکی ہوتا تو ماسٹر بالی سے شادی کر لیتا یا ان کو ادھال کر اپنے ساتھ کسی اور ملک میں لے جاتا۔ بعد میں معلوم ہوا کہ یہ کیفیت صرف میری ہی نہیں تھی' وہاں کی جتنی دلفریب اور دلدار قسم کی لڑکیاں تھیں اور جو راہ چلتے ہوئے اپنی سہیلیوں سے اونچا ٹھٹھول کرتے گزرتی تھیں' ان سب کے دل میں اس کرشن کنہیا کی ایسی ہی مورت تھی۔

مرد گن وان ہو' ستواں ہو۔ سیدھی راہ چلتا ہو۔ عورت پر لہلوٹ نہ ہوتا ہو' سفید کپڑے پہنتا ہو۔ تیز خوشبو نہ لگاتا ہو۔ مخیرّ اور کھلے دل کا ہو' جھینپو نہ ہو۔ الائچی کا چھلکا چباتا ہو۔ مونا لیزا جیسی مسکراہٹ رکھتا ہو۔ کسی کے آواز دینے پر رک جاتا ہو۔ پیچھے مڑ کر نہ دیکھتا ہو۔ ثابت قدم' دست گیر اور دست رس ہو۔ تاک جھانک کا عادی اور نشے کا متلاشی نہ ہو۔ ایسے مرد پر عورت ہزار جان سے فریفتہ ہو جاتی ہے اور اس کا نقشہ مرتے دم تک اس کے ذہن سے معدوم نہیں ہوتا۔

مجھے پتہ نہیں کب تک ان کا بھاشن ہوتا رہا اور کب تک مرد عورتیں' بوڑھے بچے ان کی سنگت میں گرد آلود فرش پر بیٹھے رہے۔ جب میں نے اپنے لمبے خواب سے نکل کر ان کی طرف دیکھا تو گہری شام ہو چکی تھی اور وہ آخری جملوں میں راگ مارو محلہ ایک سماپت کر رہے تھے۔

ان کا بھاشن ختم ہونے پر سب نے مل کر ایک زوردار نعرہ لگایا۔ واہگورو جی کا خالصہ واہگورو جی کی فتح۔ جو بولے سو نہال۔ ست سری اکال۔

لوگ اٹھ اٹھ کر ہاتھ باندھ کر ان کے گھٹنوں اور چرنوں کو چھوتے رہے اور وہ انہیں

منع کرنے کی زحمت کا بوجھ اٹھائے بغیر ایک سٹیچو سمان کھڑے رہے۔ جب لوگ چھٹ گئے تو وہ آہستہ آہستہ میری طرف آئے اور میرے کندھے پر ہاتھ رکھ کر بولے "اب کیا حکم ہے؟"

میں نے کہا "میں کیا حکم دے سکتا ہوں سرکار۔ ایک عرض ہے کہ آج آپ میرے ساتھ چلیں۔ میرے غریب خانے پر قیام فرمائیں اور صبح ناشتہ کر کے واپس آجائیں۔"

کہنے لگے "کل صبح ہمیں حسن ابدال روانہ ہونا ہے۔"

میں نے کہا "کب روانہ ہونا ہے میں ٹھیک وقت پر پہنچادوں گا...... آخر میرا بھی تو کوئی حق ہے۔"

فرمانے لگے "کیوں نہیں، کیوں نہیں شفائی۔ اول حق تمہارا ہے اور تمہارا ہی رہے گا۔ کچھ مجبوریاں راہ میں آجائیں تو حق تلف نہیں ہوتا، وقتی طور پر بوجھ تلے آجاتا ہے۔ چلو میں تیار ہوں!"

ان کی یہ بات سن کر میرے وجود کے اندر چاندناں سا ہو گیا اور میں نے چہک کر کہا "آپ کا سامان؟"

بولے "ایک بیگ ہے۔ وہ سیوادار کے پاس رہے گا، مجھے اس کی ضرورت نہیں۔"

۲۱

جب ہم گھر پہنچے اور میں نے اپنی بیوی سے ان کا تعارف کرایا تو اس نے کچھ خوش دلی سے ان کا استقبال نہ کیا۔ مجھے اس بات کی ہرگز توقع نہ تھی۔ انہیں اس برتاؤ کا یقین تھا۔ مسکرا کر کہنے لگے "شفائی آپ کی بڑی تعریفیں کرتا تھا لیکن مجھے اس کی بات کا کچھ ایسا یقین نہیں تھا۔ اب جو آپ سے ملا ہوں تو بات شیشہ ہو گئی ہے......"

یہ کہہ کر وہ ذرا رکے کہ شاید میری بیوی اس کے جواب میں کوئی روایتی نانہہ نو نہہ کرے لیکن وہ اسی طرح چپ گڑپ ناراض بلی کی طرح صوفے پر بیٹھی رہی۔ استاد مکرم نے اچھے سبھاؤ اور خوش خلقی کی چند اور باتیں بھی کیں لیکن میری بیوی نے ان کا کوئی خاطر خواہ جواب نہ دیا۔ ان کی طرف منہ اٹھا کر کہنے لگی "گوروجی میں کھانے کا بندوبست کرتی ہوں' آپ ان سے باتیں کریں۔"

مرشد نے "مہربانی۔ شکریہ شکریہ" کہہ کر اور اس کے اٹھنے کے ساتھ ذرا سا اٹھ کر عزت افزائی کے انداز میں "بس جی زیادہ کھچل نہ کرنا' میں رات کو تھوڑی روٹی کھاتا ہوں۔"

میری بیوی نے ان کی اس بات کا کوئی جواب نہ دیا اور اٹھ کر اندر چلی گئی۔

میں نے استاد مکرم سے کہا کہ اگر وہ ذرا دیر کمر سیدھی کرنی چاہتے ہوں تو ساتھ کے کمرے میں اپنے بستر پر دراز ہو لیں۔ میں کھانا لگنے پر انہیں اطلاع کر دوں گا تو انہوں نے کہا "نہیں' نہیں اس کی چنداں ضرورت نہیں۔ میں بالکل ٹھیک ٹھاک ہوں اور مزے میں ہوں۔ یہیں بیٹھتے ہیں۔"

میں نے کہا "سرکار ایک بات رہ رہ کر میرے دل میں اٹھتی ہے لیکن مجھے پوچھنے کا حوصلہ نہیں پڑتا۔ نہ پوچھ سکا تو دل پر عمر بھر کا بوجھ رہ جائے گا۔ آپ کا مقام اونچا ہے' میری

ذات چھوٹی ہے......"

کہنے لگے "تخت پور کے ساتھ میرا جینا مرنا ہے۔ اس کو میں چھوڑ نہیں سکتا کہ وہاں پر میرا باپ دفن ہے اور وہ بہت ہی بزدل اور بودا انسان ہے۔ ذرا ذرا سی بات پر ڈر جاتا ہے۔ گھبرا جاتا ہے۔ یوں بھی ہم بجنتری لوگ دل کے نرم ہوتے ہیں۔ بھرم کے مارے ہوتے ہیں۔ وہ تو بہت ہی بزدل اور خوف کا مارا تھا۔ میں اس کو چھوڑ نہ سکتا تھا۔ چھوڑ نہ سکتا تھا تو ایک روز بلوائیوں نے چوک میں پکڑ لیا کہ یا تو سکھی دھرم اختیار کرو، نہیں تو تخت پور چھوڑ کر اپنی مسلمانی دھرتی پر چلے جاؤ۔ ہم ملیچھ کو زیادہ دیر یہاں رہنے نہیں دیں گے۔ میں نے کہا "لاؤ پرشاد چھک لیتے ہیں۔" انہوں نے کہا کڑا بھی پہننا پڑے گا، میں نے آستین اوپر اٹھا کر کہا، کڑا تو میرے مرشد نے کب کا ڈالا ہوا ہے۔ جھنجھلا کر بولے "کیس بھی رکھنے پڑیں گے! میں نے کہا مہینے دو مہینے میں گیسو آپ دراز ہو جائیں گے۔ تم فکر کیوں کرتے ہو۔"

"اس طرح آپ نے سکھی دھرم اختیار کر لیا۔" میں نے ڈرتے ڈرتے پوچھا۔

بولے "بالکل اس طرح۔ عین اسی طرح۔ میں نے سکھی دھرم اپنا لیا۔ اگر ان کو اس بات کی خوشی تھی تو میرا اس میں کیا جاتا تھا۔"

میں نے کہا "آپ تو پہلے بھی گوردوارے جا کر ارداس کرتے رہے تھے۔ پھر اس کی کیا ضرورت تھی۔"

ہنس کر کہنے لگے "مجھے تو نہیں تھی لیکن ان کو شاید تھی، اس لیے انہوں نے چولا بدلنے پر زور دیا۔"

میں نے کہا "آپ کے والد تو خود ربابئے تھے، پھر انہوں نے یہ کیا حرکت کی کہ آپ کو مجبور کر دیا۔ بھائی بالی کہنے لگے "ہم اصل کے خاص ربابئے ہیں اور بھائی مردانہ سے ہمارا ننھالی رشتہ ہے۔ سکھی دھرم تو بابا کی سگنت میں ہماری وجہ سے پھیلا۔ سکھوں نے ہم کو ہی سکھ بننے کا حکم دے دیا۔ ہم نے ان کا حکم مان لیا کہ چلو یوں ہے تو پھر یونہی سہی۔"

میں نے دکھی ہو کر کہا "آپ نے کیوں مانا ان کا حکم۔ وہ کوئی آپ کے حاکم تھے۔"

کہنے لگے۔ "ان کی اچھیا تھی، ہم نے پوری کر دی۔"

میں نے کہا "کیوں پوری کر دی؟ کیا آپ ڈر گئے تھے؟"

بولے "ہٹی جب مورکھ ہو تو اس کی اچھیا پوری کرنی ہی چاہیے۔ بالک، مہلا اور ہٹی کی اچھیا پوری کرنے میں ہی پن ہے۔"

وہ صوفے پر اکڑوں بیٹھے تھے۔ دونوں بانہیں زانوں پر تھیں اور دونوں ہاتھوں کی انگلیوں میں کنگھی ڈالی ہوئی تھی۔ میں ان سے اس سلسلے میں کچھ اور نہ پوچھ سکا۔ اصولاً مجھے پہلے بھی نہیں پوچھنا چاہیے تھا مگر میں نے حماقت کر لی تھی اور اب اس حماقت پر پریشان تھا۔ انہوں نے میرے دل کا بوجھ اور طبیعت کی پشیمانی دور کرنے کے لیے ادھر ادھر کے سوال کرنے شروع کر دیئے جن میں زیادہ تر میری مالی اور اقتصادی زندگی کے متعلق تھے اور جن کی تفصیلات سن سن کر وہ ایک بزرگ استاد کی طرح خوش ہو رہے تھے۔

کھانے کا اعلان ہوا تو ہم کھانے کی میز پر پہنچ گئے۔ میری بیوی نے میری کوشش کے باوجود کھانے میں ہمارا ساتھ نہیں دیا اور بڑی چالاکی کے ساتھ گرم گرم چیزیں باورچی خانے سے لاتی اور لے جاتی رہی۔ اس کے رشتے کے ایک ماموں جو اتفاق سے لاہور آئے ہوئے تھے' وہ ہمارے ساتھ کھانے کی میز پر بیٹھے لیکن انہوں نے بھی نیلی پگڑی والے ایک دھان پان سکھ کو اپنے سامنے دیکھ کر نظریں جھکا لیں اور ایک لفظ بولے بغیر غپا غپ کھانا کھاتے رہے۔

جب ہم واپس ڈرائنگ روم میں آئے تو میں نے کہا "اب آپ چل کر لیٹ جائیں۔ دن بھر کے تھکے ہوئے تھے۔ شام کو ان سودائیوں نے اور تھکا دیا۔ کل آپ کو حسن ابدال بھی جانا ہے۔ میرا من تو لالچی ہے......"

"میرا من بھی ایسا ہی لوبھی ہے۔" انہوں نے بات کاٹ کر کہا "تھوڑی دیر بیٹھتے ہیں' جب تم کو نیند ستانے لگے تو اٹھ کر چلے جانا۔"

میں نے کہا "آپ کی سنگت میں تو میں چالیس راتیں جاگ سکتا ہوں لیکن مجھے آپ کا خیال ہے۔"

فرمانے لگے "میرا خیال نہ کرو' ہم تو ان مت لوگ ہیں۔ کوئی نہ ہو تو اپنے آپ سے باتیں کر کے ہی وقت گزار دیتے ہیں۔ ہمارے لیے تو دن اور رات ایک ہیں۔"

میں نے کہا "آپ کا فرمان ہے تو میں بھی بیٹھا ہوں بلکہ مجھے تو بہانہ مل گیا ہے...... آپ پاؤں اٹھا کر اس چوکی پر رکھ لیں۔"

کہنے لگے "ہمارے دھرم میں چوکی کا بڑا سم مان ہے۔ گوروں کی آسنی سے اس کا اونچا مقام ہے۔ ہم اس پر پیر رکھنا تو کجا اس پر بیٹھ بھی نہیں سکتے۔"

میں نے کہا "سر! وہ جو آپ نو دروازوں کی بات کر رہے تھے' وہ کیا تھا۔ میں نے پڑتا لگا

کر دیکھا' وہاں بارہ دری کے بارہ دروازے تھے۔ مڑھی کے ساتھ دری تھی۔ اندر جانے کا ایک بڑادروازہ تھا۔ مجھے نو دروازوں کی سمجھ نہیں آئی۔"

ہنس کر بولے "ہمارا روحانی سفر پیروں کے تلووں سے لے کر سر کی چوٹی تک دو حصوں میں بٹا ہوا ہے۔ اس سفر کی دو منزلیں ہیں۔ ایک آنکھوں تک ہے اور دوسری آنکھوں کے اوپر ہے۔ ہمارے جسم کے اندر من اور روح کی جو جگہ ہے' وہ ہماری آنکھوں کے پیچھے ہے۔ فقرا اسے نقطہ سویدا کہہ کر بیان کرتے ہیں۔"

میں نے کہا "سویدا تو دل کے اوپر ہوتا ہے۔ گناہوں کی کثرت سے اس کی سیاہی بڑھتی جاتی ہے اور جب انسان......"

انہوں نے میری بات کاٹ کر کہا "وہ شاعروں کا سویدا ہے۔ صاحب حال فقیروں کا سویدا وہی ہے جس کا میں ذکر کر رہا ہوں۔ رشیوں منیوں نے اس کو شونیتر یا دویہ چکشو کہہ کر بیان کیا ہے۔ گورو نانک دیو جی اس کو تل یا تیسرا تل کہتے ہیں......اگر ہم کو کوئی بات بھول جائے یا کسی بات کو یاد کرنا ہو تو ہمارا ہاتھ قدرتی طور پر خود بخود ماتھے پر ٹک جائے گا اور ہم ماتھے پر انگلی بجا کر یا ماتھا تھپتھپا کر اسے یاد کرتے ہیں۔"

پھر انہوں نے میری طرف غور سے دیکھ کر مسکراتے ہوئے کہا "کسی بھولی بسری چیز یا کسی بھولے بسرے واقعے کو یاد کرنے کے لیے ہم گھٹنوں پر یا پیٹ پر یا لاتوں' پیروں پر ہاتھ مار کر یاد نہیں کرتے...... آنکھوں کے درمیان پیچھے کی جگہ کا ہمارے سوچنے سے بڑا گہرا تعلق ہے۔ ہر ایک خیال یہاں سے اتر کر نو دواروں کے ذریعے ہماری دنیا میں پھیل جاتا ہے۔

میں حیرانی سے ان کا چہرہ تک رہا تھا۔

انہوں نے ایک مرتبہ پھر وضاحت کرتے ہوئے کہا "ہمارا خیال تیسرے تل سے اتر کر لحہ بہ لحہ ساری دنیا میں پھیلتا جاتا ہے اور من ایک سیکنڈ کے لیے بھی آنکھوں کے پیچھے نہیں ٹکتا اور جتنا عرصہ یہ آنکھوں کے پیچھے نہیں ٹکتا' اتنا عرصہ یہ من اپنے گھر ترکٹی میں جا کر نہیں سما سکتا۔"

ان کی یہ بات میری گرفت میں اس لیے نہ آسکی کہ میں ابھی تک نو دروازوں کے بارے میں سوچ رہا تھا اور ان سے پوچھنے کی مجھ میں ہمت نہ تھی لیکن اُستاد بھی فہم کا ایک خاص مقام رکھتے تھے۔ میرا ہاتھ پکڑ کر بولے "ہمارے شریر کے اندر نو دروازے ہیں۔ پاؤں سے شروع کر کے اوپر کو آتے ہیں تو ٹانگوں کے اوپر رانوں کے درمیان دو دروازے ہیں۔

یہاں سر یر کھلا پڑا ہے۔"

ان کی یہ بات سن کر میں سکتے میں آگیا۔

فرمانے لگے "اب اوپر چلو تو نہ پیٹ میں کوئی دروازہ ہے' نہ سینے میں' نہ چھاتی میں۔ گردن بھی بند ہے اور مضبوطی سے اپنی جگہ قائم ہے۔ اوپر چلیں تو ایک اور دروازہ ہے۔ منہ! دہن!!" ہنس کر بولے "دریدہ دہن" ہر وقت کھلا ہر وقت بولتا' سمٹتا' اگلتا ہوا' کتنے ہو گئے!"

میں نے کہا "تین!"

فرمایا "اب آگے دو اور ہیں۔ ناک کے نتھنے' تین اور دو پانچ۔ ان پانچوں کے ساتھ چہرے کے دونوں جانب پہلوؤں پر دو کان ہیں' کھلے کواڑ۔ کتنے ہو گئے؟"

"سات" میں نے کہا۔

اور ان کے اوپر دو آنکھیں ہیں۔ کسی کی کالی سیاہ' بھونرا آنکھیں' کسی کی بھوری' شربتی کسی کی نیلی کنجی۔ سات اور دو نو ہو گئے...... تو اس سریر کے اور اس دیہہ کے نو دروازے ہیں اور ان نو دروازوں سے ہمارا خیال ساری دنیا میں پھیلتا ہے اور ساری دنیا کے وچار اور کھیل تماشے ان نو دروں کے ذریعے ہمارے وجود میں داخل ہوتے رہتے ہیں...... آپ کیسی بھی اندھیری کوٹھڑی میں جا کر کیوں نہ بیٹھ جائیں' کتنے ہی تالے کوٹھڑی کو لگے ہوں' ہمارا من وہاں نہیں ہوگا۔ سریر کو چھوڑ کر ساری دنیا میں باہر پھیلا ہوگا۔

یہ جو ہمارے من کو دلیلیں دینے کی اور سوچنے کی عادت پڑی ہے اور جس جس طرح سے ہم خیال کی سیڑھی اور وچار کی کمندیں لگا کر ہر وقت باہر گھومتے پھرتے ہیں۔ مہاتما لوگ اس کو سمرن کرنا کہتے ہیں۔ خیال شکل کا روپ دھار کر اور وچار چتر بنا بنا کر گریباں گھماتا رہتا ہے۔ سمرن کرنے کی ہر انسان کو قدرتی طور پر عادت پڑ چکی ہے اور جس کی ہم سمرن کرتے ہیں' اس کی شکل ہماری نظروں کے سامنے آکھڑی ہوتی ہے۔ اگر بچوں کی سمرن کرتے ہیں تو ان کی شکل ہماری نگاہوں کے سامنے آجاتی ہے۔ اگر دھن دولت کی سوچ کرتے ہیں تو اس کے انبار نظروں میں جھولنے لگتے ہیں۔ اگر گھر کے کاروبار کا خیال آتا ہے تو گھر کے کاروبار آنکھوں کے آگے پھرنے لگتے ہیں۔ گیانی لوگ اس کو دھیان کرنا کہتے ہیں۔

اب گورو مہاراج ہم کو سمجھاتے ہیں کہ بھائی بندیا! سمرن اور دھیان کی عادت تو تم کو قدرتی طور پر پڑ چکی ہے اور تم اس سے بندھ چکے ہو تو پھر اس قدرتی عادت سے فائدہ اٹھاؤ

......دنیا کی فانی اور مٹ جانے والی چیزوں کا سمرن کر کے ہم ان سے پیار محبت ڈالے بیٹھے ہیں اور ان میں سے کسی نے ہمارا ساتھ نہیں دینا تو پھر کیوں نہ ہم اس مالک کے نام کا سمرن اور دھیان کریں جو کبھی فنا نہیں ہوتا اور جس کی طرف ہم کو بالآخر لوٹ کر جانا ہے اور جس کی حضوری میں ہم کو ابدیت کا جگ بتانا ہے۔

پھر انہوں نے رک کر میری طرف دیکھا اور کہنے لگے "گیانی گرنتھی بھی شبدوں کا مارا ہوا ہوتا ہے۔ اس کو اس مارگ کے سوا اور کسی راہ کا علم نہیں ہوتا۔ بنا پوچھے 'بنا سوچے۔ اسی راہ پر بھاگنے لگتا ہے۔ میں بھی ابھی مورکھوں کی طرح اس بات پر چل نکلا...... چلو کوئی اور بات کریں!

"ناں ناں سرناں" میں نے چلا کر کہا "اور باتیں تو اوروں سے بھی ہو سکتی ہیں' پر یہ چٹکی تو آپ سے ہی مل سکتی ہے۔ مجھے تو اس دن کا بڑی دیر سے انتظار تھا کہ دنیاداری کی سمرن کو کس طرح چھوڑا جائے اور اس انہاک سے کیسے نکلا جائے؟"

انہوں نے مجھے اس استفسار میں سنجیدہ جان کر کہا "دیکھ شفائی! ہمیں سمرن کرنے کی اور خیال کی تکرار کی عادت تو قدرتی طور پر پڑی ہوئی ہے اور اس ورد میں دنیا ہی دنیا سمائی ہوئی ہے۔ اب اس کو ذرا سا پھسلا کر اور رہلیات کھسکا کر چھوٹا سا کانٹا بدلنا ہے۔ اس سمرن میں دنیا کی جگہ مالک کے نام کو من میں لگانا ہے۔ اگر ہم اس مالک کے نام کا دھیان اور سمرن کریں جو کبھی فنا نہیں ہوتا تو ہمیشہ کے لیے ہم ان سنساری بندھنوں سے چھوٹ جائیں۔"

لیکن یہ ہو کس طرح ہے؟" میں نے پوچھا "اس کی مکینکس اور اس کی ڈرل کیا ہے اور کون طریقہ اپنا کر اس سمرن کا رخ موڑا جا سکتا ہے۔"

انہوں نے کہا "پہلے تو اپنے وجود کے نو کے نو دروازے بند کرنے ہیں۔ من کو شانت کر کے آنکھ کے پیچھے اپنے خیال کو ٹکانا ہے۔ پھر اس مالک کی سمرن کر کے اپنے پھیلے ہوئے خیال کو سمٹا کر آنکھوں کے پیچھے یکسو کرنا ہے۔"

میں نے کہا "حضور یہی تو مشکل عمل ہے جس کے آگے بڑے بڑے پیر' فقیر اور صوفی عاجز ہیں۔" جھٹ سے بولے "ناں ناں! یہ تو اتنا سادہ اور آسان طریقہ ہے کہ بچے سے لے کر بوڑھے تک سب اس کو آسانی سے کر سکتے ہیں۔"

"لیکن......!" میں نے بات کاٹ کر کہا تو انہوں نے بھی اسی قدر زور سے کہا "لیکن من اس جگہ ٹکتا اور ٹھہرتا نہیں۔ اس کو بار بار نو دروازوں سے باہر دوڑنے کی عادت پڑی

ہوئی ہے۔ کوشش کے باوجود کھٹاک سے بھاگ جاتا ہے۔ کوئی دید کا مشتاق ہے' آنکھیں سینکنے کا ٹھرکی ہے۔ نظارے کا شوقین ہے' آنکھوں کے کواڑ کھول کر باہر کو جائے گا۔ کسی کو آواز سے لگاؤ ہے۔ سر سے عشق ہے۔ درد بھری بات سننا چاہتا ہے' آواز دے کر جواب مانگتا ہے۔ کانوں کے دروازے کھول کر سڑک پر آگیا ہے۔ اب کون اسے اندر لے جائے اور واپس لے جا کر یکسو کرے۔ پھر زبان کا چسکا ہے۔ بول بچن کا ذائقہ ہے۔ ہونٹوں کی تپش ہے اور اب دین کی کشش ہے۔ ایک بار دروازہ کھول دیا تو سارا وجود باہر آگیا۔ گلی میں آوارہ گردی کرتے کرتے شہر کے دوسرے کنارے پر پہنچ گیا......

اسی طرح باسنا ہے۔ بوئے پیراہن ہے۔ بدن کی خوشبو ہے۔ بوئے گلاب۔ انناس اور پیاس کی ملی جلی خوشبو ہے۔ اس دروازے کا نکلا ہوا خیال کدھر سے گھیر کے لاؤ گے......اور وہ جو نیچے کے دروازے ہیں......" انہوں نے شرم سے سر جھکا کر کہا" ان کی کیا تفصیل بیان کروں۔ تم پڑھنے لکھنے والے آدمی ہو۔ لٹریچر نے سارے سٹال انہی دروازوں کے ساتھ لگائے ہیں۔ تم میرے سے زیادہ جانتے ہو۔ تم مجھ سے بہتر پہچانتے ہو۔ یہاں میں نابینا ہوں اور تم بینا ہو۔ سمجھ چکے ہو' زیادہ دیکھ چکے ہو' پہچان چکے ہو اور بہت سوں سے بہتر جان چکے ہو۔ من کو خلا میں کھڑا کرنا بہت مشکل ہے۔"

"یہی تو میں عرض کر رہا ہوں۔" میں نے اترا کر کہا" اسی سوال کا تو جواب مانگتا ہوں کہ من کو خلا میں کیسے کھڑا کرے اور خیال کو کونسی زنجیر پہنا کر ساکت کرے۔"

کہنے لگے "یہاں مرشد کی ضرورت ہوتی ہے۔ گورو کی' ست گورو کے ساتھ ادشکستا ہوتی ہے۔ یہاں کسی کے سروپ کا دھیان دینا بڑا لازمی ہے۔ اس کو تصور شیخ کہتے ہیں۔ اس مقام پر مالک کے بھگتوں اور پیاروں کی کھوج کرنی ہے۔ ان پیاروں کی کھوج جن کا تعلق اس سے جڑا ہوا ہے۔ یہ وہی انعام یافتہ لوگ ہیں جن کو قرآن شریف انعمت علیھم کہہ کر پکار رہا ہے...... گورونانک دیو جی فرماتے ہیں:-

گورو کی مورت من میں دھیان

اور اکال مورت ہے سادھ سنتن کی' ٹھاہر نیکی دھیان کو

اس دھیان کے ذریعے ہمارے خیال کو آنکھوں کے پیچھے ٹھہرنے کی عادت پڑ جاتی ہے۔ دھیان تو ہم اپنے ستگورو کا کرنا ہے' اپنے مرشد کا کرنا ہے جس نے ہم کو مالک کی بھگتی کا طریقہ اور راستہ بتایا ہے۔ جب مرشد کے ساتھ تعلق گہرا ہو جاتا ہے اور وہ یکسو ہونے میں

ہماری مدد کرتا ہے تو ہمیں آنکھوں کے پیچھے اور میٹھی سریلی آواز سنائی دینے لگتی ہے۔ ایک باجہ بجنے لگتا ہے، جسے فقیر لوگ انحد باجہ کہتے ہیں۔ بانگ آسمانی کہتے ہیں۔ کلام الٰہی' ندائے سلطانی اور اسم اعظم کا نام دیتے ہیں۔"

وہ اپنی ترنگ میں بول رہے تھے اور میں ان کے سامنے گم سم' چپ چاپ' مبہوت ان کی بانی سن رہا تھا۔

کہہ رہے تھے "مولوی ہمیشہ محراب کے اندر کھڑا ہو کر بانگ دیتا ہے۔ ہمارے ماتھے کا انداز بھی محراب جیسا ہے جو مالک کی درگاہ کی طرف سے قدرتی حکم آ رہا ہے' وہ اسی محراب یعنی ماتھے کے اندر آ رہا ہے۔ جس وقت اس کی آواز' اس کا کلمہ یا اسی اسم کو پکڑتے ہیں تو ہم اس آواز کے پیچھے پیچھے چل کر اپنی منزل مقصود تک پہنچ جاتے ہیں۔"

منزل مقصود تک پہنچ کر اچانک رکے اور شفقت سے کہنے لگے "تمہیں نیند آ رہی ہے۔ اب سو جاؤ' باقی باتیں صبح کریں گے۔"

میں نے کہا "بالکل نہیں حضور' ہرگز نہیں۔ میں نے تو آنکھ تک نہیں جھپکی۔ آپ البتہ ضرور تھک گئے ہیں۔ آپ کو آرام کرنا چاہیے' اٹھیں آپ کا بستر ساتھ کے کمرے میں لگا ہے۔"

انہوں نے ذرا سی گردن گھما کر ساتھ کے کمرے کی طرف دیکھا اور پھر کہنے لگے "اگر تم کو کوئی اعتراض نہ ہو تو میں یہیں' اسی جگہ سو جاتا ہوں' اسی صوفے پر۔"

"اس صوفے پر! بیٹھے بیٹھے!! یہ کیسے ہو سکتا ہے سر۔ آپ چل کر بستر میں آرام فرمائیں۔ آپ کو آرام کی ضرورت ہے۔"

ہنس کر بولے "اب کسی چیز کی کوئی خاص ضرورت نہیں رہی۔ آرام میری زندگی کا ایک حصہ بن گیا ہے۔ وہ ساتھ ساتھ چلتا ہے اور ہر وقت آرام میں رکھتا ہے۔"

میں نے کہا "اٹھئے۔ تھوڑی دیر آرام کر لیجئے۔ پھر پتہ نہیں آپ لوگ کب اٹھ کر کیا کرتے ہیں اور کتنی دیر تک کرتے ہیں۔ یہ کرتو یہ ہماری سمجھ سے باہر ہے۔"

"میرا کرتو یہ" سن کر مسکراتے ہوئے اٹھے اور ننگے پاؤں دوسرے کمرے کی طرف چلے گئے۔ میں نے ان کے پیچھے جا کر کہا "یہ آپ کا نائٹ سوٹ ہے۔ سفید دھوبی کی دھلی دھوتی' کھدر کا تازہ سلا کرتہ۔ سر پر باندھنے کا رومال اور ربڑ کے سلیپر......"

کہنے لگے "واہ جی وا۔ یہ تو موج ہو گئی۔ ایسے صاف ستھرے وستر بڑی دیر بعد دیکھنے کو

ملے۔ تم اب جا کر سو رہو، صبح ملاقات ہو گی۔"

میں نے کہا "ناشتہ کب کریں گے؟"

بولے "جب تم کرو گے، تمہارے ساتھ ہی کرلوں گا لیکن ذرا جلدی ہو کہ کل جتھے کو حسن ابدال روانہ ہونا ہے۔"

میں نے کہا "جو حکم...... جس وقت اٹھیں گے، ناشتہ تیار ملے گا۔"

کہنے لگے "ٹھیک ہے۔"

میں چلنے لگا تو بولے "یار وہ کیمرہ رہ گیا، اس کی بڑی ضرورت تھی۔"

میرے دل میں تو آئی کہ ایسی کڑی ضرورت کی تفصیل سے آگاہی حاصل کروں لیکن ان کے مقام کی وجہ سے رک گیا اور سر کھجاتے ہوئے بولا "وہ اگر آپ وہاں حسن ابدال میں کوشش کریں گے تو آپ کو ضرور مل جائے گا۔ ان دنوں روسی حملے کی وجہ سے بہت سے افغان سودا سلف بیچنے پنڈی تک آتے رہتے ہیں۔ ان کے پاس ہر طرح کا سامان ہوتا ہے۔ کیمرے بھی دیکھے ہیں۔ حسن ابدال میں ضرور مل جائیں گے۔

کہنے لگے "روسی ساخت کا چاہیے، وہ جو انہوں نے جرمن کیمرے کی نقل میں بنایا ہے۔ بھائی گوردت سنگھ کے پاس ہے۔ بہت اچھا فوٹو کھینچتا ہے، بالکل جرمن کیمرے کا لگتا ہے۔"

میں نے کہا "آپ خاطر جمع رکھیں، وہاں مل جائے گا۔ سڑک کنارے دو رویہ دکانیں ہیں، وہاں اسی قسم کا مال ملتا ہے۔ خریداری پر بھی کوئی پابندی نہیں۔"

کہنے لگے "مل ہی جائے تو اچھا ہے۔ بڑی دیر کی اچھیا تھی، پوری ہوتی نظر نہیں آتی۔"

میں نے کہا "آپ فکر ہی نہ کریں۔ کوئی اتنی بڑا اچھیا نہیں جو پوری نہ ہو سکے۔ حسن ابدال میں نہ مل سکا تو ہم پشاور باڑے سے جا کر خرید لیں گے۔"

کہنے لگے "ٹھیک ہے۔ مگر وہ پشاور باڑے کا مطلب اچھی طرح سے نہ سمجھ سکے کہ وہاں کیسے جائیں گے اور کس کو کہیں گے اور کدھر سے خریدیں گے۔"

صبح جب میں ان کو جگانے کے لیے ان کے کمرے میں گیا تو وہاں موجود نہیں تھے۔ غسل خانے کا دروازہ کھلا تھا اور ان کے مدھر سروں کی آواز ڈرائنگ روم سے آ رہی تھی۔

رات میں جس صوفے پر ان کو چھوڑ گیا تھا، وہ وہیں بیٹھے تھے اور دھیمے سروں میں کوئی پرارتھنا کر رہے تھے۔ میں نے پلٹ کر ان کے کمرے میں دیکھا، بستر اسی طرح لگا ہوا تھا۔ ان

کے رات کے کپڑے ویسے کے ویسے تہہ کیے پڑے تھے اور ان کے چپلوں کا جوڑا اسی جگہ پڑا تھا جہاں میں رکھ کر گیا تھا۔

میں پھر ڈرائنگ روم میں جا کر دروازے سے لگ کر کھڑا ہو گیا۔ انہوں نے آہٹ پا کر سر گھمایا اور میری طرف دیکھ کر بولے "لاہور کی سویر بڑی متورم ہے اور یہاں کے پنچھی بڑے سریلے ہیں۔"

میں نے کہا "وہ تو ٹھیک ہے حضور لیکن آپ نے یہ کیا کیا کہ ساری رات سوئے نہیں۔"

بولے "سویا بھائی سویا...... سویا کیوں نہیں۔ بس استھان بدلی نہیں کیا۔ یہ صوفہ بہت ہی آرام دہ تھا، ماں کی طرح گود میں بٹھا کر بیٹھا رہا۔ جانے ہی نہیں دیا۔"

میں نے کہا "جناب آپ کو لمبے سفر پر جانا ہے، کچھ تو خیال کیا ہوتا۔"

بولے "خیال کر کے ہی تو بیٹھا۔ خیال نہ کرتا تو اٹھ کر بچھونے پر چلا جاتا۔ پر یہ بچھونے سے زیادہ کرپالو تھا۔ سیوا میں ہی لگا رہا۔"

میں نے کہا "چلیے اب ناشتہ کر لیجیے۔"

کہنے لگے "ٹھیک ہے...... لیکن ان کا "ٹھیک ہے" کہنے کا انداز کچھ مختلف سا تھا۔ اگر اس کا پنجابی میں ترجمہ کیا جاتا تو یہ بنتا کہ "وہاں کہاں جاؤں گا۔ ایک پیالی ادھر ہی لے آؤ۔"

آہستگی سے اٹھے اور میرے ساتھ چلنے لگے۔

ناشتہ کرنے کے بعد جب وہ میری سے بیوی آگیا لے کر باہر نکلے تو وقت ذرا زیادہ ہو گیا تھا لیکن ان کی چنتا کم تھی کہ ڈرائیور گاڑی لے کر پورچ میں کھڑا ہمارا انتظار کر رہا تھا۔

جب ہم رنجیت سنگھ کی مڑھی پر پہنچے تو بس تیار کھڑی تھی اور تقریباً سارے یاتری اس میں سوار ہو چکے تھے۔ بھائی باہلی کو کار سے اترتے دیکھ کر جتھے دار نے پکار کر کہا "گورو مہراج کی سنگتو! بس آپ ہی کی انتظاری تھی۔ آپ کا تھیلا بھائی بچن سنگھ کو دے دیا ہے اور وہ پرلی کھڑکی کے ساتھ بیٹھا ہے۔"

مرشد مجھ سے ہاتھ ملا کر کار سے باہر نکلنے لگے تو میں نے ان کا ہاتھ مضبوطی سے اپنے دونوں ہاتھوں میں پکڑ لیا اور ڈرائیور سے کہا "گل فراز! حسن ابدال چلو!"

اس نے میری طرف مڑ کر بہت اچھا صاحب کہا اور گاڑی سٹارٹ کر دی۔ میں نے کھڑکی سے چہرہ نکال کر جتھے دار سے کہا "آپ چلیں ہم آپ کے پیچھے پیچھے آتے ہیں۔"

انہوں نے ذرا سختی سے کہا" یہ تم کیا کر رہے ہو شفائی۔ حسن ابدال تو بڑی دور ہے۔"
میں نے کہا" جی میرا دیکھا ہوا ہے۔ آپ پہلی مرتبہ جا رہے ہیں' اتنی دور نہیں ہے۔"
انہوں نے میری بات کا کوئی جواب نہ دیا اور شانت ہو کر بیٹھ گئے۔"

جب گاڑی راوی کے پل پر پہنچی تو انہوں نے دونوں طرف نظریں گھما کر دریا کو' دریا کے پانی کو اور کنارے لگی کشتیوں کو غور سے دیکھا اور کہنے لگے" مجھے دریا سے بڑا عشق ہے۔ اس کی شکتی مامتا جیسی ہوتی ہے۔ماں کا سا برتاؤ کرتا ہے۔"

"اور جب طغیانی میں ہو۔" میں نے پوچھا۔" کناروں سے باہر نکل کر بستیوں کو سمیٹنے لگا ہو...... پھر؟"

کہنے لگے" پھر بھی ماں جیسا ہی ہوتا ہے۔ سوتیلی ماں کے انوسار۔ دکھ دیتا ہے' پر اپنا روپ نہیں چھوڑتا۔"

میں نے کہا" سرکار! پہلے تو آپ ایسے نہیں تھے۔ اب کچھ اور ہی طرح سوچنے لگے ہیں۔"

مسکرا کر بولے" ناپ بدلتا رہتا ہے۔ گھٹت بڑھت ہوتی رہتی ہے۔ کچھ مورکھ پرانے کپڑوں کے ناپ پر نئے سلوا لیتے ہیں لیکن دیہہ پر ٹھیک نہیں بیٹھتے...... جیسے باہر کا سریر ہے' ایسے ہی اندر کا بھی ایک سریر۔ دونوں میں اونچ نیچ' گھٹتی بڑھتی ہوتی رہتی ہے......"

پھر اچانک میری طرف رخ کر کے بولے" تم دریا پر آتے رہتے ہو؟"

میں نے کہا" وقت ہی نہیں ملتا سر! بڑی مشکل سے گھر جانا ہوتا ہے۔ اگر گھر والوں کا خوف نہ ہو تو بندہ گھر بھی نہ جا سکے۔"

کہنے لگے" بی بی کو بتا دینا کہ تم میرے ساتھ حسن ابدال چلے گئے ہو!"

میں نے کہا" وہاں پہنچتے ہی سب سے پہلے یہی فون کروں گا۔"

بولے" وہاں پہنچ کر نہیں' راستے میں کسی جگہ سے کر دینا۔"

میں نے کہا" بالکل ٹھیک ہے سر۔ گوجرانوالہ سے کر دوں گا۔"

پھر میں نے ان کا کندھا پیچھے دباتے ہوئے کہا" آپ سیٹ پر سر رکھ کر سو جائیں کیونکہ مجھے معلوم ہے کہ آپ رات بھر جاگتے رہے ہیں۔"

انہوں نے میری بات کا کوئی جواب نہ دیا اور سر پیچھے لگا کر آنکھیں بند کر لیں۔ ان کے ساتھ میں نے بھی دونوں ہاتھ گود میں رکھے اور کھڑکی کی طرف جھک کر گہری نیند سو گیا۔

۲۲

حسن ابدال پہنچ کر ہم نے سڑک کنارے شیشے والے ریستوران میں تلی ہوئی تازہ مچھلی کھائی۔ استاد مکرم گوشت کے ضمن میں صرف مچھلی کھا لیتے تھے' وہ بھی بہت تھوڑی۔ رک رک کر اور ٹٹول ٹٹول کر۔ ایک مرتبہ رجنی کو بتا رہے تھے کہ میں مچھلی کھا تو لیتا ہوں لیکن زیادہ نہیں۔ مجھے اچھی لگتی ہے اور لہسن کے ساتھ مل کر اس کی خوشبو اور بھی سوا دشٹ ہو جاتی ہے لیکن میں ڈرتا رہتا ہوں۔

رجنی آنکھیں چمکا کر بولی "مچھلی سے ڈرتے ہیں کہ بھوگ سے!"

یہ سن کر ان کے چہرے پر پسینہ آ گیا اور وہ نظریں جھکا کر بولے "آج شاید مسالہ تیز ہے"

لیکن حسن ابدال کی مچھلی انہوں نے شوق سے کھائی اور ان کے چہرے پر کسی قسم کا پسینہ نہ آیا۔ وہ مسکراتے رہے اور چھوٹے چھوٹے لقمے لیتے رہے۔

جب ہم کھانا کھا کر نکلے تو انہوں نے لجاجت سے کہا "اب جو تم ساتھ آ ہی گئے ہو تو کیمرے کی تلاش میں میری مدد کرو۔"

میں نے کہا "بالکل سرکار' بالکل...... میں آیا ہی اسی لیے ہوں۔ کیمرہ آپ کا آج ہی تلاش کریں گے بلکہ ابھی کریں گے اور اگر مل گیا تو یاتریوں کی بس آنے سے پہلے پہلے خرید لیں گے۔"

میری یہ بات سن کر ان کے چہرے پر اطمینان کی ایک لہر دوڑ گئی۔ انہوں نے میرے کندھے پر ہاتھ رکھ کر کہا "تم کو بڑی تکلیف دی ہے شفائی لیکن تمہارے سوا میرا کوئی اور ہے بھی نہیں۔"

میں نے جھپٹ کر ان کے ساتھ گھٹ کے جپھی ڈال لی اور میری آنکھیں نمناک ہو

گئیں۔ زندگی میں یہ پہلا موقع تھا کہ میں ان کے اس قدر قریب ہو سکا تھا۔ میری آرزو تو برسوں سے تھی لیکن مجھے ہمت نہیں پڑتی تھی۔

بازار میں دکانوں پر سمگلڈ چیزوں کی بھرمار تھی اور لوگ مقامی' مسافر' تاجر' سمگلران کو دیکھ جاکھ کر سودے کر رہے تھے۔ میں نے ایک دکاندار سے کیمرے کی بابت پوچھا تو اس نے مجھے دو کیمرے دکھائے۔ ایک بائیس روپے کا تھا اور دوسرا سو روپے کا۔

جب میں نے اس سے بڑھیا اور قیمتی قسم کے کیمروں کی بابت پوچھا تو اس نے کہا "تھا ایک لیکن کل بک گیا۔" "کہاں بک گیا؟" مرشد نے بے چینی سے پوچھا تو دکاندار نے ہنس کر کہا "گیانی جی کوئی اپنا نام پتہ تھوڑی بتا کر جاتا ہے۔ سودا آتا ہے اور چلا جاتا ہے اور پھر ہماری طرز کی دکانداری کا سودا تو بالکل ہی نکل جاتا ہے' پوچھے بتائے بغیر۔"

میں نے کہا "اور کسی کے پاس ہو گا؟"

کہنے لگا "ایک دکان چھوڑ کر تیسری دکان سے پوچھئے۔ اس کے پاس پانچ آئے تھے' شاید کوئی پڑا ہو۔"

ہم جلدی سے تیسری دکان پر گئے تو اس نے گردن مروڑ کر کہا "پانچ آئے تھے' پانچوں کے پانچوں ایک دکاندار لے گیا۔"

"کہاں کا دکاندار؟" میں نے جلدی سے پوچھا تو اس نے میری بات کا کوئی جواب نہیں دیا۔

"کہاں کا دکاندار؟" استاد مکرم نے پوچھا تو اس نے سر اٹھا کر دور سڑک کی طرف دیکھا جیسے خریدار لاری اڈے پر کھڑا ہو اور پھر ہماری طرف دیکھے بغیر بولا "ساہیوال کا تھا اور صرف کیمرے خریدنے آیا تھا۔"

"لیکن تھے بڑھیا؟" میرے مرشد نے پوچھا۔

"نمبر ون" دکاندار نے ہمیں للچاتے ہوئے کہا "جرمن ماڈل۔ لائیکا نمبر III ساختہ روس۔"

"اور قیمت؟" میں نے پوچھا۔

"قیمت تو ہزار روپے فی دانہ تھی لیکن وہ آٹھ آٹھ سو کے اٹھا کر لے گیا۔ میں نے بہت زور لگایا' انکار کیا لیکن اس نے زبردستی پانچوں کے پانچوں تھیلے میں ڈال لیے اور چار ہزار کے نوٹ میرے سامنے پھینک کر چلا گیا۔"

”ایک اور نہیں مل سکتا۔ ویسا“ بھائی باہلی صاحب نے پوچھا۔

”کچھ کہہ نہیں سکتے گیانی جی۔“ دکاندار بولا ”آنے کو تو آج درجن بھر آجائیں، نہ آئیں تو چھ مہینے گزر جائیں۔ یہ سمگلنگ کا مال ہے، گرنتھی جی شریف گھرانے کی چور مٹیار جیسا۔ اس کی اپنی مرضی ہوتی ہے۔“

میں دکاندار کی یہ بات سن کر چونکا اور اس کی طرف حیرت سے دیکھنے لگا۔ اس نے سر ہلا کر کہا ”بابو صاحب سمگلنگ کے مال پر کوئی اختیار نہیں ہوتا۔ خود ہی آتا ہے اور خود ہی چلا جاتا ہے۔ جیسے بہار پر آئی ہوئی شریف گھرانے کی لڑکی خود ہی ادھل جاتی ہے اور پھر خرچ خرچا کر خود ہی واپس آجاتی ہے۔ اس طرح سے ہمارا مال ہوتا ہے۔“

میں نے کہا ”جناب آپ کی بات ہے تو مزیدار لیکن ٹھیک سے سمجھ نہیں آئی۔ شریف گھرانے کی لڑکی کیوں خاص طور پر؟“

کہنے لگا ”کمین ذات کی لڑکیاں جب ایک مرتبہ ادھل جاتی ہیں تو پھر واپس نہیں آتیں۔ ان کو ادھلنے کا چسکا پڑ جاتا ہے۔ اس لیے خود جا کر ان کی بانہیں لانا پڑتی ہیں۔“

”اور شریف لڑکی؟“ میں نے پوچھا۔

”وہ اونچے گھرانے کی اشرافیہ کا بچہ ہوتی ہے۔ اس کو جب اتنا کھیکھن کرنے کے بعد کوئی لطف نہیں آتا تو ایک شام خود ہی گھر واپس آجاتی ہے۔ ہمارا مال بھی نکل جاتا ہے اور گھوم پھر کر واپس بھی آجاتا ہے۔ اس کا نہ کوئی بیچک ہوتا ہے، نہ منڈی ہوتی ہے، نہ کیش میمو کٹتا ہے۔ جس طرح جاتا ہے، اسی طرح اسی صورت میں واپس آجاتا ہے۔ اغوا کرنے والے لڑکی کو چھپا چھپو کر لکو کر پردہ ڈال کر لے جاتے ہیں۔ اسی طرح سمگلنگ کا مال لے جانا پڑتا ہے۔ مٹیاروں کو تیز رفتار گھوڑیوں پر ادھال کر لے جاتے ہیں۔ سمگلنگ کے مال مر گھلی کھوتیوں پر لے جاتے ہیں جو پہاڑوں کی اوٹ میں اکیلی چلتی جاتی ہیں، بغیر کسی کھوتے وال کے، بغیر کسی رہنما، ہادی، پیر مرشد کے۔“

جب میرے مرشد نے مجھے اس چسکے دار گفتگو میں کانوں تک ڈوبتے ہوئے دیکھا تو جلدی سے میرا کندھا ہلا کر کہا ”ان سے پوچھو، کسی اور کے پاس سے مل جائے گا۔ یہاں دکان پر نہ ہو گھر پر رکھا ہو۔“

دکاندار کہنے لگا ”الیاس سے پوچھ کر بتاؤں گا۔ اس کے پاس گھر پر بھی کچھ مال موجود رہتا ہے لیکن وہ پشاور گیا ہوا ہے اور بدھ وار سے پہلے واپس نہیں آئے گا۔“

”لیکن گیانی جی کو تو کل شام لاہور واپس چلے جانا ہے۔“میں نے جلدی سے کہا۔

دکاندار سوچ میں پڑ گیا۔

وہاں تین نوجوان کھڑے تھے جو بڑی دیر سے ہماری باتیں سن رہے تھے بلکہ میں تو یہ کہوں گا کہ وہ کسی حد تک ہمارا پیچھا کر رہے تھے اور کھسکتے کھسکتے ہمارے ساتھ ساتھ آ رہے تھے۔ ان میں سے ایک نوجوان نے آگے بڑھ کر کہا ”میرا نام طالوت خان ہے اور میں جمرود کا رہنے والا ہوں۔ پشاور یونیورسٹی سے ایم فل کر رہا ہوں اور یہ دونوں افغان مجاہدین ہیں۔ جلال یار اور ہاشم خان۔“

ہم دونوں نے ان کے ساتھ ہاتھ ملایا اور اپنے اپنے دست عقیدت سینوں پر رکھ کر ایک دوسرے کے سامنے ہلکا سا جھکے اور میں نے پہلی مرتبہ کلاشنکوف کو اس قدر قریب سے دیکھا۔

طالوت خان نے کہا ”اگر آپ کو واقعی اچھے کیمرے کی ضرورت ہے تو پھر اچھا کیمرہ آپ کو پشاور سے ملے گا۔“میں نے اپنے استاد کی طرف دیکھ کر کہا ”پشاور باڑہ سے سرکار۔“

”نہ نہ“ جلال یار نے کہا ”باڑے سے نہیں ادھر چھاؤنی میں ایک خاص دکان ہے۔ قیمتی مال کا ادھر سے ملے گا۔“

میں نے کہا ”اب بھی ہو گا۔“

بولا ”ضرور ہو گا۔ ابھی ہم نے پرسوں ادھر دیکھا تھا۔“

میں نے سوالیہ نظروں سے اپنے استاد کی طرف دیکھا تو ان کو متردد اور متزلزل پایا۔

طالوت خان نے کہا ”اگر آپ مجھے پشاور کا کرایہ دے دیں اور ساتھ سو روپے محنتانہ تو میں پشاور سے لا کر دے سکتا ہوں۔ ابھی چلا جاؤں گا اور صبح سویرے لے آؤں گا۔“

میں نے کہا ”ٹھیک ہے۔“

لیکن جب میں نے اپنے گورو کی طرف دیکھا تو وہ گردن گھما کر آسمان کی طرف دیکھ رہے تھے۔ میں نے شرمندگی ٹالتے ہوئے کہا ”پھر یہ ٹھیک ہے ناں سر؟“

کہنے لگے ”ٹھیک تو ہے پر وارا نہیں کھاتا۔“

”کیوں وارا نہیں کھاتا؟“ میں اور طالوت خان ایک ساتھ بولے۔

”وہ اس لیے۔“ انہوں نے سوچتے ہوئے کہا ”وقت کم ہے‘ کھچل زیادہ ہے۔ ایسی کوئی خاص ضرورت کی بھی چیز نہیں...... رہنے ہی دو۔“

میں نے کہا "ان کے ساتھ میں چلا جاتا ہوں۔ گاڑی پر جائیں گے ' ایسے ہی واپس آجائیں گے۔ پانچ چھے گھنٹے کی بات ہے ' گئے اور آئے!"

کہنے لگے "نہیں ' اندر نہیں مانتا...... اور جب اندر نہ مانے تو پھر کچھ بھی نہیں کرنا چاہیے۔ چل کر چائے پیتے ہیں اور سنگتوں کو بھی پلاتے ہیں......"

ان کے نہ نہ کہنے کے باوصف ہم ان کو سامنے چائے کے کھوکھے پر لے گئے اور پانچ پیالی پشاوری قہوے کا آرڈر بک کرا دیا۔

طالوت بار بار کہہ رہا تھا' سردار صاحب آپ کے شوق کی چیز ہے۔ پشاور اتنی دور بھی نہیں ' مال بھی فریش آیا ہے......

"بالکل فریش" جلال یار نے لقمہ دیا۔

"پھر آپ کیوں نہیں ہمیں لانے دیتے؟ بلکہ میں تو کہوں گا آپ بھی ہمارے ساتھ چلیں۔"

میں نے نظریں گھما کر اپنے مرشد کی طرف دیکھا۔ وہ مسکرا کر نفی میں سر ہلا رہے تھے اور طالوت خان کے کندھے پر ہاتھ مار کر زبان حال سے کہہ رہے تھے "چھوڑ و یار اجی۔ کوئی ضرورت نہیں۔ چھوٹی چھوٹی خواہش پر قابو نہ پایا تو بڑی خواہش کو کس طرح سنبھال سکیں گے۔ بس ایسے ہی ٹھیک ہے۔"

ان کے طالوت خان کے کندھے پر ہاتھ مارنے سے میں کچھ جیلس سا ہو گیا۔ وہ بڑی محبت سے اس کی طرف دیکھ رہے تھے اور طالوت خان بھی تقریباً اسی انداز میں جواب دے رہا تھا۔ میں نے جھلا کر قدرے زور سے کہا "آپ کیوں نہیں چلتے سرکار۔ یہ تو پشاور ہے۔ اتنی دور آئے ہیں تو اپنی بیبیوں سال کی پسند کو کیوں لے کر نہ جائیں۔ پھر یہ موقع بار بار کہاں ہاتھ آئے۔ چلیئے اٹھیے ' ہمت کیجیے۔

انہوں نے میری کلائی کو دونوں ہاتھوں سے پکڑ کر کہا "ایسی کونسی آکاشک سوغات ہے شفائی جس کے لیے جیون مکت کر دیں۔ پھر کبھی سہی...... اور پھر بھی کبھی نہ ہو سکا تو کوئی لالسا نہیں۔ لابھر نہیں۔ بس ایک کھیل تماشا ہی ہے ناں یہ کیمرہ۔ ہوا ہوا ' نہ ہوا نہ ہوا۔ ایسی کونسی قیامت آئی جاتی ہے۔"

میں نے کہا "یہ ایک دم کیسا فیصلہ ہو گیا؟"

مسکرا کر بولے "بس اندر بریک لگ گئی۔"

جلال یار نے کہا "اگر تمہارا استاد ہے تو پھر اس کی خدمت کے لیے ضرور کوشش کرو۔"

"ناں' ناں' ناں۔ میرے استاد نے ہاتھ ہلا کر کہا "اب ضرورت نہیں رہی' سارا سین بدل گیا۔ دوسرا ڈرامہ چل پڑا۔"

"دوسرا کونسا؟" میں نے حیرانی سے پوچھا۔

ہنس کر بولے "کوئی اور...... مجھے کیا پتہ دوسرا کونسا! ابھی تو ٹائٹل ہی آ رہا ہے۔

ہم سب ان کی اس بات سے لطف اندوز ہوئے۔ خاص طور پر افغان مجاہدین نے اسے بہت پسند کیا کہ وہ زبان کی دقت کے باوجود اس بات کی باریکی کو سمجھ گئے تھے۔"

جب ہم قہوہ پی چکے تو استاد مکرم نے بڑی سنجیدگی سے فرمایا "تم اب چلو شفائی اور جب بھی لاہور پہنچو تو پہلے سیدھے اپنے دفتر جانا۔"

"خواہ دفتر بند ہو چکا ہو؟" میں نے شرارت سے کہا۔

فرمایا "بالکل......! چاہے دفتر بند ہو چکا ہو۔"

میں نے کہا "ابھی آپ کے قافلے کو آنا ہے۔ کوٹھڑیوں کی الاٹمنٹ ہونی ہے۔ پھر آپ کو اکھنڈ پاٹھ میں شامل ہونا ہے۔ جب آپ پاٹھ میں شریک ہوں گے' اس وقت چلا جاؤں گا۔"

کہنے لگے "اتنا انتظار کرنے کی کوئی ضرورت نہیں۔ لمبا سفر ہے۔ تم رات کے جاگے ہوئے بھی ہو۔ بہتر یہی ہے کہ ابھی چلے جاؤ۔"

میں نے کہا "یہ حکم ہے؟"

بولے "ہاں حکم ہے!"

میں نے کہا "امر ہے؟"

بولے "بالکل امر ہے۔"

میں بادل ناخواستہ وہاں سے اٹھا۔ استاد مکرم کے نئے مہربانوں کو کڑی آنکھ سے دیکھا۔ اپنے اوپر لعنت اور نفرین کی اور شرمندگی ٹالنے کی غرض سے کہا "کل آپ کب تک پہنچ جائیں گے؟"

"لاہور!" مرشد نے لاہور پر زور دے کر پوچھا۔

میں نے کہا "جی۔"

فرمانے لگے "کل شام تک ہی پہنچیں گے۔ مغرب کے بعد......!"

میں نے کہا "میں آؤں گا۔"

بولے "ٹھیک ہے' آجانا۔ پھر بیٹھیں گے۔"

پھر سب باری باری مجھ سے بغلگیر ہوئے اور مجھے یوں لگا جیسے طالوت خان' جلال یار اور ہاشم خان میرے بچپن کے بچھڑے ہوئے دوست تھے جو اتفاق سے حسن ابدال کے بازار میں مل گئے۔

۲۳

مغرب سے بہت پہلے میں رنجیت سنگھ کی مڑھی پر پہنچ گیا۔ ڈرائیور کو آزاد کر کے اس سے گاڑی کی چابی لے لی اور بنچ پر بیٹھ کر استاد مکرم کا انتظار کرنے لگا۔

میرے استاد ماسٹر اقبال صاحب جنہوں نے بڑی محنت اور محبت کے ساتھ مجھے کلا سے روشناس کرایا تھا اور بڑی توجہ اور لگن سے کلارنٹ بجانا سکھایا تھا اور سر کے ایک مقام پر قائم کیا تھا اور جو بار بار انگلی اٹھا کر ایک ہی بات کہا کرتے تھے کہ سُر پکڑ کے رکھ۔ سُر کا مان مریادا نگہ میں رکھو۔ سُر کو اونچا استھان دو۔ وہی ماسٹر اقبال اب خود سر چھوڑ کر ایک دوسری لے میں داخل ہو چکے تھے۔

مجھے ان کا کڑا پہننا اور پرشاد چکھنا اچھا نہ لگا۔ وہ میرے صاحب تھے۔ میں ان سے شکوہ تو نہ کر سکتا تھا البتہ اندر ہی اندر آنسو ضرور بہا سکتا تھا۔ جب سے وہ یہاں آئے تھے اور جب سے میں نے ان کی وضع قطع دیکھی اور ان کی بولی بھاشا سنی تھی، میرا دل اور بھی بیٹھ گیا تھا۔ وہ پرانا تعلق تو قائم تھا مگر اندر سے کچھ دھاگے ٹوٹ گئے تھے۔ میرے اندر لاتعلقی کی ایک لہر سی پیدا ہونے لگی تھی۔ جیسے شفاف براق ٹھنڈے پانی کے گلاس میں زہر مہرہ رنگ کا ایک ذرہ گر جائے اور اس کی لہر آہستہ آہستہ سنپولیے کی طرح بل کھانے لگے۔

وہ مجھے پیارے بھی بہت تھے اور میری نظروں میں قیمتی بھی اسی طرح تھے مگر اس بیش بہا تاریخی مرتبان کی دراڑوں پر پیتل کے بہت سے گانٹھے لگ چکے تھے۔ دل کے اندر تھوڑی تھوڑی دیر کے ایک بیپ بجتی اور اس بیپ کے بعد ایک بے حد واضح جملہ مدھم آواز میں تین مرتبہ سنائی دیتا تھا۔ "کاش بھائی بالی سکھڑا یہاں نہ آتا۔"

اس بیپ کے آنے پر کبھی میں دائیں دیکھتا، کبھی بائیں، کبھی سر اوپر اٹھا کر درختوں کی

ڈالیوں میں اپنا دھیان پھنساتا لیکن ریکارڈ فقرہ ٹھا کر کے اپنے مقام پر آ جاتا۔

بنچ سے اٹھ کر میں روش پر ٹہلنے لگا۔ ایک دیوار سے دوسری دیوار تک۔ گھسی پٹی، پھٹی اور سوکھی ہوئی گھاس پر۔ پرانے لفافوں، پتوں اور چیتھڑوں پر چلتے ہوئے مجھے طے شدہ مسافت پر آتے اور جاتے ہوئے مجھے یہ چیزیں بار بار ملتیں اور میں ان کی طرف نہ دیکھتے ہوئے بھی پہچان جاتا کہ اب میں کس مقام پر ہوں۔

یاتریوں کی بس کے آنے، رکنے، دروازے کھلنے اور سنگتوں کے اترنے کے شور نے مجھے جلدی سے بس کے سامنے لا کھڑا کیا اور میں سب کچھ بھول بھال کر استاد مکرم کے اترنے کا انتظار کرنے لگا۔ مرد، عورتیں آہستہ آہستہ اتر رہے تھے کیونکہ ان کے ہاتھوں میں حسن ابدال کی سوغاتیں، اکھنڈ پاٹھ کی شیرینی کے لفافے اور پاؤں میں سونے کی بوجھل کیفیت تھی۔ سب لوگ سوچ سوچ کر اور رک رک کر اتر رہے تھے۔

میرے دل کی بیپ اب بند ہو گئی تھی۔ میں نے ایڑیاں اٹھا کر دو تین مرتبہ اس محبوب صورت کو دیکھا جس کے انتظار میں کب سے اس جگہ بیٹھا تھا لیکن میری ایڑیاں اٹھانا میرے کچھ کام نہ آیا کہ استاد مکرم کی شکل اترتی ہوئی سواریوں میں نظر نہ آئی۔

جب بس بالکل خالی ہو گئی اور وہ نظر نہ آئے تو میں نے پریشانی کے عالم میں ایک بڑی عمر کی عورت سے پوچھا "بی بی بھائی باہلی نہیں آئے؟"

اس نے چہرہ میری طرف گھمائے بغیر کہا "وہ تو چڑھے ہی نہیں۔ ہم ان کی بھال کرتے ادھا گھنٹہ ہارن بجاتے رہے۔"

میں نے اس بی بی کو چھوڑ کر ایک پڑھے لکھے معزز سکھ سے پوچھا۔ "گیانی بھائی باہلی نہیں آئے آپ کے ساتھ؟"

اس نے میری طرف غور سے دیکھا اور پھر مجھے پہچانتے ہوئے بولا "وہ تو بس پر چڑھے ہی نہیں۔ ہم ہارن بجاتے رہے۔ لوگ ان کی کھوج کرتے رہے مگر وہ نظر ہی نہیں آئے۔ ہم نے پکا اندازہ لگا لیا کہ وہ آپ کے ساتھ چلے گئے ہوں گے۔"

پھر اس نے مزید غور سے میری طرف دیکھتے ہوئے کہا "آپ انہیں اپنی کار میں لے کر نہیں گئے تھے؟" میں نے کہا "ضرور لے کر گیا تھا۔"

"پھر آپ ان کے ساتھ بازار میں بھی گھومتے رہے تھے، انیک دکانوں پر۔"

"جی ٹھیک ہے۔"

”جب آپ قہوہ پی رہے تھے کھوکھے پر' اس وقت میں نے آپ کو دیکھا تھا۔“

میں نے کہا”آپ بالکل ٹھیک کہہ رہے ہیں۔“

”اس وقت آپ کے ساتھ کچھ افغانی پٹھان بھی تھے۔“

میں نے کہا”یہ بھی ٹھیک ہے۔“

تو پھر ہم نے تو یہی سمجھا کہ گورو کے پیارے جیسے اکٹھے کار میں آئے تھے' ویسے ہی واپس چلے گئے ہوں گے۔“

میں نے ہڑبڑا کر کہا”وہ میرے ساتھ تو نہیں آئے۔ میں تو اکیلا ہی آگیا تھا۔“

سکھ سردار نے حیرانی سے میری طرف دیکھا اور پریشانی کے عالم میں بولا”پھر تو بڑی مشکل ہو گی۔ کل صبح ہمیں جانا ہے۔ گنتی پوری نہ ہوئی تو خرابی ہو جائے گی۔“

میں نے کہا”وہ اکھنڈ پاٹھ میں شریک نہیں ہوئے؟“

”ہوئے۔“ سکھ سردار نے کہا”ہوئے کیوں نہیں...... شروع میں کمال کا بھاشن دیا۔ پھر سماپتی سر اپدیش بھی دیا۔ اس کے بعد نظر نہیں آئے۔“

”کسی کو کچھ بتا کر بھی نہیں گئے؟“میں نے پوچھا۔

”ناں۔“ سردار نے منہ سے نہ کا چٹاخے دار صوتی تاثر نکال کر کہا”کسی کو کچھ بتایا ہی نہیں۔“

میری خاموشی اور پریشانی بھانپ کر وہ سکھ سردار کہنے لگا”میں نے ان کو انہی پٹھانوں کے ساتھ جیپ میں بیٹھتے دیکھا تھا جن کے ساتھ آپ قہوہ پی رہے تھے۔“

”اوھو!“میں نے تسلی آمیز لہجے میں کہا ”وہ پشاور چلے گئے ہوں گے کیمرہ خریدنے۔“

سردار نے میری طرف ایسی حیرانی سے دیکھا گویا کہہ رہا ہو”انہیں پشاور جانے اور کیمرہ خریدنے کی کیا ضرورت تھی۔ وہ تو دھارمک آدمی ہیں۔ ان کا فوٹو گرافی سے کام؟“

میں نے کہا”اب وہ رات کو سیدھے پشاور سے آئیں گے اور صبح آپ کے ساتھ باڈر کراس کر جائیں گے۔“

”کر جائیں بائی کر جائیں۔“سکھ سردار نے رک رک کر کہا”کہیں سب کو بیب نہ ڈال دیں بگانے دیس میں۔“

میں نے ان کا کندھا تھپتھپا کر کہا "نہیں سردار جی نہیں۔ آپ فکر ہی نہ کریں۔ وہ پشاور چلے گئے ہیں اور آدھی رات سے پہلے واپس آجائیں گے۔ اس وقت وہ اٹک کا پل کراس کر چکے ہوں گے۔"

سردار بابا کی تسلی کرنے کے بعد میں گاڑی میں بیٹھا اور گھر واپس آگیا۔ ان کو الوداع کہنے کی اور بھول چوک کی معافی مانگنے کی بڑی خواہش تھی لیکن ان کی روانگی کا کوئی علم نہ تھا۔ ان سے ملاقات ہو جاتی تو سارا پروگرام آسانی سے طے کر لیتا۔

۲۴

دن کے بارہ بجے جب میں دفتر میں اپنے عملے کے ساتھ ہفت زبانی لغت کے کارڈ تیار کر رہا تھا تو ایک لحیم شحیم تھانیدار دو باوردی سپاہیوں کے ساتھ میرے سامنے آکر کھڑا ہو گیا اور کافی اونچی آواز میں بولا ''مسمی بھائی اقبال سنگھ المعروف باہلی گرنتھی کہاں ہے ؟''

میں اٹھ کر کھڑا ہو گیا۔ میرے ساتھ میرے عملے کے دوسرے لوگ بھی سروقد اٹھ کھڑے ہوئے ہیں نے کرسی کی طرف اشارہ کرتے ہوئے کہا ''تشریف رکھئے۔ بھائی باہلی گرنتھی صاحب کا اتہ پتہ مجھے معلوم نہیں۔ میں ان سے ملاضرور ہوں......''

اس نے کرسی پر بیٹھتے ہوئے میری بات کاٹ کر کہا ''آپ کل انہیں اپنے ساتھ اپنی سرکاری موٹر میں لے کر حسن ابدال نہیں گئے تھے ؟''

میں نے کہا ''ضرور گئے تھے اور میری خواہش تھی کہ جس طرح ان کو ساتھ لے کر گیا تھا اسی طرح واپس لے کر بھی آتا لیکن انہوں نے مجھے یہ کہہ کر واپس پھیر دیا کہ اب میں خود آجاؤں گا۔ تم جاؤ، ''لیکن وہ واپس نہیں آئے۔ '' تھانیدار نے کہا ''اور جتھہ ان کے بغیر واپس انڈیا گیا ہے۔ تین گھنٹے تک اس کی تھارو چیکنگ ہوتی رہی اور ایک ایک یاتری سے پوچھ گچھ کی گئی...... وہ اب کہاں ہے ؟''

میں نے کہا ''مجھے ان کے محل تقریبی یا حدود موجودہ کا کوئی علم نہیں۔ '' میں ان کو چھوڑ کر واپس آگیا تھا!

تھانیدار نے کہا ''ان کے ساتھ تین پٹھان کون تھے ؟''

میں نے کہا ''وہ ہم کو اچانک مل گئے تھے اور ہم انہیں جانتے نہیں تھے...... لیکن ان کے ساتھ ہماری کوئی بھی ملاقات نہیں تھی۔ انہوں نے قہوے کی دعوت دی تھی جو ہم

نے بڑے شوق اور خلوص کے ساتھ قبول کر لی تھی۔ اس کے علاوہ ہم ان کے ساتھ کہیں نہیں گئے۔"

تھانیدار نے کہا "ہماری اطلاع کے مطابق مسمی اقبال سنگھ باہلی گرنتھی انہی کے ساتھ انہی کی جیپ میں پشاور کی طرف گیا ہے اس کے بعد اس کی کوئی خبر نہیں۔"

میں نے کہا "ضرور گئے ہوں گے کیونکہ ایک کیمرے کی ضرورت تھی اور وہ کیمرہ ان کو پشاور کے باڑے سے ہی مل سکتا تھا۔"

"لیکن اس کو معلوم ہونا چاہیے تھا کہ وہ سوائے دو شہروں کے پاکستان کے کسی اور شہر میں نہیں جا سکتا تھا۔" "یہ ان کو یقیناً معلوم تھا" میں نے جواب دیا "لیکن انہوں نے سوچا ہو گا کہ چند گھنٹوں کے لیے کسی دوسرے شہر ہو آنا کچھ ایسی خطرناک بات نہ ہو گی اس لیے ان کے ساتھ چلے گئے۔

"وہ کہاں کے پٹھان تھے" تھانیدار نے پوچھا "پاکستانی پٹھان یا افغانی"

میں نے کہا "میں یقین سے تو کچھ نہیں کہہ سکتا البتہ ان کے لہجے سے پتہ چلتا تھا کہ وہ افغانی ہیں لیکن ان میں سے ایک پشاور یونیورسٹی کا طالب علم بھی تھا۔"

"کچھ پتہ نہیں چلتا اور کوئی بس نہیں چلتا" تھانیدار نے زچ ہو کر کہا "سب گڈ مڈ ہو گیا اور ہر کوئی گھسڑم گھسیڑ ہو گیا۔ اس روسی جنگ نے تو آدھا افغانستان ہماری طرف دھکیل دیا۔"

میں نے کہا "وہ تو آپ کے سامنے ہے اور اس سلسلے میں ہم کچھ نہیں کر سکتے۔ جنگوں میں اس طرح کے واقعات تو ہوا ہی کرتے ہیں۔"

تھانیدار نے اٹھتے ہوئے ماں کی ایک گندی سی گالی دی جس کو ہم سب نے اپنے اپنے لیے سمجھا اور اپنے اپنے لئے جانا حالانکہ اس نے یہ گالی اپنے آپ کو مخاطب کر کے دی تھی۔ پھر اس نے میری طرف منہ کر کے کہا "وہ تو چلا گیا مائی کا یار سکھڑا گرنتھی! لیکن ہم کو ہاتھی کے چپو کے ساتھ بند ھوا گیا اب میں کہاں سے اس کی گنتی پوری کروں۔"

میں نے کہا "آپ فکر نہ کریں۔ وہ ذمہ دار آدمی ہیں۔ جونہی کیمرہ مل گیا وہ خود ہی آ جائیں گے۔"

اس نے ایک گالی کیمرے کو، ایک اپنے آپ کو، ایک گرنتھی کو اور ایک ذرا سی پہلو کے

بل کر کے مجھے دی اور سپاہیوں کی طرف منہ کر کے بولا "اوئے بہن کے یار و اب تم بھی منہ اٹھا کر کھڑے ہو گئے ہو، چلو آگے لگو۔"

دونوں سپاہی ایڑی سی کھڑ کا اس کے آگے لگ گئے اور وہ مجھ سے ہاتھ ملا کر کمرے سے باہر نکل گیا۔ میرے عملے نے حیرانی سے میری طرف دیکھا اور دل ہی دل میں خدا کا شکر ادا کیا کہ تھانیداران میں سے کسی سے بھی مخاطب نہیں تھا۔

مجھے انڈیا سے تقریباً ایک جیسی عبارت کے دو خط آئے جن میں بڑی لجاحت اور گہرے دکھ کے ساتھ بھائی بالی کے بارے میں پوچھا گیا تھا کہ میں نے انہیں کیوں چھپالیا اور کہاں چھپالیا اور اب ان کی رہائی کی کونسی تاریخ مقرر ہوئی ہے۔

یہ دونوں خط رجنی کے معلوم ہوتے تھے کیونکہ وہ ہرہ کو دو چشمی لکھا کرتی تھی اور اس کی ہر سطر دائیں سے بائیں کو جاتے ہوئے آخر میں نیچے کو جھکتی جاتی تھی۔ گو اب اس کی اردو بہت کمزور ہو گئی تھی اور اس کے ہجے جابجا غلطی کرتے تھے لیکن اس کے اندر کا دکھ بہت بڑھ گیا تھا اور وہ درد کی آخری منزل میں نظر آتی تھی۔ اگر اس نے مجھے اپنا پتہ لکھا ہوتا یا ہمارا کوئی رازداں اس قصبے میں موجود ہوتا تو میں ہر حال میں اس کو جواب لکھتا اور دبلے پتلے گر نتھی کا حال بتا کر اس کی تشفی کرتا لیکن اب تو کوئی صورت ہی نہیں تھی۔

ادھر ہر ہفتے دس دن بعد تھانیدار صاحب ایک رجسٹر اور چند فائلیں لے کر میرے پاس آجاتے اور نئے سرے سے تفتیش شروع کر دیتے۔ میں نے ان کی اس آمد و رفت کا ذکر ایس پی سے بھی کیا لیکن انہوں نے ہنس کر ٹال دیا اور یہ رائے دی کہ تھانیدار صاحب کو ایک پیالی چائے اور قریبی کسی دکان سے آدھ پاؤ مٹھائی منگوا کر دے دی جائے تو وہ کارروائی ڈال کر جلد اٹھ جایا کریں گے۔ میں نے ایس پی صاحب کو بتایا کہ چائے تو ہمارے دفتر میں کمال کی بنتی ہے البتہ ہمارے قریب مٹھائی کی کوئی دکان نہیں ہے۔ انہوں نے کہا "تازہ مٹھائی کی چنداں ضرورت نہیں۔ کسی قریبی کھوکھے کے ٹین کنستر میں پڑی پرانی مٹھائی بھی آسانی سے چل جائے گی...... خدا ایس پی صاحب کا بھلا کرے۔ انہوں نے میری مشکل آسان کر دی۔ اب تھانیدار صاحب آتے تھے تو انہیں میرا پی۔ اے اور اکاؤنٹس آفیسر خود بھی سنبھال لیتے تھے مجھے ملنا نہیں پڑتا تھا۔

۲۵

اس واقعے کو پورا ایک سال گزر گیا اور یہ عجیب بات ہے کہ میں نے اپنے استاد کی یاد میں کلارنٹ کا ریاض باقاعدگی سے شروع کر دیا۔ رات کے پچھلے پہر اپنی کوٹھی کے ایک متروک چوبارے میں پرانے کاٹھ کباڑ اور گودڑ پھونس کے اندر جب میں سٹول پر اکڑوں بیٹھ کر آسا کی وار شروع کرتا تو میرے اندر درد کی لہریں اٹھ اٹھ کر لے کی سنگت کرتیں اور میری محنت کی اٹھائی ہوئی ایگو کی چار دیواری کسی کسی لمحے پوری کی پوری ڈیہہ کر فلیٹ ہو جاتی۔ گہری لذت کے اس وجد انگیز لمحے میں ساری کائنات میرے ساتھ اک مک ہو جاتی اور میں جھٹکا سا کھا کر ماؤتھ پیس پرے کر کے اونچی آواز میں کہتا Oh! I Love you.I Love you لیکن یہ لمحہ اس قدر مختصر ہوتا کہ میں پورا فقرہ بھی ادا نہ کر سکتا پھر مرگی کے جھٹکے سے لگتے اور میں نسل ہو کر بیٹھ جاتا۔ اذانوں کی آوازیں آتیں، چھوٹے چھوٹے پرندے گراری دار بولی کا لوپ چلا دیتے۔ پو پھٹتی اور مجھے کوٹھڑی میں اپنے وجود کا احساس ہونے لگتا۔ کلارنٹ کے جوڑ کھلتے۔ رومال سے پونچھے جاتے۔ ڈبے میں بند ہوتے اور ڈبہ وہیں ایک طاقچے میں رکھ دیا جاتا۔

پورے ایک سال بعد جب شہیدی گورو ارجن دیو پر سکھ یاتری انڈیا اور افغانستان سے گوردوارہ ڈیرہ صاحب آئے تو ایک سکھ اور ایک سکھنی مجھے تلاش کرتے ہوئے میرے گھر پہنچ گئے۔ ان کے چہرے پر تکدر کے آثار تھے اور وہ بے حد تھکے ہوئے دکھائی دیتے تھے۔

سردار گوردیال سنگھ نے کہا "میں ریٹائرڈ مجسٹریٹ درجہ اول ہوں اور جالندھر سے آیا ہوں۔ یہ میری دوسری بیوی ہیں اور آپ کے مالوے کی ہیں۔"

میں دوسری بیوی پر چونکا تو اس نے ہاتھ جوڑ کر فتح بلائی اور ہنس کر کہنے لگی ان کی پہلی بیوی فوت ہو گئی تھی۔ بچہ بچی کوئی تھا نہیں۔ ان کو بُری تکلیف تھی تو انہوں نے میرے سے

شادی کرلی۔ میں کنیا مہاودیالا کی گریجویٹ ہوں اور میں نے فیروزپور کے مشاعروں میں آپ کو لیڈی ہملٹن کا نسواری کرتہ پہنے کئی بار دیکھا ہے۔

مجسٹریٹ صاحب نے ذرا سے ترش لہجے میں کہا "اوئی میں نے دوسری بیوی اس لیے کہا تھا کہ میری اور تمہاری عمر کا فرق واضح ہو جائے تم نسواری کرتہ لے کر بیٹھ گئی ہو۔"

اس نے خوش ہو کر کہا "یہ پہنتے جو تھے' اس لیے کہہ رہی ہوں۔ یہ درمیان میں دسوندھا نکالا کرتے تھے۔

سردار جی نے کالا کتا کر کہا "اوئے جو کیس نہیں رکھے گا وہ دسوندھا ہی نکالے گا اور اسے کیا کرنا ہے؟ پھر انہوں نے معذرت بھرے لہجے میں کہا "معاف کیجئے گا ہم اجازت لئے بنا آ گئے لیکن ہم مجبور تھے۔ ہمیں گرنتھی بھائی باہلی کی تلاش ہے۔ میں نے تو خیر ان کو دیکھا نہیں لیکن میرے سسرال والے سب ان کے عاشق ہیں......"

ان کی بیوی نے سینے پر ہاتھ مار کر کہا "اور میں سب سے زیادہ۔ ہم ہر دوسرے مہینے ان کا ارداس سننے تخت پور جایا کرتے تھے۔ سارا خاندان' چھوٹے بڑے' مرد عورتیں سب...... مجھ سے بڑا پیار کرتے تھے"

"اوئے یہ گرنتھی لوگ ساری تیمیوں سے اسی طرح کا پیار کرتے ہیں" مجسٹریٹ صاحب نے کہا "لیکن ان کا کوئی اعتبار نہیں ہوتا۔ مُلّا' پنڈت' گیانی گرنتھی سب ایک ہی تھیلی کے منکے ہوتے ہیں۔"

میں نے کہا "دھن بھاگ جو آپ میرے یہاں تشریف لائے اور میرا مان بڑھایا لیکن بھائی باہلی صاحب کے سلسلے میں بھی آپ ہی کی طرح بے خبر ہوں۔ میرا ذاتی خیال ہے کہ وہ بارڈر کراس کر گئے ہیں لیکن جھتے کے ساتھ نہیں اس کے بعد۔"

"پنجاب میں تو جتنے گوردوارے ہیں وہاں تو موجود نہیں۔" بیگم مجسٹریٹ نے کہا "کہیں اور چلے گئے ہوں تو کچھ کہہ نہیں سکتے۔ میرے چھوٹا چاچا جی نونہال سنگھ نے کہا تھا کہ آپ سے ان کا پتہ چل سکتا ہے۔"

میں نے کہا "اصولی طور پر تو مجھی سے چلنا چاہیے لیکن میں بھی رہ گیا ہوں۔ کسی نے مجھے بتایا تھا کہ اس نے بھائی باہلی صاحب کو ترنتارن میں دیکھا تھا۔"

"یہی بات کہیں سے میرے سوہرے کو بھی معلوم ہوئی" مجسٹریٹ صاحب نے کہا "اور تین دن لگا کر وہ ترنتارن کی گلی گلی اور گھر گھر جھانک آئے پر ان کا کوئی پتہ نہ چل سکا۔

ہوتے تو پتہ چلتا ناں۔"

مجسٹریٹ کی بیوی نے کہا "کچھ لوگ کہتے ہیں وہ کناڈا چلے گئے ہیں اور کئی منکھوں نے ان کو ٹورانٹو کے بڑے گوردوارے میں پاٹھ کرتے بھی دیکھا ہے......"

میں نے کہا "سنا تو میں نے بھی تھا لیکن میرا دل نہیں مانا۔"

"میرا دل بھی نہیں مانا" مجسٹریٹ صاحب نے کہا "پر ان کو چٹھی ضرور لکھنی چاہیے تھی آپ کے نام۔ آخر آپ کا پرانا جنم مرن کا ساتھ ہے گورو چیلے کا!"

میں نے کہا "آپ بالکل ٹھیک فرماتے ہیں۔ میرا ان کا ایسا ہی ساتھ تھا لیکن گورو جب ایک مرتبہ روٹھ جائے تو پھر مشکل ہی سے منتا ہے۔"

"ناں ناں۔ ویرجی ناں" بیگم مجسٹریٹ نے انگلی اٹھا کر کہا "گورو کبھی ناراض نہیں ہوتا۔ چیلے کو ستیہ داری رکھنے کے لیے دکھاوے کے طور پر ناراض ہو جاتا ہے۔ اندر سے اس کے ساتھ رہتا ہے 'سوادھان ہوشیار اور چوکس ہو کر۔"

"تجھے کیسے معلوم ہے؟" مجسٹریٹ صاحب نے پوچھا۔

"مجھے معلوم ہے ناں" بیوی نے چترائی کی ساتھ شرمندگی ٹالتے ہوئے کہا "پھر بھائی باہلی صاحب کی تو مجھے ہر ادر کی دشا معلوم ہے!"

"کیوں تو ان کے ساتھ کھیلتی رہی ہے" مجسٹریٹ نے جھلا کر کہا۔

"کھیلتی تو نہیں رہی' بیوی نے شرمندگی سے کہا" پر ان کی اسمرتی میں دیا ضرور جلا کر رکھتی رہی ہوں۔ وہ پوجیہ گرنتھی ایک اکیلے تھے جن پر ساری سرشٹی قربان کی جاسکتی ہے...... میرا دل کہتا ہے وہ ایک دن اچانک آئیں گے اور سب کو درشن دیں گے۔

"کیوں؟" مجسٹریٹ نے پوچھا۔

"اس لیے کہ: رام جھروکے بیٹھ کے سب کا مجرا لے

جیسی جاکی چاکری ویسا اس کو دے......" یہ دوہا پڑھ کر مجسٹریٹ کی بیوی رک گئی کہ اس نے لاتعلق سی بات کر دی ہے اور موقع محل کے مطابق شعر نہیں پڑھا۔ لیکن مجسٹریٹ کو اس کا بالکل احساس نہیں ہوا اور وہ اسی طرح سے چائے میں چینی گھول گھول کر پیتا رہا۔

رخصت ہوتے وقت انہوں نے کہا "ہم تو بڑی آس لے کر آئے تھے لیکن آپ کے یہاں سے بھی کچھ پتہ نہیں چل سکا۔ اگر کچھ معلوم ہو جائے اور ان کی کوئی اگھ سگھ مل جائے تو ہم کو اس پتہ پر اطلاع کر دینا۔"

مجسٹریٹ صاحب کا وزٹنگ کارڈ پڑھتے ہوئے میں نے بھی ان سے درخواست کی کہ اگر ان کو میرے ست گورو کا کوئی نیا سن نشان مل جائے تو وہ مجھے بھی چیتاونی دے دیں کیونکہ ان کے بغیر میری زندگی آدھی ہو چکی ہے۔"

مجسٹریٹ صاحب کی بیوی نے ہاتھ جوڑ کر ماتھے کو لگاتے ہوئے کہا "ان کے بغیر تو بہت سے بندوں کی زندگیاں ونرتھ ہو چکی ہیں۔ اب تو بس ایسے ہی زندگانی رہ گئی ہے۔ بے دھرمی اور ناستک!"

مجسٹریٹ صاحب نے کہا "چلو چلو۔ جلدی کرو' ان کو کوئی کام ہو گا...... ایک تو ہم اطلاع کیے بغیر آگئے دوسرے تم نے اپنی رام کتھا شروع کر دی۔"

بی بی نے گردن موڑ کر فتح بلائی اور میں ان کو پھاٹک تک چھوڑنے گیا تو ان کا ٹیکسی ڈرائیور نیم تلے بیٹھا چھوہارے کھا رہا تھا۔

۲۶

کوئی ہفتہ دس دن بعد کی بات ہے' میری بیوی نے ڈرائنگ روم کی صفائی کرواتے ہوئے صوفوں کی گدیوں کو اتار کر بید سے جھاڑا تو اس صوفے کی گدی تلے سے کچھ کاغذ نکلے جو خاکی لفافوں کو کاٹ کر تحریر کے لیے استعمال کئے تھے۔ ان میں کچھ سفید اور پیلی پٹیاں بھی تھیں لیکن زیادہ تعداد خاکی کاغذوں کی تھی جو مختلف سائز اور مختلف کٹاؤ کے تھے۔

میری بیوی نے ان کاغذوں کو دیکھا۔ عبارت کو غور سے پڑھا لیکن اس کی سمجھ میں کچھ نہ آیا۔ دفتر سے واپسی پر اس نے وہ کاغذ میرے حوالے کرتے ہوئے طنزاً کہا "یہ آپ کے گورودیو کے کاغذات معلوم ہوتے ہیں۔ مٹھائی انہوں نے نکال کر کھالی اور لفافوں کو کاٹ کر ٹھنڈے پیڈ بنالئے۔

وہ مڑے مڑے لپٹے لپٹائے اور اور گچھا مچھا قسم کے کاغذ انہی کے تھے اور ان پر انہی کی لکھائی میں مختلف النوع عبارتیں درج تھیں۔ کچھ راگوں کے مکھڑے تھے۔ کچھ بندشیں تھیں۔ کچھ شدھ راگوں میں بندھے ہوئے بھجن تھے لیکن زیادہ لمبی اور پیچیدہ عبارتیں نثر میں تھیں جو یوں شاید ان کے بھاشنوں میں مدد کے لیے مختلف حوالوں سے اچکی گئی تھیں۔ کہیں کہیں یہ بھی محسوس ہوتا تھا کہ وہ میرے لیے لکھی گئی تھیں اور انہیں سبقاً سبقاً میرے پڑھانے کے لیے محفوظ کیا گیا تھا۔ بہت سے سوال ایسے تھے جو میں نے ان سے پوچھے تھے لیکن انہوں نے ان کا کوئی جواب نہیں دیا تھا۔ کچھ نوٹس ان کے اپنے لئے بھی تھے جو ابھی تشکیک کے مراحل میں تھے۔

مین نے ان کاغذوں کو سیدھا کیا۔ ان کی پشت پر پانی کے ہلکے ہلکے تریڑے دے کر انہیں سیدھا کیا اور پھر ایک نئی فائنل میں نتھی کر کے دفتر لے گیا۔

ایک کاغذ پر لکھا تھا:

انہد شبد دس طرح کے ہیں۔ ان کا باجہ اپنے اپنے رنگ کا ہے۔ کوئی انہد باجہ شاہانہ ہوتا ہے کوئی فقیرانہ۔ پہلا شبد چن شبد ہے۔ دوسرا چن چن جھنگا شبد۔ تیسرا گھنٹے کی آواز۔ چوتھا سنکھ کی آواز۔ پانچواں بین کی آواز۔ چھٹا تال کی آواز۔ ساتواں بانسری کی آواز۔ آٹھواں مردنگ کی آواز۔ نواں نفیری کی آواز۔ دسواں بادل کی سی گرج۔

پہلا شبد سننے سے سب روم بدن کے اٹھ جاتے ہیں۔ دوسرا سنے تن میں آلکس چھپا دے۔ تیسرا سنے پریم کی زیادتی ہو۔ چوتھا سنے مغز میں سے خوشبو آئے۔ پانچواں سنے ایمن اترنے لگے۔ چھٹا سنے گلے کے نیچے ایمن آودے۔ ساتواں سنے انترجامی ہوئے۔ آٹھواں سنے تو باہر بھیتر سا سن پڑے۔ نواں سنے تو گبد ہونے کی سامرتھ ہو جائے۔ دسواں سنے سب باسنا چھٹے ہو جائے ساری خواہش' طلب' تگ و دو ختم ہو جائے۔ پربرہم ہو جائے گا۔ فارسی میں ناد کی اپاسنا کو سلطان الاذکار کہتے ہیں۔ چشم بند و گوش بند و لب بہ بند گر نہ یابی سر حق بر من بجند۔ گورنانک دیو جی فرماتے ہیں میں تین بند لگائے کے انہد سنے ٹکور + نانک سن سمادھ میں نہیں سانجھ نہیں بھور حسب دیگر دھیانوں کے یعنی تصور ذکر ارّہ۔ ذکر قمری وغیرہ سے سلطان الاذکار افضل ہے۔

سن پڑے ہے انہد کا باجا + پر جاسے ہووے جیسے راجا

سب ہی ساز تن میں بجیں مچا ہے کیسا راگ + وجہن جا کو سن پڑن بڑے ہیں وا کے بھاگ

پیلے کاغذ کی پٹی پر لکھا تھا: تو کچھ نہیں ہے۔ اپنی خودی کو دور کر۔ کرتب یہ ہے کہ ایسا جاننا کہ سوائے خدا کے اور کچھ نہیں ہے۔ اور اس طرح بھی کہا جاسکتا ہے کہ سوائے میرے اور کچھ نہیں ہے۔ سب میں ہی ہوں اور جتن اپنے اختیار میں اور اصل جتن یہ ہے کہ خودی کو دور کرے اور دوئی سے نگہ ہٹ جائے۔ مسجد تیار کرانا کام بادشاہوں کا ہے۔ روزہ رکھنا اور ذکات دینا اور نماز پڑھنا کام گنہ گاروں کا ہے۔ حج کرنا کام مسافروں کا ہے۔ روٹی کھلانا کام دردمندوں کا ہے۔ پرہیز کرنا کام بیماروں کا ہے۔ غسل کرنا کام ناپاکوں کا اور عبادت کرنا کام امیدواروں کا ہے۔ گوشہ میں رہنا کام قیدی کا ہے۔ خوف اور رجا میں رہنا کام لڑکوں کا ہے۔ عاشق ہونا کام عیاشوں کا ہے۔ خدمت کرنا کام سعادتمندوں کا ہے اور بے خود ہونا کام مردوں کا ہے...... اصل میں پیدا کرنے والا اور پیدائش سب ایک ہے جیسے جب تک دوات میں روشنائی ہے سیاہی کہلاتی ہے' وہی جب کاغذ پر لکھنے میں آئی تو طرح طرح کی تحریر میں آئی۔ اب اس کو کوئی سیاہی نہیں کہتا بلکہ تحریر کہہ کر پکارتا ہے۔ مگر اصل میں جو تحریر ہے وہ

سب سیاہی ہے۔ پس اس طرح کل ایک ہی شے ہے۔ پیدا کرنے والا وہی ہے اور پیدائش بھی وہی ہے۔ مایا یعنی قدرت بھی وہی ہے۔ کامل وناقص بھی وہی ہے......

خاکی لفافے کے دوسری طرف لکھا تھا...... دنیا اتم کہانی ہے کوئی بید شاستر کی مہما کرتا ہے کوئی نندا کرتا ہے۔ کوئی بدیا کی مہما کرتا ہے کوئی خلاف اس کے بولتا ہے۔ کوئی سادھ گرو کی سیوا کو مکھ گاتا کہے کوئی کرم اپاسنا۔ گیان دھیان' جوگ' جپ' تپ پوجا' تیرتھ برت سب ہی کو اچھا کر دیتا ہے۔ پرمارتھی لوگ دھن کی نندا کرتے ہیں۔ دنیادار دھن کو بڑا کہتے ہیں۔ کوئی نیک نامی کو بہت اچھا کہتا ہے۔ کوئی کہتا ہے نیک نامی بھی جگت کے لیے ہے...... کوئی کہتا ہے ایکانت رہنا اچھا ہے کوئی کہتا ہے درس پرس اور ملنا ملانا اچھا ہے۔ غرضیکہ ان نوں کو ایسے ایسے سندیہہ اور چنتا اکثر ستاتے ہیں بلکہ ست سنگ اور پرمارتھ سے ابھاد کرا دیتے ہیں۔ اگر انسان کہن کے بھید اور اپنے ادھکاوے واقف ہووے اور پچھ پات کو چھوڑ دیوے تو ایک سندیہہ بھی پاس نہ پھٹکے اور سب اچھے دیکھیں......

ایک شخص کے چار لڑکے ہیں۔ چاروں کی عمر' عقل' ذہن' اچ' چلن اور بدن میں ایک دوسرے سے فرق ہے اور باپ کا مطلب یہ ہے کہ چاروں روزگار کریں۔ گھر سنبھالیں۔ نیک چلن ہوویں' خوش رہیں اور دوسروں کو خوش رکھیں۔

اب اگر باپ ایک ہی سیکھ اور ایک سی تعلیم سب کو دیتا ہے تو کام نہیں چلتا۔ کس واسطے کہ عمر اور عقل وغیرہ میں سب کے فرق ہے۔ اب اس کو ضرور ہوا کہ حسب استعداد ولیاقت فی زمانہ ہر کو علیحدہ علیحدہ سیکھ دیوے۔

سب سے بڑا لڑکا لکھا پڑھا ہے۔ ہوشیار ہے۔ عمر پچیس تیس برس کی رکھتا ہے۔ تندرست ہے۔ بیاہ شادی ہو گیا ہے۔ اس کو اب باپ سیکھ نوکری کرنے کی دیتا ہے اور نوکری کے قاعدوں اور فائدوں کو سمجھاتا ہے۔ اگر وہ لڑکا تعریف اور سکھ سوداگری اور زمینداری وغیرہ کے بیان کرتا ہے تو باپ اس کا ہزاروں عیب اور نقصان ان میں دکھاتا ہے اور نوکری کو سب طرح سے مفید کہتا ہے کہ دیکھو نوکری میں عزت بڑی ہے۔ سو روپئے کے متعدی کی عزت لکھ پتی سے زیادہ ہوتی ہے۔ دو تین پہر نوکری کی پھر چھٹی ہے۔ معزز لوگوں کی صحبت میسر آتی ہے۔ علم و عقل کی ترقی ہوتی رہتی ہے۔ حکومت ہوتی ہے۔ نام روشن ہوتا ہے۔ ہزاروں کی کاربراری ہوتی ہے۔ بڑی رجوعات رہتی ہیں۔ اور سوداگری وغیرہ کیا ہے؟ کچھ بھی نہیں۔ بس پیٹ بھر لینا ہے۔ نہ علم میسر آتا ہے نہ چنداں عزت ہوتی ہے۔ گھر گھر پھرنا

پڑتا ہے۔ اسامی ڈوب جاتی ہے۔ دن رات فکر لینے دینے کی رہتی ہے۔ جھوٹ بہت بولنا پڑتا ہے...... کیونکہ لڑکا لکھنے پڑھنے میں رہا تھا اس کو حسب فہمائش باپ کے نوکری ہی آسان اور مفید معلوم ہوئی۔ تلاش میں چل کھڑا ہوا۔ نوکری پائی اور اس کا مطلب پورا ہو گیا۔

دوسرا لڑکا بیس برس کی عمر رکھتا ہے۔ کچھ تھوڑا ہی پڑھا ہے ذہن بھی اچھا نہیں ہے۔ تندرستی میں بھی فرق رہتا ہے۔ گفتگو میں بھی ربط واجبی ہے۔ اس لیے لڑکے کو باپ واسطے سوداگری اور دکانداری کے ہدایت کرتا ہے۔ اگر لڑکا نوکری کرنے کو کہتا ہے تو باپ نوکری میں ہزاروں عیب نکال کر کہتا ہے بھائی! نوکری غلامی ہے۔ ہر وقت حاکم کا خوف رہتا ہے۔ دیس گھر چھوٹ جاتا ہے۔ بیگانوں کے ساتھ کام کرنا پڑتا ہے۔ کل فکر اپنے ذمہ ہوتی ہے اور گنی کوڑیاں ملتی ہیں۔ نوکری میں سکھ نہیں......اور سوداگری میں یہ سب باتیں میسر آتی ہیں۔ گھر کی بادشاہت ہے نہ کسی کا حکم سہنا پڑتا ہے نہ کسی کی فرمائش سنی پڑتی ہے۔ روٹی کری کرائی ہاتھ آتی ہے۔ رات کو گھر میں سونا ملتا ہے۔ سینکڑوں آدمیوں کی بھیڑ بھاڑ رہتی ہے۔ وقت پر قابو ہوتا ہے۔ جب چاہا کام کیا جب نہ چاہا نہ کیا۔ کچھ بہت سا علم اور گیان بھی نہیں چاہئے۔ اور ایسے پیشے والے دیکھ لو کیسے خوش ہیں۔ بڑے بڑے مکان تیار کراتے ہیں۔ لاکھوں کروڑوں کی دولت ہے۔ کسی کی پرواہ نہیں رکھتے۔ لڑکے نے اپنا حال دیکھ کر اور باپ کی نصیحت سن کر نوکری سے ہاتھ اٹھایا اور سوداگری کرنے لگا۔

تیسرے لڑکے کی عمر بارہ برس کی ہے۔ اس کو باپ واسطے تحصیل علم کے تاکید کرتا ہے اور فوائد علم کے سنا کر کہتا ہے کہ جو کھیل میں رہتے ہیں بدمعاش ہو جاتے ہیں۔ روٹی کھانے کو نہیں ملتی۔ دربدر دھکے کھاتے ہیں۔ باپ اس کو مکتب جانے کو رغبت دیتا ہے۔ کبھی کبھی بوقت ضرورت خوف دلا کر کہتا ہے کہ گھر سے نکال دوں گا۔ تجھ کو کھانے کو نہیں دوں گا۔ تمام رات کوٹھڑی میں بند رکھوں گا۔ اگر کہنے سے نہیں مانتا تو مارتا بھی ہے' اور کسی موقع پر دم دلاسہ بھی دینے لگتا ہے۔ پیار کرتا ہے۔ خود کھیل بھی کھلاتا ہے۔ اگر لڑکا گھر سے باہر جانے میں ڈرتا ہے تو اس کی ہمت بندھاتا ہے اور کہتا ہے کہ بدون باہر جانے کے علم کیسے آوے گا۔ اور گھر کے رہنے میں لڑکے خراب بھی ہو جاتے ہیں۔ دوسرے لڑکے تیرا نام ڈرپوک نار کھ دیں گے...... دیکھو باہر جانے میں بڑی سیریں دیکھنے میں آتی ہیں۔ تجھ سے بھی چھوٹے لڑکے دن رات باہر پھرا کرتے ہیں اور مطلق نہیں ڈرتے...... اب دیکھ لیجئے کہ لڑکے سے کچھ فائدہ یا نقصان نوکری اور سوداگری کا نہیں بیان کرتا۔ جس سے مطلب ہے

اس کی تعریف بدرجہ اتم کرتا ہے۔

اب چوتھا لڑکا پانچ برس کی عمر کا ہے۔ اس کے لیے باپ کھیل کا سامان بناتا ہے۔ کھلونے خرید کر لاتا ہے۔ اسے کھلاتا ہے۔ اس سے ہنسا کرتا ہے۔ اس کی بے وقوفیوں کو ناز سمجھتا ہے۔ اس سے دن رات جھوٹی جھوٹی باتیں کرتا رہتا ہے۔ جھوٹے اقرار کرتا ہے۔ طرح طرح کی کہانیاں سناتا ہے۔ اگر لڑکا باہر نکلتا ہے تو اس کو باہر جانے کو منع کرتا ہے اور کہتا ہے باہر جانا اچھا نہیں ہوتا۔ چور پکڑ کر لے جائے گا۔ جو کوئی چاہے گا' تجھے مار ڈالے گا۔ گھر سے باہر کبھی مت جانا۔ باہر پاؤں رکھنا بہت بُرا ہے۔ اب لڑکا بباعث خوف و خطر گھر سے باہر نہیں جاتا۔ گھر میں کھیلتا ہے۔ لڑکے کو بھی اچھا اور باپ بھی راضی۔ اس لڑکے سے لکھنے پڑھنے کو نہیں کہتا۔ علم اور نوکری اور سوداگری کے فائدے نہیں سناتا۔

دیکھو اب اس شخص نے علیحدہ علیحدہ نصیحتیں چاروں لڑکوں کو کیں اور بالکل الگ الگ کیں۔ بعض جگہ اچھی بات کو بُرا کہا اور بعض جگہ بُری بات کو اچھا۔ مگر کوئی اس شخص کو جھوٹا نہیں کہے گا۔ نہ غلط کہے گا بلکہ عقلمند سمجھ والا کہے گا...... اس کے آگے کاغذ چکنا تھا شاید مٹھائی کا لفافہ تھا جس کی وجہ سے لکھائی پڑھی نہیں جاتی تھی۔ ساری عبارت چکنائی میں اتر چکی تھی۔

ایک کھدری سے کاغذ پر گورمکھی سی میں کچھ لکھا تھا جو تحریر کے انداز سے نظم دکھائی دیتا تھا۔ اس میں جگہ جگہ الفاظ کاٹے ہوئے تھے اور ان کی جگہ دوسرے الفاظ لکھے گئے تھے۔ کونوں میں فارسی کے باریک رسم الخط کے شعر تھے جو اپنی پیچیدگی کی وجہ سے ٹھیک سے پڑھے نہیں جاتے تھے۔

اسی کھدری کاغذ کی دوسری طرف اردو میں تبدیلی مذہب پر ایک پیرا درج تھا۔ جو شخص تبدلی مذہب کر ڈالتے ہیں اس کی یہ صورت ہے کہ حضرت کو اپنے باپ دادے کی جمع پونجی تو معلوم نہیں ہوتی کہ کتنے کروڑ خزانے رکھے ہیں اور دوسری طرف سے یقین کر کے کہ یہ بڑا جمع والا ہے جھٹ اپنے مالک کو چھوڑ کر دوسرا مالک کر لیتے ہیں۔ یہ دستور ہے کہ جب ایک مذہب والا دوسرے مذہب کی نندا کرتا ہے تو جو باتیں اس میں چھوٹے چھوٹے متبدیوں کے لیے کہی ہیں ان کو سنا کر اپنے یہاں کی بلند سے بلند باتوں سے مقابلہ کر کے پھسلا لیتے ہیں۔ اپنے گھر کی تو رسوئی کا ذکر کرتے ہیں اور دوسرے کے گھر کے بیت الخلا کا نقشہ دکھلاتے ہیں۔ پس بھوکا روٹی کے لالچ میں پھنس جاتا ہے۔ مگر چونکہ تعصب مذہب بھی درست ہے پس جس نے تبدیل مذہب کرایا کچھ گناہ نہیں کیا' اور جس نے مذہب بدلا اس کو بھی گناہی

نہیں کہہ سکتے کیونکہ اس مذہب کے بموجب معرفت میں داخل کیا۔ ہاں اتنی بات ہے کہ اپنے گھر کی اچھوتی روٹی چھوڑ کر دوسرے کے گھر کو جوٹھن جا کھائی۔

اس کاغذ کی دوسری طرف لکھا تھا: جسم و زبان اور عقل و حواس اور دل کو قابو میں رکھ کر ہاتھ جوڑے ہوئے گورو کو دیکھتا ہوا سامنے کھڑا رہے۔ گورو کے سامنے ایسا طریقہ اختیار کرے کہ جیسا گورو بھوجن کرے اس سے ادنیٰ درجہ کا بھوجن آپ کرے اور جیسا کپڑا گورو پہنے اس سے کم درجہ کا کپڑا آپ پہنے۔ جیسی صورت سے گورو رہے اس سے کمتر صورت میں آپ رہے۔ گورو بیٹھے ہوں تو آپ کھڑا ہو کر اور گورو کھڑے ہوں تو آپ چل کر اور گورو چلتے ہوں تو آپ سامنے جا کر اور اگر گورو دوڑتے ہوں تو آپ بھی پیچھے دوڑ کر گفت و شنید کرے۔ گورو کے پاس شیشہ کا بستر اور آسن نیچے ہونے چاہئیں۔ گورو کے سامنے حسب من پسند ہاتھ پاؤں پھیلا کر نہ بیٹھے۔ جہاں گورو کا سچا یا جھوٹا عیب کہا جاتا ہو وہاں سے اٹھ جائے یا اپنے کان بند کر لے کیونکہ گرو کا سچا یا جھوٹا عیب کہنے سے گدھا اور نندا کرنے سے کتا ہوتا ہے' اور گورو کی بڑائی نہ سہہ سکنے سے بڑا کیڑا ہوتا ہے۔ اشنان کرانا' ابٹن لگانا' جوٹھا کھانا اور پاؤں دھونا یہ سب کام گورو کے بیٹے کے نہ کرے صرف گورو ہی کے کرے۔ جو برہم چاری شریر تیاگ کرنے تک گورو کی سیوا کرتا ہے وہ بلا محنت ابناشی برہم لوک کو پاتا ہے۔

انگرا کے بیٹے نے اپنے چچا کو وید پڑھایا اور بیٹا کہا۔ وہ چچا خفا ہو کر دیوتاؤں سے پوچھنے گیا۔ دیوتاؤں نے جواب دیا کہ اس لڑکے نے ٹھیک کہا کیونکہ جو کچھ نہیں جانتا وہ بالک کہلاتا ہے اور جو منتر دیتا ہے وہ باپ کہلاتا ہے۔

ہلکے نیلے رنگ کی چھوٹی چھوٹی پرچیاں تھیں لیکن ان پر گورمکھی میں عبارت لکھی تھی۔ میں نے یہ سارے کاغذ سنبھال کر اور سینت کر پلاسٹک کے ایک لفافے میں رکھ لئے۔

بڑی دیر تک میں یہ فیصلہ نہ کر سکا کہ انہوں نے یہ کاغذ میرے لیے چھوڑے ہیں یا ان کے اپنے نوٹس ہیں جو وہ بھول گئے ہیں۔ نفس مضمون سے لگتا تھا کہ یہ تحریریں مجھے بتانے اور سمجھانے کی غرض سے لکھی گئی ہیں اور ان میں میرے بہت سے ان پوچھے سوالوں کے جواب موجود ہیں۔ لیکن ان پرچیوں کے اچانک اور یکایک ہونے کی بنا پر اندازہ ہوتا تھا کہ استاد مکرم کے نوٹس ہیں جو انہوں نے اپنی تقریروں میں استعمال کرنے کے لیے جمع کیے ہیں۔

اس عرصے میں دو تھانیدار تبدیل ہو گئے اور تیسرا آ گیا جو ہیڈ کانسٹیبل سے ایس ایچ او

ہوا تھا۔ اس کا رویہ پہلے دو تھانیداروں سے مختلف تھا اور اس کا لب ولہجہ بھی کچھ عجیب سا تھا۔ اس نے اپنی گفتگو سے مجھے یقین دلا دیا تھا کہ بھائی بالی گرنتھی کو میں نے چھپا رکھا ہے اور میں ہی اس کی "ناواپسی" کا ذمہ دار ہوں۔

پولیس کا کاروبار بھی عجیب ہے۔ اس میں ایک مرتبہ جب کوئی شے مسل کے اندر داخل ہو جاتی ہے تو پھر اس کا نکلنا مشکل ہو جاتا ہے۔ عدالت اپنا فیصلہ دے دے۔ سارے معاملے کی اصل حقیقت سمجھ کر اس کو نپٹا دے۔ معاملہ داخل دفتر ہو جائے۔ اس کی کوئی قانونی، معاشرتی، اخلاقی اور منطقی وجہ زندگی نہ رہے پھر بھی پولیس والے اس کو اپنی مرضی سے دوبارہ نکال کر اس پر تفتیش شروع کر دیتے ہیں۔ اس معاملے میں جان تو نہیں ہوتی نہ ہی اب اس کا حقیقت سے کوئی تعلق ہوتا ہے لیکن پولیس والے اس میں جھوٹی جان ڈال کر اور اس نیولے کو کپڑے میں لپیٹ کر اس ڈسے ہوئے شخص کو پھر سے ڈرانے آجاتے ہیں جو ایک مرتبہ کالے کے کاٹے کا شکار ہوا تھا۔ اب کی بار وہ مظلوم کے حامی بن کر ایک جھوٹے نیولے کو محافظ بنا کر ساتھ لے آتے ہیں کہ اس کے دودھ پانی کا بندوبست کر دیجئے پھر وہ کالا عمر بھر آپ کے نزدیک نہیں آئے گا۔

میں اپنے کیس میں بُری طرح زچ ہونے کے بعد اس نتیجے پر پہنچا کہ محکمہ پولیس کے کارندے دراصل اس پیشے کے اہل نہیں ہوتے اور ان کو زبردستی اس کام پر مامور کر دیا جاتا ہے۔ جو لوگ چلمیں بھرنے، بھینسیں چرانے، گڑھا کھودنے، رسی بٹنے، گھوڑا نہلانے اور گزرتی ہوئی عورتوں کو دیکھ کر ٹپے گانے کے لیے بنے ہوتے ہیں ان کو شرلاک ہومز کے باریک کام پر فائز کر دیا جاتا ہے۔ اب وہ بیچارے کیا کریں اور کس طرح سے یہ ذمہ داری نبھائیں، اور کس کو بتائیں کہ یہ کام ان کے کرنے کا نہیں۔ انہیں زبردستی اس میں پھنسا دیا گیا ہے۔ جب ان کی فریاد اور نالہ وشیون کو کوئی نہیں سنتا وہ راہ چلتے لوگوں کو "زور زبردستی" پھنسانے لگتے ہیں اور اپنا غم غلط کرتے ہیں...... دراصل ان کا کوئی قصور نہیں ہوتا وہ اس کام کے لیے بنے نہیں ہوتے اس مخصوص فنی پیشے کے لیے "کٹ آؤٹ" نہیں ہوتے۔

۲۴

میں نے بہت کوشش کی۔ بڑا سر مارا۔ ہر ممکن طریق سے ڈھونڈا۔ دور دور سے معلومات حاصل کیں لیکن استاد گرامی کا کچھ پتہ نہیں چل سکا۔ یوں بھی جب وقت کے بہت سارے اوراق ایک ساتھ الٹ جائیں تو پچھلے باب آپ سے آپ دب جاتے ہیں اور نئے نقشے اور نئی مورتیں سامنے آجاتی ہیں۔

ایک ایک دن کر کے تین سال کا عرصہ گزر گیا اور ہمارے درمیان موت کی دراز قد محبوبہ کو لہے اٹھا کر لیٹ گئی۔ زندگی کے اندر وہ جو ایک کھٹ مارنے اور سپرنٹ مارنے کا پنگا تھا وہ ختم ہو گیا۔ وہ جو گرمیوں کے اندر ایک کم قیمت موم بتی کچھ اپنی گرمی سے کچھ باہر کی گرمی سے خمیدہ ہو جاتی ہے زندگی بھی ایسی ہی ''بچپن کی غلط کاریوں'' جیسی ہو گئی۔ اوپر سے ٹھیک ٹھاک، سرخ و سفید تنومند۔ اندر سے ماٹھے ہی ماٹھے۔ جب زندگی کے سامنے کوئی بڑا مقصد نہ ہو تو یہ ایک اولڈ سپنسٹر کی طرح صاف ستھری، دھلی دھلائی پاکیزہ سی بلی بن کر مخملی گدی پر بیٹھی رہتی ہے۔ کوئی بلا اس کی بے مقصد پاکیزگی کی وجہ سے قریب نہیں آتا!

کچھ ایسی ہی زندگی تھی اور کچھ ایسا ہی کام تھا۔ بلکہ زندگی میں ڈائرکشن نہ ہونے کی وجہ سے کام اور بڑھ گیا تھا اور مصروفیت کے انبار لگ گئے تھے۔ زندگی کے لان پر آوارہ گرد کتے رات کو گندے کام کر کر کے جگہ جگہ گند پھیلا گئے تھے۔ ایسے میں کیا ہو سکتا تھا۔

میں ایک جگہ سے اٹھا اور دوسری جگہ جا کر بیٹھ گیا۔ لیکن وہاں بھی کچھ نہیں تھا۔ وہ جگہ بھی ویسی ہی شاداں و فرحاں تھی! اس کے اردگرد بھی ویسا ہی گند تھا...... کتابوں میں لکھا تھا کہ مشکل کے وقت سکاوٹ مسکراتا اور سیٹی بجاتا ہے۔ میں نے مسکرا کر سیٹی بجانے کی کوشش کی تو پھونک دانتوں کے اندر سے نکل گئی۔ سیٹی نہ بج سکی۔ جب سیٹی نہ بجی تو میں شرمندہ ہو کر مسکرانے لگا۔

ایک روز اخبار میں خبر دیکھی کہ حیدر آباد اور کراچی کے درمیان نیشنل ہائی وے پر کراچی سے پشاور جاتے ہوئے ایک آئیل ٹرک نے حیدر آباد سے کراچی آتی ہوئی ایک فوکسی کو ٹکر ماردی۔ یہ ٹکر تو کچھ ایسی شدید نہیں تھی لیکن اس نے فوکسی کا رخ پھر حیدر آباد کی طرف موڑ دیا۔ اندر بیٹھی ہوئی سواریوں کو خراش تک نہ آئی۔ موٹر کا کوئی نقصان نہ ہوا اور گاڑی اس طرح سے چلتی رہی مگر الٹی سمت کو۔

البتہ اس ٹکر سے فوکسی کو آگ لگ گئی اور وہ دیکھتے دیکھتے نارنجی شعلوں کا ایک ایسا مینار بن گئی جس کی چوٹی پر کالا سیاہ دھواں گھٹا ٹوپ اندھیرا بن کر آسمان سے واصل ہو گیا۔ فوکسی کے دونوں دروازے جام ہو گئے اور اس کے اندر بیٹھی ہوئی سواریاں چیخنے چلانے اور تڑپنے لگیں۔ دونوں طرف کا ٹریفک رک گیا۔

کراچی سے آتے ہوئے ایک تاجر نے اپنی مرسڈیز کی پچھلی سیٹ سے دیکھا' فوکسی کے اندر ایک دراز قد' خوبصورت لڑکی دونوں ہاتھ باندھ کر باہر کھڑی پبلک سے التجا کر رہی تھی اور لوگ سہمے کھڑے تھے۔ وہ کبھی دونوں بندھے ہاتھ اس شیشے کے لوگوں کی طرف لہراتی' کبھی دوسرے شیشے کی جانب لیکن کسی میں بھی آگے بڑھنے کی ہمت نہ پڑتی تھی۔

سیٹھ اپنی مرسڈیز کا دروازہ کھول کر بجلی کی طرح لپکا اور فوکسی کا دروازہ کھولنے کی کوشش کرنے لگا۔ ہینڈل کو گرم پا کر اس نے جلدی سے رومال نکالا اور ہاتھ پر لپیٹ کر ہینڈل پر زور لگانے لگا۔ دروازہ نہ کھلنا تھا نہ کھلا۔ سیٹھ کے براؤن کوٹ کے لیبل کو آگ نے پکڑا تو اس نے سینے پر ہاتھ مار مار کر آگ کا لابند مٹا دیا۔ گاڑی کے پیچھے سے ہو کر وہ دوسرے دروازے پر پہنچا تو اس کا ہینڈل زیادہ گرم اور زیادہ مضبوطی سے بند تھا۔ اس نے بیتابی کے عالم میں ہینڈل کو زور زور کے جھٹکے دیئے اور ہینڈل اور جام ہو گیا۔

سیٹھ کے کوٹ کے گھیر کو آگ نے پکڑ لیا۔ اس کے سر کے بال راکھ ہو کر گر گئے۔ اس نے ناامیدی اور نامرادی کے عالم میں ہینڈل کو اس زور سے دہلایا کہ گاڑی کی پوری سائیڈ اوپر اٹھنے اور نیچے گرنے لگی۔ اپنی سدھ بدھ کھو کر اور مکمل طور پر بے اختیار ہو کر اس نے اپنا ماتھا جلتی ہوئی فوکسی کی چھت سے ٹکرانا شروع کر دیا اور دیوانگی کے عالم میں اپنا سر اس زور سے بجایا جیسے مست ملنگ درگاہ کی سلوں سے اپنا سر ٹکرایا کرتے ہیں۔

اچانک دوسری طرف کا دروازہ کھل گیا اور فوکسی کے تینوں مسافر چیخیں مارتے باہر نکل آئے۔ سیٹھ نے پیچھے ہٹنے کی کوشش کی اور اس کا وجود جلتی ہوئی گاڑی کے ساتھ چمٹ کر رہ

گیا۔ مرد عورتیں اونچی اونچی آوازیں رونے اور بین کرنے لگے۔ سیٹھ کا جلتا ہوا وجود پہلے برہنہ ہوا۔ پھر لال انگارہ' پھر کالا سیاہ اور پھر پھول کر گاڑی کے ساتھ ایک کھمبا سا بن گیا۔

بڑی دیر بعد فائر بریگیڈ پہنچا اور گاڑی پھٹنے سے بچالی گئی۔ چمٹے ہوئے سیٹھ کی لوتھ کو بڑی مشکل سے اور بڑی بیدردی سے گاڑی سے الگ کیا گیا اور اسے اس کی مرسڈیز میں ڈال کر گھر واپس بھیج دیا گیا۔

یہ تفصیل جو میں نے ابھی بیان کی اگلے دن کے اخبار میں پوری جزئیات کے ساتھ چھپی تھی اور اس میں شوقین مزاج سیٹھ کی بدمعاشی کے ساتھ مسکراتی ہوئی تصویر تھی......

سیٹھ میرا پیارا دلبر جانی بابا سنگل شاہ تھا جو بعد میں گجرات کچہری کا وثیقہ نویس بنا اور پھر ایکسپورٹ کا تاجر بن کر جرمنی اور ہالینڈ رودہ بھیجنے لگا۔ اب وہ اپنی تجارت کو مزید وسعت دینے کے لیے بہاولپور اور ملتان جارہا تھا اور راستے کے مذبح خانوں کی تفصیلات بہم کررہا تھا۔ اس کو یقین تھا کہ اگر وہ ان مذبح خانوں سے رابطہ کر کے اور اپنے ایجنٹ وہاں بٹھا کر بلاواسطہ طور پر رودہ حاصل کرنے لگے گا تو ایک تو اسے مال بھی بہت سستا پڑے گا۔ دوسرے رودے کی وافر سپلائی سے وہ ہالینڈ کی مارکیٹ بھی اپنی گرفت میں لے لے گا۔ لیکن ہالینڈ کی منڈی کو گرفت میں لینے سے پہلے وہ خود لاٹ کی لپیٹ میں آگیا۔

۲۵

یہ کیوں ہے؟ اور ایسا کس لیے ہوتا ہے اور اس کا کون ذمہ دار ہے۔ میں نے پورے دھرم، ایمان اور علم گیان کے ساتھ اس پر سوچا۔ کافر، مشرک اور ناستک ہو کر اس پر غور کیا۔ تشکیک کے کھلے میدانوں میں عقل اور منطق کے گھوڑے دوڑائے۔ نہ کوئی آگے نکل سکا نہ پیچھے رہا۔ پھر فلسفہ اور نفسیات کا سہارا پکڑا۔ اس نے بہت ساری گتھیاں سلجھائیں لیکن سلجھانے کے بعد ایک ایسے مقام پر لے جا کر چھوڑ دیا کہ واپسی کے سارے راستے گم ہو گئے۔ بڑی دیر تک فرائیڈ اور مارکس کا مطالعہ کیا۔ ان کو سبقاً سبقاً پڑھا۔ استادوں سے مدد لی لیکن اخیر پر پہنچ کر یہی معلوم ہوا کہ دونوں ہی ایک محلے کے اندھے فقیر تھے۔ ایک رّن کی صدا لگاتا تھا دوسرا آن کی۔ لیکن کسی سے کچھ دان دکھشنا نہ مل سکی۔ جیسے خالی ہاتھ آئے تھے ویسے ہی خالی جھولی لے کر واپس چلے گئے۔ زندگی کا کوئی بھید نہ کھلا۔

ایک چیونٹی لالو کھیت سے چلتی چلتی کلفٹن کے ساحل پر پہنچی۔ لڑکی پائنچے چڑھائے سمندر کی چھوٹی چھوٹی لہروں میں بھاگی پھرتی تھی۔ لڑکے نے ریت پر دری بچھاتے ہوئے اور کھانے کی اشیاء چاروں کناروں پر سجاتے ہوئے غور سے نیچے کی طرف دیکھا تو چیونٹی ریت کے ایک موٹے سے ذرّے کو پرے دھکیل کر دری پر چڑھ رہی تھی۔ لڑکا اسے اتنی دور سے ایسے نامانوس ماحول میں دیکھ کر حیران ہوا اور پھر ہنس کر بولا "بوا! ادھر کدھر پہنچ گئی!"

چیونٹی نے ہانپتے ہوئے کہا "میاں لالو کھیت سے یہاں تک کا سفر بارہ دن میں طے کر مشکل سے سمندر کنارے پہنچی ہوں اور اب بھوک سے نڈھال ہوں۔"

لڑکے نے کہا "حیرت ہے آپ کی عقل پر! یہاں آپ کی پسند کا دانہ دنکا کہاں، یہ تو سمندر ہے۔ یہاں یا تو ریت ہے یا پھر پانی!! آپ نے بھوکوں تو مرنا ہی تھا۔"

چیونٹی نے کہا "میاں ایک زمانے کی خلش دل میں پوشیدہ تھی کہ سمندر کو دیکھوں۔

اس کو سمجھوں اور اس کے بارے میں کوئی رائے قائم کروں۔ سو یہاں آگئی ہوں۔ اب اس کی وسعت کا، اس کی گیرائی کا اور اس کی گہرائی کا خود اندازہ لگاؤں گی اور واپس جا کر اپنی قوم کو تفصیل سے بتاؤں گی کہ سمندر اصل میں ہوتا کیا ہے اور اس کی حقیقت کیا ہے؟"

اسی طرح انسان زندگی کے بارے میں ٹامک ٹوئیاں مارتا رہتا ہے۔ کبھی نظم، میں کبھی نثر، میں کبھی ریاضی کے معاملات میں۔ کبھی زمینی دوربین سے کبھی آسمانی ہبل سے۔ کبھی مفروضوں کے زور پر کبھی ایمان واعتقاد کے سہاروں سے لٹک کر۔ لیکن بھید کھلتا نہیں ہے کہ فرمادیا گیا ہے کہ ہاں تم کو علم دیا گیا ہے الا قلیلا!

میرے صاحب فرمایا کرتے تھے کہ شفائی یہ زندگی کچھ نہیں بس ایسے ہی کھیل تماشا ہے۔ اس کو زیادہ اہمیت نہیں دینی چاہئے۔ بس اس کے اندر سے گزر جانا چاہیے۔ ہنستے کھیلتے، گاتے بجاتے، رجز پڑھتے، حدی خوانی کرتے، نعرے مارتے، آنسو بہاتے، ناکام ہوتے، خوشی مناتے، صلیب اٹھا کر سولی چڑھتے، سولی سے اتر کر پھاگ کھیلتے، لنگوٹی اتار کر دھوپ میں کھڑے ہوتے، دھوپ سے نکل کر سیلاب میں ڈوبتے، ڈوب جاتے تو پھر ابھرتے، ابھر آتے تو لوگ پکڑ لیتے...... یہ تو لمبا کھیل تماشا ہے، جیسے بچے سوٹی کے گھوڑے پر سوار ہو کر گلی کے دس دس چکر لگا لیتے ہیں اور ان کا جی نہیں بھرتا۔ منزل آ بھی جاتی ہے پھر بھی گھوڑا بھگائے پھرتے ہیں۔

میرے مرشد، میرے استاد، میرے گرو بھائی اقبال سنگھ گرنتھی پتہ نہیں اب کہاں تھے۔ ان کا ٹھیک ٹھور ٹھکانہ معلوم نہیں تھا لیکن اندر کے بھیدی جانتے تھے کہ وہ آسام کی طرف نکل گئے تھے اور ناگالینڈ کے لوگوں کے ساتھ نیا تعلق پیدا کر لیا تھا۔

جو لوگ ان سے مل کر آئے تھے انہوں نے بتایا کہ گوہاٹی کے چھوٹے گوردوارے کی میانی میں رہتے ہیں۔ شبد کیرتن کرنے کے بعد اپنے آپ کو اس میانی میں بند کر لیتے ہیں اور کسی سے ملتے نہیں۔ بھائی بدھ سنگھ سیوادار کو حکم ہے کہ اگر علاقے کا گورنر بھی ملنے کے لیے آئے تو اس کو انکار کر دیا جائے۔

جن لوگوں نے شبد کیرتن کے بعد ان سے بات کرنے کی کوشش کی تو انہوں نے ہونٹوں پر انگلی رکھ کر جواب دینے سے منع کر دیا۔ سب یہی کہتے تھے کہ انہوں نے دیکھا ضرور ہے۔ سنا ضرور ہے پر بھائی باہلی سے کسی نے کوئی بات نہیں کی۔ وہ مسکرا کر کندھے پر ہاتھ ضرور دھرتے ہیں لیکن کسی بات کا کوئی جواب نہیں دیتے۔ اور اگر گوہاٹی گوردوارے سے آنے

والے ایک سے زیادہ ہوں تو پھر جھگڑا شروع ہو جاتا ہے اور وہ آپس میں بحث کرتے ہوئے ایک دوسرے سے پوچھتے ہیں کہ ان کو یقین تھا کہ وہ گرنتھی بھائی باہلی ہی تھے۔ اگر وہی تھے تو پھر انہوں نے اپنا پانا کیوں بدل لیا ہے۔ اگر بدل ہی لیا ہے تو وہ پنجاب سے آنے والوں کی سکھ ساند کیوں نہیں لیتے۔ کیا وہ سچ مچ ہیں یا پردہ کر گئے ہیں اور ان کی آتما گرنتھی کے روپ میں آکر شبد کیرتن کر جاتی ہے! اگر وہ آتما نہیں ہے جو گوردوارے کی میانی میں رہتی ہے تو اس نے آج تک بھائی بدھ سنگھ سیوادار سے کوئی کھانے پینے کی چیز کیوں نہیں مانگی۔

جھگڑا کرنے والے پوچھتے ہیں کہ اگر وہ صرف آتما ہیں اور آتما کسی سے کوئی بات نہیں کرتی تو انہوں نے ملوٹ کی کرپو درزن سے یہ کیوں پوچھا کہ "تخت پور کی رجنی کیسی ہے؟ اور کرپو کا جواب ملنے پر کہ رجنی تو سودائی ہو کر گھر سے نکل گئی ہے اور اب شمشان بھونی میں رہتی ہے،' تو بھائی باہلی نے ٹھنڈی سانس بھر کر یہ کیوں کہا تھا کہ "بس کرپو پر سنسار تو کھیل تماشا ہے اور اکالی پرکھ کی لیلا اس سے آگے کچھ نہیں!"

پر بہت سے لوگ ایسے ہیں جو اسے کھیل تماشا نہیں سمجھتے۔ وہ کہتے ہیں یہ دنیا ایک حرکی قوت ہے اور اس کے آثار سائنس کے طے شدہ اصولوں کے مطابق رونما ہیں۔ یہ کھیل تماشا کدھر سے ہو گیا! مذہبی لوگ ایسے ہی یاوہ گوئی کرتے رہتے ہیں۔ ان کا بُرا ہو۔ یہ دفع بھی نہیں ہوتے ساتھ ساتھ چلے آتے ہیں۔

ایک کوئی بڑا گیانی تھا۔ گورا گیانی۔ وہ کہا کرتا تھا "بھائی یہ دنیا تو ایک سادہ اور صاف تختی ہے اور میرا یقین ہے کہ زندگی کے کوئی معنی نہیں۔ اس کا کوئی مطلب نہیں۔ بس ایک موجود خلا اور باحقیقت خلا ہے جس کو ہم انفرادی طور پر اور اجتماعی طور پر اپنے ذخیرہ الفاظ سے بھرنے کی کوشش کرتے رہتے ہیں اور ایک مقام ایسا آتا ہے جب بڑا سوچا سمجھا' جانا پہچانا' اور چھانا پھٹکا ذخیرہ الفاظ ایک ہذیان میں تبدیل ہو جاتا ہے۔ بک بک جھک جھک اور بسیار گوئی کی ایک لمبی لڑی بن جاتا ہے۔ سارے سیانے بیانے دانشمند' اور نیک بناد دانشور بھبھ بھبھ مارنے لگتے ہیں اور بے شمار لفظوں کی دھونکیاں چلا کر ہانپنے لگتے ہیں' اور باحقیقت خلا اور باحقیقت ہو جاتا ہے!

میرا یار ملک التجار' سنگل شاہ' عیش پسند اور عیش کوش' عبادت کے نوکیلے کیلوں والے پھٹے پر بیٹھا اس دنیا کے مزے لے رہا تھا اور چٹخارے بھر رہا تھا۔ اس کو کیا ہوا۔ یا اس نے کیا کیا کہ اپنی خوبصورت سی' تھری پیس کی ملبوس زندگی جلتی چتا کے حوالے کر دی اور

موٹر کے ہینڈل سے ہاتھ نہ چھڑواسکا۔اور جن کو مر جانا چاہئے تھاجو موت کے گولے کے اندر بند تھے اور موت کے پنجرے میں محبوس تھے اور دوسرا دروازہ کھول کر باہر نکل آئے۔اگر ہم ایک دنیا بنائیں تو کیا وہ موجودہ دنیا سے بہتر نہ ہو۔اس میں خطرے کے وقت پہلے تو گھنٹی بجا کرے۔ پھر حفاظتی دروازے خود بخود کھل جایا کریں۔سیڑھیاں آپ سے آپ لگ جائیں۔ ہنڈولے کنوئیں کو ٹنڈوں کی طرح اوپر جائیں اور لوگوں کے ڈھیر اٹھا اٹھا کر نیچے اتر آئیں۔ کوئی حفاظت تو ہو' سیکیورٹی تو ہو۔اب تو زندگی ایسے ہی کھڑی ہے۔ الف ننگی۔ کسی کو کچھ دیتی ہی نہیں۔ دے ہی نہیں سکتی۔اس کے اختیار میں ہی کچھ نہیں۔ اس سے تو انشورنس کمپنی اچھی ہے۔ایک سیکیورٹی تو ہے۔ بندا چاہے رہے نہ رہے لیکن اس کی سیکیورٹی تو باقی رہ جاتی ہے۔ جیسے مرنے والے کے بعد اس کی ٹوپی' صدری' سوئی اور جوتی باقی رہ جاتی ہے۔

لیکن جانے والا رک کر اور مقابلہ کر کے جارہا ہے۔ جیسے جانور مرنے سے پہلے موت کا بھرپور انداز میں مقابلہ کرتا ہے۔ وہ موت کو روک کر مقابلہ کرتا ہے۔ موت کے روکنے پر پورا زور لگاتا ہے اور زندگی کے لیے لڑتا ہے۔ایک ڈڈوّ آدھے سے زیادہ سانپ کے منہ میں جا کر پورا زور لگاتا ہے اور اپنے پچھلے پنجوں کی کھدیڑ سے بار بار سانپ کے منہ سے باہر نکل آتا ہے۔باہر نکل کر وہ کھسک جانے کی کوشش کرتا ہے لیکن سانپ اسے پھر پکڑ کر اپنے منہ میں فٹ کر لیتا ہے۔اس دھینگا مشتی' چھینا جھپٹی' اور بچن بچاؤ کے بعد سانپ بالآخر ہمت کر کے اسے منہ میں ڈال کر اندر اتار لیتا ہے۔ یہی حال انسان کا ہے۔ میں نے جانوروں کو لڑتے دیکھا ہے انسان کو لڑتے دیکھا ہے۔اور ایسے میں لڑتے دیکھا ہے جب حالات ان کے مخالف تھے اور وہ دشمن کے ساتھ مل گئے تھے۔ان کو اچھی طرح سے معلوم تھا کہ اگر بچ گئے تو چمڑی اتر جائے گی لیکن وہ لڑتے تھے اور زندہ رہنے کے لیے موت کے آخری کنارے تک لڑتے تھے۔شاید ہم کسی خاص شے کے لیے یا کسی خاص آدرش کے لیے نہیں لڑتے بس ایسے ہی لڑتے ہیں۔ زندہ رہنے کے لیے اور زندگی سے پیار کرنے کے لیے اور زندگی کو پیاری بناتے رہنے کے لیے۔ لیکن پتہ نہیں اصل راز کیا ہے اور میں جو یہ بکواس کر رہا ہوں تو میں اس پر کوئی اتھارٹی نہیں ہوں۔ مجھے تو سنگل شاہ کی وجہ سے یہ سب باتیں سوجھ رہی ہیں ورنہ میرا ان چیزوں سے بلاواسطہ کوئی تعلق نہیں ہے۔

میں تو اس کھیل تماشے میں زندگی کے تضاد سے بہت لطف اندوز ہوتا ہوں۔ زندگی

کی عقلی اور غیر عقلی ثنائی تقسیم سے۔ اس کی دو رنگی سے‘ اس کے تناقض سے۔ صبح سے شام تک اور ازل سے ابد تک زندگی تناقض کی پٹڑی پر ہی چلتی ہے اور اپنی دی ہوئی مضبوط اور قابل عمل دلیل کو خود ہی کاٹتی چلی جاتی ہے۔ زندگی کا یہی کھیل سب سے بڑا تماشا ہے۔ اور اسی تماشے کو دیکھنے کے لیے زندگی کے نمائندے دور دور سے آتے ہیں۔

میرٹھ میں کوئی آدمی تھا۔ بہت ہی غریب اور مفلوک الحال۔ باقاعدہ بھکاری تو نہیں تھا لیکن اس کی گزر اوقات کا دارومدار مانگنے پر تھا۔ سکہ بند فقیر نہیں تھا بس ایک معمولی سا منگتا تھا۔ ایک روز اس کنگلے کو نہر کنارے پٹڑی پر ایک تھیلی ملی جس کے اندر بارہ سو روپے اور پانچ طلائی اشرفیاں تھیں۔ اس نے اس خزانے کو جھولی میں انڈیل کر پانچ مرتبہ گنا اور پھر یہ تھیلی کچہری لے جا کر مجسٹریٹ کے پاس جمع کرا دی کہ جس کی ہو نشانی بتا کر لے جائے اور فقیر کے حق میں دعا کرے۔

اسی میرٹھ کے اندر ایک مرد کہن سال‘ سرد و گرم کشیدہ‘ گرگ باراں دیدہ سیشن جج کی عدالت میں پیش ہوا جس نے ایک پانچ سالہ بچی کے کانوں سے سونے کی بالیاں نوچ کر اس کا گلا گھونٹ کر مار ڈالا تھا اور معصوم کی لاش اس نہر کے اندر پھینک دی تھی۔ سیشن جج کے پوچھنے پر اس نے بتایا کہ وہ بالیاں سات سو میں بکی تھیں اور سنار نے سو روپے اس بنا پر کاٹ لئے تھے کہ مال چوری کا معلوم ہوتا ہے!

سیشن جج نے آہ بھر کر کہا ”اے ظالم اور سفاک قاتل آج سے چند سال پہلے جب میں اس شہر میں مجسٹریٹ تھا تو ایک مرد درویش اس نہر کے کنارے سے بارہ سو روپے کی تھیلی مع پانچ عدد طلائی اشرفیوں کے میری عدالت میں جمع کرا گیا تھا کہ جس کی ہو آ کر لے جائے اور ایک تو ہے کہ تو نے چند ٹکوں کی خاطر خون ناحق سے ہاتھ رنگے اور معصوم بچی کے والدین کو عمر بھر کے لیے روتا بلکتا چھوڑ دیا۔ مجھ سمجھ میں نہیں آتا کہ تجھے اس گھناؤنے جرم کے لیے کیا سزا دوں کہ لوگوں کو عبرت ہو اور معصومہ کے گھر والوں کو قرار آئے۔“

مجرم نے ہاتھ باندھ کر کہا ”جج صاحب میں وہی شخص ہوں جس نے نہر کنارے سے تھیلی اٹھا کر آپ کی عدالت میں جمع کرائی تھی اور کسی قسم کا انعام لینے سے انکاری ہو چکا تھا۔ مجھے پتہ نہیں جب کیا تھا اور اب کیا ہے۔ میں بھی وہی ہوں۔ شہر بھی وہی ہے۔ نہر بھی اسی طرح سے چل رہی ہے لیکن یہ واقعہ گزر گیا ہے اور اس پر میرا کوئی کنٹرول نہیں رہا!

یا تو زندگی کے کچھ معانی ہیں یا بالکل نہیں ہیں۔ یا پھر تم خود زندگی کو معانی عطا کرتے

ہو۔ لیکن ایسا بھی نہیں ہے۔ یا تو تم کو اس بات کا احساس ہے کہ تم یہاں کس لیے ٹھہرے ہوئے ہو' اور تم حالات و واقعات کا رخ اس طرف پھیرتے رہتے ہو یا پھر یہ سب کچھ ایسے ہی ہے اور کسی کو کوئی رخ معلوم نہیں۔

ایک مرتبہ ہم نے بابا مردان شاہ سے پوچھا "بابا جی یہ زندگی ہے کیا؟" تو انہوں نے گھور کر ہماری طرف دیکھا۔ پھر مسکرائے اور تالی بجا کر چوگوشیہ ٹوپی سر سے اتار کر پرے پھینکی' سنجیدگی سے بولے "یہ زندگی ایک سمندر ہے۔ اور ہم اس سمندر کے بیچوں بیچ اونچی لہروں پر گھوم رہے ہیں۔ پتہ نہیں کہاں ہیں اور سمندر کا رخ کدھر کا ہے۔ اگر سطح آب پر نشان منزل ہوتے تو ہم بتا دیتے کہ ہم کہاں ہیں۔ لہروں پر سنگ میل ہوتے تو ہمیں اپنے مقام کا پتہ چل جاتا۔ لیکن ہم پھر بھی بڑی ڈھٹائی سے خدا کو تلاش کر رہے ہیں' اور ابد تک کرتے رہیں گے کیونکہ تلاش ہی ہماری منزل ہے۔"

خوش ہو کر بولے "انسان جب اپنا مقصود حاصل کر لیتا ہے تو اس کو روحانی سعادت حاصل ہو جاتی ہے اور وہ آنند کی گود میں اتر جاتا ہے۔ لیکن جس طرح ایک گونگا کڑاہی گوشت کا ذائقہ نہیں بتلا سکتا اسی طرح ہم بھی نہیں سمجھا سکتے کہ روحانی سعادت کیا ہوتی ہے اور نروان کا تانا بانا کیسا ہوتا ہے!"

لیکن یہ سمجھ میں نہیں آ رہا کہ زندگی ایک طرف گھومتی گھومتی بالکل الٹ کیسے گھومنے لگتی ہے۔ وہ کونسا عمل ہے جو اس کا رخ دوسری طرف پھیر دیتا ہے اور وہ کونسی پھرت ہے جو پھرتے پھرتے اس میں دوسری جانب کا عمل پیدا کر دیتی ہے کیوں؟ کس لیے؟ کیسے؟

جب ہمارے یہاں کپڑے دھونے کی ولائتی مشین آئی تو ہمارے تایا صاحب نے پہلے تو اس کے قریب کھڑے ہو کر سورۃ مومنون پڑھی (وہ صبح سویرے اس کا ورد کیا کرتے تھے) اور پھر مشین کے دونوں کناروں پر ہاتھ رکھ کر اس سے بیعت کر لی اور اونچی آواز میں پکار کر میری والدہ سے کہا "بی بی! زندگی کا راز معلوم ہو گیا اور اس کا بھید تمہاری اس کپڑے دھونے والی مشین نے کھولا کہ پہلے تو چکر سیدھے ہاتھ چلتا ہے اور گھڑی کی سوئیوں ہار گھومتا ہے پھر خود ہی الٹ جاتا ہے اور برعکس گھومنے لگتا ہے۔ نہ کسی نے کہا ہوتا ہے نہ سمجھایا ہوتا ہے نہ کوئی بٹن دبایا ہوتا ہے۔ بس یہ اس کی مرضی ہے کچھ زندگی کی کچھ زندگی کے مالک کی۔ ہم بے دخل لوگ ہیں۔ ہمارا کوئی عمل دخل نہیں۔"

مگر یہ سنگل شاہ نے کیا کیا۔ جس طرح ایک وزنی لکڑی نہر کے پانی پر تیرتے ہوئے

ڈبکیاں کھاتی ہے کہ اب ڈوبی پھر نکلی پھر غرق ہوئی پھر باہر نکل آئی۔ سیدھی سپاٹ تیرتی رہی پھر غوطہ کھا گئی ایسے ہی سنگل شاہ نے کیا۔ کہاں سے ابھرا۔ کدھر کو ڈوبا پھر کیسے نکلا پھر کیونکہ غرق ہوا۔ نیچے ہی نیچے چلتا چلتا کس کنارے پر جالگا۔ نہ اس کا کوئی اور معلوم نہ ٹھور۔ وہاں سے لوٹا تو ایک گرداب میں گھومنے لگا۔ گرداب سے بچا تو جل دھارا سمیت جوالا مکھی میں جا گرا۔

ایسا کیوں ہوتا ہے! کیا کسی کے پاس کوئی ایسی کتاب ہے جس میں زندگی کے رموز ترتیب سے لکھے ہوں۔ جیسے فزکس کی کتاب میں باریک باریک مشاہدات اکیوشن کے دھاگوں سے باندھ کر لٹکا دیئے جاتے ہیں۔ جیسے عورتیں سردیوں میں شلجم سکھانے کے لیے انہیں ڈوریوں میں پرو کر لٹکا دیتی ہیں۔ پتنگ اڑتے اڑتے جھپ کیوں کھا جاتی ہے۔ پتنگ باز استاد لوگ اس کی وجہ جانتے ہیں۔ وہ پتنگ نیچے اتار کر ایک چیپی تھوک سے ادھر لگا دیتے ہیں۔ ایک چٹکی پتنگ کے لنگوٹ سے نوچ کر پرے پھینک دیتے ہیں۔ پھر کنکوا الٹا کر کہتے ہیں ”جاؤ اڑاؤ۔ سیدھا اڑے گا۔“

گلدئیڈر کے استاد ساتھ بیٹھے شاگرد کو بتا دیتے ہیں کہ جہاز کو ٹیڑھ سے بچانے کے لیے اسے بائیں ہاتھ کی کرنٹ میں ڈال دو۔ پھر دونوں فلیپر پورے دبا دو۔ ناک کی سیدھ اوپر کو اٹھے گا اور کنی نہیں کاٹے گا۔

لیکن زندگی کو سیدھ میں رکھنے کے لیے کوئی فارمولا نہیں۔ امریکی لوگ اس قسم کی بہت سے کتابیں چھاپا کرتے ہیں: دوست بنانے کے گر' باس کے ساتھ مفاہمت' لڑکی پھنسانے کے طریقے' ازدواجی زندگی سے عہدہ برا ہونے کے راز' حق مہر ادا کئے بغیر طلاق لینے کا طریقہ' لوگوں پر اثر انداز ہونے کے سات راستے...... یہ اور اس طرح کی بے شمار ہر ہفتے شائع ہوتی رہتی ہیں۔ لیکن زندگی پر حاوی ہونے اور حیات انسانی کے طیارے کا صحیح ٹیک آف کر کے سیف لینڈنگ کرنے کے کوئی اصول کسی بھی کتاب میں موجود نہیں۔

روس والوں نے ایک سیدھا سا راستہ بتایا تھا اور وہ دل کو بھی لگا تھا کہ زندگی کا جدلیاتی عادا عظم نکال کر اسے نوع انسانی پر بقدر طلب ڈال دیا جائے تو زندگی پورے طور پر کنٹرول میں آ جاتی ہے۔ جس طرح منہ زور گھوڑا کانٹے دار دہانہ دانتوں میں دبا کر سوار کے اشاروں پر گھومتا ہے اس طرح جدلیاتی اقدار کو اپنا کر زندگی کا ہر مسئلہ آسانی کے ساتھ حل کیا جا سکتا ہے۔

اگر روس کچھ دیر اور زندہ رہتا اور اس کے فلسفے کو انسانوں کی تائید مل جاتی اور جیتے جاگتے لوگ اس کے علم النگر کا ٹھمنا بن جاتے تو کرۂ ارض کے رہنے والوں کی تقدیر بدل جاتی مگر افسوس روسی ناقہ کی کونچیں کاٹ کر اسے چشمہ حیواں پر اوندھے منہ گرا دیا گیا۔ اس کی کھلی آنکھوں والے بے حس و حرکت چہرے کے نیچے ٹھنڈے میٹھے جدلیاتی چشمے کا پانی گرگلا رہا تھا اور چھوٹی چھوٹی گھومن گھیریاں ڈال رہا تھا۔

قلندر صاحب نے کہا "یہ بھی ایک سنت ہے۔ ہمیں راہ کر راہ چلنا پڑتا ہے اور مجرموں کا سا عذر کرنا پڑتا ہے۔ فرمانے والا فرماتا ہے کہ کبھی ہمیں قاب قوسین کی مسند پر بٹھاتے ہیں اور کبھی ابو جہل کے دروازے پر بھیجتے ہیں۔ کبھی ہمیں "شاہد اور منیر" کا لقب عطا کرتے ہیں اور کبھی جادوگر اور سودائی کہلواتے ہیں۔ کبھی جبرئیل کو ہماری رکاب داری کے لیے بھیجتے ہیں اور کبھی بغیر عہد نامے کے ہمیں مکے میں داخل نہیں ہونے دیتے۔ کبھی آسمانی خزانے ہمارے حجرے میں لا رکھتے ہیں اور کبھی ایک جو کی خاطر ابو شحمہ کے دروازے پر بھیجتے ہیں۔ کبھی ہمارے نوکروں سے کسی کے ہاتھ سے چیز کھلواتے ہیں اور کبھی ہمارے دانت نا ایمان والوں کے ہاتھ سے تڑواتے ہیں۔ اور یہ اس لیے ہے کہ جہان والوں کو معلوم ہو جائے کہ ہماری راہ بہت مصیبتوں سے بھری ہوئی ہے۔ اگر تجھ کو اس راہ کا خیال ہے تو سر کو پاؤں بنا لے اور سر کے بل سارا سفر طے کر نہیں تو اس راہ سے الگ ہو کر بیٹھ جا اس واسطے کو یہ راہ معمولی پاؤں سے طے نہیں ہوتی!

میرا خیال ہے میرے دوست سنگل شاہ نے بھی یہ راہ معمولی پاؤں سے طے کرنے کی کوشش کی تھی اور زخم کھا کر جان سے ہاتھ دھو بیٹھا تھا۔

۲۶

اس واقعہ کو گزرے پورے پانچ سال ہو چکے تھے۔ اس سے ایک ڈیڑھ برس پہلے میں اپنے استاد، مرشد اور گرو سے آخری مرتبہ ملا تھا اور پھر ان کے درشن نہیں ہوئے تھے۔ لیکن مجھے یہ معلوم ہو چکا تھا کہ وہ گوہاٹی کے گوردوارے میں رہتے ہیں اور ان تک پہنچنا بہت مشکل ہے۔ ایک تو وہ کسی سے ملتے نہیں اور کسی سے بات نہیں کرتے۔ دوسرے ایک پاکستانی کا آسام جانا اور وہاں چند روز قیام کرنا ایک مشکوک سی بات ہے۔

لیکن اب کی بار میں نے بیساکھی کے میلے پر آئے ہوئے نامانوس سکھ یاتریوں کو دیکھ کر فیصلہ کر لیا کہ میں بھائی اقبال سنگھ باہلی سے ملنے ضرور جاؤں گا اور جتنے روز کا ویزا ملا، سارا وقت ان کے چرنوں میں گزار کر آؤں گا۔

انڈیا کا ویزا تو مل رہا تھا مگر گوہاٹی جانے کی اجازت نہیں مل رہی تھی۔ کسی نے مجھے بتایا کہ اگر عبدالغفار خان کے گھرانے سے رابطہ کر کے ان سے حکومت ہندوستان کے نام ایک رقعہ حاصل کیا جائے تو انڈین گورنمنٹ کو کوئی اعتراض نہیں ہوگا۔ رقعہ بردار کو نہ صرف وہاں جانے کی اجازت مل جائے گی بلکہ اس کے ساتھ شاہی مہمان کا سا سلوک کیا جائے گا۔

میں لاہور سے باچا خان کے گھرانے کو سفارشی فون کرا کے اور یہاں سے ان کے نام ایک پرزور تعارفی خط لے کر پہلے پشاور پہنچا تاکہ پشتو اکیڈمی کے ایک کارندے کو ساتھ لے کر چارسدہ حاضری دے سکوں۔ لیکن گل زمان ایک دن کی چھٹی پر تھا اور مجھے مجبوراً پشاور قیام کرنا پڑا۔

روس افغانستان کی لڑائی آخری دموں پر تھی اور پشاور افغانی مجاہدوں کی چھاؤنی بنا ہوا تھا۔ مقامی لوگ بہت تنگ تھے اور اپنے شہر کی ہر خرابی کا باعث افغان مجاہدین کو گردانتے تھے۔ جو سیاسی، معاشرتی اور حرکی طور پر تو مقامی لوگوں کی راہ میں حائل نہیں تھے البتہ

اقتصادی اور معاشی طور پر یہاں کی ہر منفعت سے بھرپور فائدہ اٹھا رہے تھے۔

شام کے وقت جب میں گرین ہوٹل سے باہر نکلا تو کسی نے مجھے میرا نام لے کر آواز دی۔ میں نے ٹھٹھک کر پیچھے دیکھا تو میری پہچان کا کوئی بھی نہ تھا۔ میں چلنے لگا تو پھر وہی آواز آئی۔ میں اپنی جگہ پر رک گیا اور گردن گھما کر کھڑا ہو گیا۔

ایک نوجوان میرے پاس آ کر رکا۔ اس نے مصافحہ کے لیے اپنا ہاتھ آگے بڑھایا اور مسکرانے لگا۔ میں نے اس کا ہاتھ پکڑ کر زور سے ہلایا اور اس کے جواب میں بہت سی مسکراہٹ اپنے چہرے پر بکھیری۔ وہ میرا ہاتھ تھپتھپاتے ہوئے بولا "آپ نے مجھے پہچانا نہیں!"

میں نے نفی میں سر ہلایا، تو اس نے کہا "میں طالوت خان ہوں اور پشاور یونیورسٹی میں پڑھاتا ہوں۔" میں نے کہا "آپ کا چہرہ تو کسی حد تک مانوس سا نظر آتا ہے لیکن آپ کا نام میرے ذہن میں کہیں بھی موجود نہیں۔"

کہنے لگا "چند سال پہلے میں آپ سے ملا تھا اور ہم نے دوپہر کا کھانا اکٹھے کھایا تھا۔ اس وقت آپ اتنے بھاری نہیں تھے۔

میں نے شرمندگی ٹالتے ہوئے کہا "میری نوکری ہی ایسی ہے۔ سارا دن بیٹھے رہنا پڑتا ہے اور بیٹھ بیٹھ کر آدمی فربہ ہو جاتا ہے۔"

کہنے لگا "آپ کا وہ سکھ دوست کہاں گیا؟"

میں اس کی بات نہ سمجھ سکا اور الوؤں کی طرح اس کا منہ تکنے لگا۔

بولا "آپ کے اس سکھ دوست کو کیمرے کی تلاش تھی......اور وہ......"

لیکن پیشتر اس کے کہ وہ فقرہ مکمل کرتا میں لپک کر اس سے بغلگیر ہو گیا۔ میں نے کہا "تم تو طالوت ہو طالوت خان۔ ہم سے حسن ابدال میں ملے تھے اور ہم نے اکٹھے کھانا کھایا تھا' پشاوری قہوہ اور ساتھ مچھلی اور پکوڑے!"

اس نے کہا "وہ سکھ اقبال سنگھ آپ کا مرشد تھا؟ باقاعدہ پیر بابا"

میں نے کہا "اس سے بھی زیادہ۔ وہ میرا سب کچھ تھا اور اس نے مجھے......"

"تو اب وہ کہاں ہے؟" طالوت نے مسکراتے ہوئے پوچھا "آپ کا سکھ پیر؟"

میں نے کہا "میں اسی کی تلاش میں انڈیا جا رہا ہوں اور یہاں سے سفارشی رقعہ لینے آیا ہوں...... میرا پیر بابا بھائی بالی گرنتھی ان دنوں گوہاٹی کے چھوٹے گوردوارے میں شبدھ

کیرتن کی بیٹھک کرتا ہے اور دور دور کے ہندو سکھ اس سبھا میں ارداس کرنے آتے ہیں۔"

"آپ کو کیسے معلوم ہے؟" اس نے مسکرا کر پوچھا۔

میں نے کہا "جن لوگوں نے گوہاٹی میں ان کے شبد کیرتن میں حصہ لیا ہے انہوں نے خود مجھے بتایا ہے کہ گرنتھی بھائی باہلی بہت اونچے درجے کے گیانی ہو گئے ہیں لیکن ان کی صحت دن پر دن گرتی جا رہی ہے۔"

"میں نہیں سمجھتا ان کی صحت گرتی جا رہی ہے' طالوت نے یقین بھرے لہجے میں کہا" میں تو بلکہ یہ کہوں گا کہ وہ پہلے کے مقابلے میں زیادہ صحتمند' زیادہ پر سکون اور زیادہ خوش باش ہو گئے ہیں۔

میں نے اس سے یہ تو نہیں پوچھا کہ "آپ کو کس نے بتایا؟" لیکن میری مشکل کچھ ایسی بن گئی تھی کہ میرے سارے وجود کا جھکڑ اس سوال میں ڈھل گیا تھا۔

طالوت خان نے میرا ہاتھ اپنے دونوں ہاتھوں میں پکڑ کر محبت سے دبایا اور بڑی عقیدت کے ساتھ کہا "ہم سے ملنے کے بعد تو بھائی باہلی واپس انڈیا گئے ہی نہیں پھر وہ گوہاٹی کس طرح سے پہنچ گئے؟"

اب کی بار میں زور سے چیخا مگر ان سے پوچھ نہ سکا کہ "پھر وہ کہاں ہیں؟"

طالوت خان نے میری چیخ کے جواب میں کہا "وہ ہمارے پاس ہیں اور ہمارے ساتھ رہتے ہیں۔"

"یہاں؟ پشاور میں؟ اس جگہ؟ آپ کے پاس؟"

طالوت نے کہا "یہاں تو نہیں البتہ ہیں ہمارے ساتھ۔ ہم ادھر ہوتے ہیں اور وہ مستقل طور پر درّہ مام میں ہیں۔ لیکن ہمارا آنا جانا رہتا ہے۔ میل ملاقات رہتی ہے۔"

"درّہ مام!" میں نے حیرت سے پوچھا تو طالوت نے بڑی آسانی سے کہا "نورستان میں ہے۔ افغانی نورستان میں۔"

میں نے کہا "بھائی باہلی صاحب نورستان میں رہتے ہیں؟ افغانستان کے علاقے میں؟ ان حالات میں؟"

طالوت نے کہا "اب تو روسی فوجیں پسپا ہو کر واپس جا رہی ہیں۔ اب حالات ویسے نہیں البتہ اس زمانے میں بہت خراب حالات تھے جب انہوں نے اس سرزمین کو پسند کیا۔"

پھر طالوت نے ادھر ادھر دیکھا جیسے بیٹھنے کی کوئی جگہ تلاش کر رہا ہو لیکن میں نے

اسے اس کا موقع نہیں دیا۔ میں نے اسے دونوں بازوؤں سے پکڑ کر جھنجھوڑا اور اس کا سارا وجود ہلاتے ہوئے کہا "مجھے ابھی' اسی وقت' اسی لمحے' کھڑے کھڑے یہ بتاؤ کہ میرے مرشد وہاں کیسے پہنچے اور کس نے انہیں اس خطرناک علاقے میں لے جانے پر مجبور کیا۔"

طالوت نے کہا "جب ہم حسن ابدال سے آپ کو لاہور روانہ کرنے کے بعد پشاور جانے لگے تو بھائی اقبال سنگھ نے کہا "اگر میں آپ کے ساتھ خود پشاور جا کر کیمرہ تلاش کر سکوں تو کیا یہ زیادہ اچھا نہیں ہو گا؟" جلال یار نے کہا "یہی رائے تو میں آپ کو دے رہا ہوں کہ انڈیا سے اتنی دور آئے ہیں۔ کیمرے کی تلاش ہے۔ پشاور دو چار ہاتھ پر رہ گیا ہے۔ خود ہی چل کر دیکھیں اور خود ہی پسند کر کے خریدیں اور اگلے دن واپس آجائیں اگر زیادہ جلدی ہو تو اسی شام واپس آجائیں۔"

"اور بھائی باہلی آپ کے ساتھ پشاور جانے پر تیار ہو گئے" میں نے تلملا کر پوچھا۔

"تیار کیا ہو گئے" طالوت نے کہا "وہ ہمارے ساتھ آ گئے...... یہاں تین طرح کے روسی کیمرے تھے اور تینوں کے درمیان انتخاب مشکل تھا۔ ہر ایک اپنی اپنی جگہ ہیرا تھا لیکن ماسٹر باہلی صاحب تینوں خرید نہیں سکتے تھے۔ ایک مرتبہ انہوں نے اپنی کلارنٹ فروخت کرنے کا بھی سوچا لیکن میں نے منع کر دیا کہ ایسی نایاب چیز پھر نہیں ملے گی۔ اس کو رہنے دیں۔ دو چار سو کی ضرورت ہو تو ہم حاضر کر دیتے ہیں لیکن کلارنٹ نہ بیچیں۔ وہ ہنس کر کہنے لگے نہ یہ کلارنٹ کوئی سوغات ہے نہ وہ کیمرہ کستوری کی گانٹھ ہے بس ایسے ہی کھیل تماشا سا ہے اور اسی کھیل تماشے کے ساتھ دل لگانا ہے۔"

پھر لے لیا انہوں نے کیمرہ؟" میں نے جلدی سے پوچھا۔

"لے لیا اور سب سے اچھے والا لیا۔ ہم نے اس سے بہت سے فوٹو اتارے۔ کچھ ہمارے پاس ہیں کچھ انہوں نے رکھ لئے...... اگلے روز ہم کو افغانستان میں غزا پر جانا تھا۔ ہماری بڑی مضبوط چھاپہ مار پارٹی تھی اور ہم نے کندوز کے علاقے میں روسی ٹینکوں کے چھکے چھڑا دیئے تھے اور ایک مرتبہ پھر ہم کو ادھر جانے کا امر ہوا تھا اس لیے ہم نے ماسٹر باہلی صاحب سے اجازت طلب کی اور اپنے ڈیرے پر آ گئے۔ وہ اپنے کیمرے کو دو لفافوں میں لپیٹ کر اور پلاسٹک کے تھیلے میں ڈال کر اپنے ہوٹل چلے گئے۔

پروانہ ہوٹل ریلوے سٹیشن کے بالکل قریب تھا اور اس کے اردگرد افغانی پناہ گزینوں اور افغانی جانبازوں کے ڈیرے تھے اور ان پناہ گزینوں میں کچھ تعداد کابلی سکھوں

کی بھی تھی۔

صبح جب ہم غزا کے لیے چلنے لگے تو ماسٹر باہلی سنگھ اپنے کیمرے کا تھیلا اور کلارنٹ کا کیس اٹھا کر ہمارے ڈیرے پر پہنچ گئے اور سنجیدگی سے بولے "میں بھی آپ کے ساتھ جاؤں گا۔"

میں' میرے ساتھی اور گروپ کا سردار یہ اعلان سن کر حیران رہ گئے۔ ان کو ساتھ لے جانا تو کوئی ایسا مشکل کام نہیں تھا لیکن حفاظت خود اختیاری کے تحت ایک انڈین کو ایسے حساس مقام پر ساتھ لے جانا جنگی مصلحت کے خلاف تھا۔

کندوز کا علاقہ شمالی افغانستان کا علاقہ تھا' اور یہاں احمد شاہ مسعود کا عمل دخل تھا جو کٹر دینی مجاہد ہونے کے باوجود روسیوں کے ساتھ گہری وابستگی رکھتا تھا۔ گو روسیوں کے ظلم و ستم اور روزمرہ کی مار دھاڑ نے اس کو کافی بددل کر دیا تھا لیکن پھر بھی وہ اپنے نظریاتی جھکاؤ کے باعث ان کی دوستی کا دم بھرتا تھا اور اندر سے نہیں چاہتا تھا کہ روسی اس طرح سے واپس جائیں جس طرح سے کہ ان کو جانا پڑ رہا تھا۔

جلتی بجھتی لڑائی اب بھی افغانستان میں جاری تھی اور دنیا کی عظیم ترین سپر پاور پتھروں سے سر پھوڑ کر واپس جا رہی تھی۔ احمد شاہ مسعود نہیں چاہتا تھا کہ یہاں وسطی افغانستان جیسے ملاؤں کا زور بڑھ جائے لیکن زور پھر زور ہے۔ بڑھتا ہے تو بڑھتا ہی چلا جاتا ہے۔ روسی فوجی دلوں کے اندر نفرت کی' آنکھوں میں انتقام کی اور گھروں کے اندر اور باہر نارنجی شعلوں کی آگ بھڑکا کر جا بھی رہے تھے اور ظلم بھی کر رہے تھے۔

افغانی ان کے خلاف پورے زور سے جہاد کر رہے تھے اور ان کے سامنے سیسہ پلائی ہوئی دیوار بن کر کھڑے تھے لیکن اپنے مزاج سے مجبور اور اپنی سرشت کے آگے سرنگوں آپس کے اختلافات مٹانے سے معذور تھے۔ ہر سردار نے اپنے اپنے علاقے کی پشتیبانی کی ہوئی تھی لیکن ان کے درمیان ہم آہنگی اور یگانگت کی کوئی ڈوری نہیں تھی۔

"پھر تم نے ان کے ساتھ کیسا سلوک کیا؟" میں نے پوچھا۔

طالوت مسکرایا اور آنکھیں بند کر کے بولا "وہی سلوک جو ایک فریڈم فائٹر دوسرے فریڈم فائٹر سے کرتا ہے...... سکھ بھی تو اپنی آزادی کے لیے لڑ رہے ہیں۔ میں نے کہا کوئی پروا نہیں۔ ہر چہ بادا باد...... ماسٹر باہلی سنگھ ہمارے ساتھ محاذ پر جائے گا اور ہمارے ساتھ لڑے گا۔

طالوت نے کہا "لڑنے کا نام سن کر ماسٹر صاحب ذرا گھبرائے اور ڈاڑھی کھجا کر

بولے ’’ہم بجنتری لوگ ہیں۔ گا بجا کر سند ھیا کرتے ہیں ہمارا لڑنے بھڑنے سے کیا کام۔‘‘

’’لیکن ہم نے ڈھاٹا بند ھوا کران کو اپنے ساتھ جیپ میں بٹھا لیا اور چترال روانہ ہو گئے۔ لواری ٹاپ ان دنوں کھلا تھا اور تجارتی ٹرکوں اور مال و اسباب کی گاڑی کے بجائے وہاں مجاہدین کی آمدورفت زیادہ تھی...... ہم ماسٹر صاحب کو لے کر چترال کے راستے تنگیاب گھاٹی سے نورستان اتر گئے۔‘‘

’’جیپ لے کر؟‘‘ میں نے حیرانی سے پوچھا۔

’’نا بابا‘‘ طالوت نے کانوں کو ہاتھ لگا کر کہا ’’جیپ ادھر کدھر جاتی ہے۔ وہاں تو پیدل ہی سفر کرنا پڑتا ہے۔ جیپ ہم نے چترال ہیڈ کوارٹر میں چھوڑ دی اور خدا کا نام لے کر گہرے نورستان میں اتر گئے...... راستے میں ’’جونی‘‘ پر درختوں کی خوشبو پر ماسٹر صاحب ایسے موہت ہوئے کہ انہوں نے خوشبودار پتے کھسوٹ کھسوٹ کر اپنی ساری جیبیں بھر لیں اور کلارنٹ کے کیس میں بھی ’’جونی پر‘‘ کے لپٹ دار پتے بھر لئے۔‘‘

’’کلارنٹ وہ ساتھ لے گئے۔ محاذ جنگ پر؟‘‘ میں نے حیرانی سے پوچھا تو طالوت نے ہنس کر کہا ’’یہی تو ایک ان کے پاس ہتھیار تھا‘ اپنی حفاظت کے لیے۔ دوسروں پر حملہ آور ہونے کے لیے۔ گلے میں حمائل کرنے کے لیے!‘‘

پھر وہ ذرا سا رک کر بولا ’’پشاور میں انہوں نے کلارنٹ کیس کے ساتھ ہولسٹر کی ایک چرمی بدھی فکس کر لی تھی اور وہ اس بدھی کو کندھے پر ڈال کر یوں چلتے تھے جیسے انہوں نے پستول لٹکایا ہوا ہو۔ تنگیاب گھاٹی سے اترتے ہوئے اس ظالم کیس نے ہٹو کے مار مار کر ان کا پہلو زخمی کر دیا لیکن وہ ہنسی خوشی ہمارے ساتھ نیچے اترتے گئے۔

’’گو سٹنگر مزائل نے لڑائی کا نقشہ بدل دیا تھا اور افغان مجاہد سٹنگر چلانے کے ایسے ماہر ہو گئے تھے کہ اس کے موجد بھی ہنگام دارو گیر اس کی باریکیوں سے اس قدر واقف نہ ہوں گے تاہم نوجوانوں کے مقابلے میں بڑی عمر کے افغان اس کو زیادہ بہتر انداز میں چلاتے تھے اور اس سے سو فیصد مطلوبہ نتائج حاصل کرتے تھے۔ پھر بھی روس ایک سپر پاور تھی اور اس کے اندر غرور کی ایسی ترچڑھی تھی کہ اسے پورے طور پر پسپا کرنا ابھی دور تھا۔‘‘

میں نے طالوت کی لمبی گفتگو کو بیچ ہی میں کاٹتے ہوئے کہا ’’لیکن وہ اس وقت کہاں ہیں۔ میرے گورو‘ میرے مرشد‘ میرے وطنی‘ میرے ہادی؟‘‘

اس نے کہا وہ ابھی وہیں ہیں۔ افغانستان میں۔ سنگانہ کے علاقے میں گاؤں کے ساتھ

والی چھوٹی بستی میں......"

اور سنگانہ کہاں ہے؟" میں نے بیتابی سے پوچھا۔

"یہ پنج شیر کا ایک گاؤں ہے۔" طالوت بولا "ایک طرح سے ہمارا ہیڈ کوارٹر تھا لیکن پھر ہم کو یہاں سے بھاگنا پڑا۔"

"کیوں؟ بھاگنا کیوں پڑا؟"

"اسے روسیوں نے بل ڈوز کر کے 'کھنڈر بنا ڈالا۔ سارے گھر گرا دیئے۔ بہت سے لوگ مارے گئے باقی کے عورتوں اور بچوں کو لے کر بھاگے۔"

پھر وہ سنگانہ کی یاد میں کھو گیا اور کہنے لگا "یہ ایک بہت ہی خوبصورت بستی تھی جہاں میرے ننھیال کا گھر تھا۔ ہمارے گھر کا صحن بہت کھلا تھا جس میں تاکستان تھے' اور اعلیٰ درجے کے انگور پیدا ہوتے تھے۔ ساری کھیپ ستمبر کے مہینے میں پک کر بے حد میٹھی اور لب دوز ہو جاتی تھی۔ ایسے انگور جنت میں ملتے ہوں تو شاید' ورنہ اس دنیا میں سوائے سنگانہ کے اور کہیں نہ ملتے تھے۔ لیکن اب سارے تاکستان اجڑ چکے ہیں اور وہاں انگور نام کی کوئی شے دستیاب نہیں۔"

پھر وہ خاموش ہو گیا اور بڑی دیر تک اسی طرح سے خاموش بیٹھا رہا۔

میں نے دیکھا اس کے چہرے پر کرب کے آثار پیدا ہونے لگے تھے اور وہ شدت غم سے کانپنے لگا تھا۔ مجھ میں اس سے کچھ پوچھنے کی ہمت نہ ہوئی۔

اس نے اپنے چہرے پر دعا مانگنے کے انداز میں ہاتھ ملے اور مطمئن ہو کر بولا "روسی ہماری بستی سے میرے والد کو پکڑ کر لے گئے۔ اس پر پٹرول کا پیپا ڈالا اور پھر اس کو دیا سلائی دکھا دی۔

میرا والد جلتا رہا' بھنتا رہا' سلگتا رہا لیکن اپنی جگہ سے نہیں ہلا وہیں کھڑے کھڑے کوئلہ ہو گیا۔ روسیوں کا خیال تھا مرنے سے پہلے وہ ان کو رقص بسمل دکھائے گا اور وہ تالیاں بجا بجا کر اپنی بھدی دھن پر فتح کا ترانہ گائیں گے لیکن ایسا نہیں ہوا...... اس کے بعد میرے چاروں بھائی روسیوں کے خلاف لڑتے ہوئے شہید ہو گئے۔ ایک بھائی کابل جیل میں ہے اور میں یہاں ہوں۔"

پھر اس نے اچانک پوچھا "اپنے مرشد سے ملو گے؟"

میں نے سینے پر ہاتھ مار کر کہا "ضرور...... ہر حال میں...... ابھی' اسی وقت!"

اس نے کہا''کل تو چترال کی فلائٹ نہیں ہے۔ پرسوں چلیں گے۔''

آپ اندازہ نہیں کر سکتے۔ بلکہ کوئی بھی نہیں کر سکتا کہ میں نے کس مشکل سے یہ وقت گزارا اور کیسے کیسے گھڑی دیکھ کر اور بازار کے چکر لگا لگا کر رات کو دن میں اور دن کو رات میں تبدیل کیا۔ میں تو انڈیا کا ویزا اور گوہاٹی تک پہنچنے کی سفارشی چٹھی لینے آیا تھا اور مجھے اس سے بالکل الٹی سمت سفر اختیار کرنے کا حکم ہو گیا...... حکم بھی عجیب سمندر ہے جب پھیلتا ہے تو ہر فیصلہ، ہر حکمت ہر منطق، ہر منصوبہ اور ہر تجویز اس کی لپیٹ میں آجاتی ہے۔ جب لہر واپس جاتی ہے تو ریت پر کوئی نشان بھی باقی نہیں رہتا۔ سارا ساحل پھر سے کنوارا ہو جاتا ہے۔

۲۷

چترال پہنچ کر طالوت نے مقامی مرکز سے تین بر قنداز غلام نبی‘ احمد شاہ اور اعظم اپنے ساتھ لیے اور ہم شام کے اندھیرے میں ان کے مانوس راستے سے نورستان کی طرف اترنے لگے۔ اتنا لمبا پیدل سفر میں نے اس سے پہلے کبھی نہیں کیا تھا۔ چترال سے سیدھے پیشہ وارک‘ وہاں سے جنوب کی جانب برگ مقل اور پھر وہاں سے درہ سم کے راستے کانتی وار کی جانب۔

سفر کے دوران ہم نے ایک رات پاپرک کے چائے خانے میں بسر کی۔ غلام نبی بتا رہا تھا کہ میں امام صاحب کا رہنے والا ہوں اور چار درّہ کے مقابلے میں مجاہدین کے ساتھ تھا جب ایک سو ستر روسی ٹینکوں نے چار درّہ میں داخل ہو کر یکے بعد دیگرے فائر کھول دیا۔ مجاہدین ان کا مقابلہ کرنا چاہتے تھے اس لیے ہم گاؤں کے اندر مختلف مقامات پر پھیل گئے اور مقابلہ شروع ہو گیا۔ جب ہم نے چھتیس روسی ٹینکوں کو تباہ کر دیا تو روسیوں نے شہریوں سے لڑنا شروع کر دیا۔ انہوں نے تین چار سو گھر تباہ کر دیئے تو مجاہدوں نے روسیوں کو گھیرے میں لے لیا اور ان پر نشانہ باندھ کر فائر کرنے لگے۔ عین اس وقت چالیس پچاس روسی جہاز پرا باندھ کر کندوز کی طرف سے آئے اور انہوں نے سٹریفنگ کر کے روسی محاصرین کے گرد مجاہدین کا گھیرا توڑ دیا۔ اس جھڑپ میں ایک روسی جرنیل مارا گیا اور مجاہدین ہوائی حملے کی تاب نہ لاتے ہوئے پسپا ہو گئے۔

اپنے جرنیل کی موت کا بدلہ لینے کے لیے روسیوں نے قصبے کی اینٹ سے اینٹ بجا دی اور ساڑھے سات سو افراد کو گولیوں سے بھون دیا۔

روسی سپاہی بہت سے قالین‘ کیسٹ پلیئر اور نقدی لوٹ کر خوش ہو گئے۔ پھر انہوں نے نو عمر افغان لڑکوں کو درختوں کے ساتھ کھڑے کر کے گولیوں کا نشانہ بنایا اور قصبے کی عورتوں کی چھاتیاں کاٹ دیں۔

غلام نبی نے کہا "یہ روسی سارے خوک صفت انسان ہوتے ہیں۔ نہ ان کے دلوں میں رحم ہوتا ہے نہ ان کے سروں پر رحمت ہوتی ہے۔ ان کی شکل وصورت تو انسانوں جیسی ہے لیکن یہ انسان ہوتے نہیں۔ بس ایسے ہی انسان نما لگتے ہیں...... انہوں نے افغانستان پر ایسے ایسے ظلم کئے ہیں کہ کوئی ان کی روداد لکھ نہیں سکتا۔ لکھے گا تو درمیان میں ہی دہل کر مر جائے گا۔

ہم ابھی یہ باتیں کر ہی رہے تھے کہ چائے خانے کے لڑکے نے آ کر کہا "ہمارے اوپر سے روسی جہاز گزر رہے ہیں۔"

طالوت نے دونوں کانوں کے پیچھے ہاتھ کر کے غور سے سننے کی کوشش کی تو غلام نبی اور احمد شاہ نے ایک ساتھ کہا "غور کرنے کی کیا ضرورت ہے ان کی گھوکر تو صاف سنائی دے رہی ہے۔"

واقعی ان کی گھوکر صاف سنائی دے رہی تھی اور وہ بہت نیچی پرواز میں بستی کے اوپر سے گزر رہے تھے۔

اعظم نے کہا "سارے واپس نہیں جاسکیں گے۔ اگلے موڑ پر کوئی سٹنگر ان سے ٹکرائے گا ضرور۔ اور جب ایک کھڑاکا ہو گیا تو پھر کئی عاشق مزاج سٹنگر بوسہ بازی کے لیے اوپر لپک آئیں گے۔"

ہم ابھی یہ باتیں کر ہی رہے تھے کہ چائے خانہ کے مالک نے لڑکے کو بھیجا کہ مہمانوں سے کہیے کہ چارپائیوں سے اٹھ کر بڑے پتھروں کی اوٹ میں چلے جائیں "مصافحہ" شروع ہو گیا ہے۔"

طالوت نے اپنا تکیہ اٹھاتے ہوئے مجھ سے کہا "اپنا تکیہ اور چادر لے لیں۔ آپ نے پتھروں پر کوئی رات نہیں گزاری ہو گی۔ یہ بھی خدا کی ایک رحمت ہے۔"

ہم اپنے اپنے تکیئے اٹھا کر کھڑے پتھروں کی اوٹ میں چلے گئے اور ہم سے تھوڑی دور بمباری بھی ہوتی رہی اور نشانہ بازی بھی اپنے عروج پر رہی۔ غلام نبی اور اعظم خراٹے لینے کے عادی تھے لیکن احمد شاہ اپنی نیند سویا ہوا تھا۔ گہری اور میٹھی نیند۔ دنیا و مافیہا سے بے خبر۔ طالوت حق میزبانی ادا کرنے کے لیے میرے ساتھ جاگ رہا تھا اور مجھ سے بار بار کہہ رہا تھا "یہ آپریشن ہم سے کافی دور ہے۔ خطرے کی کوئی بات نہیں۔ لیکن پھر بھی بے آرامی اور بے لطفی کا وقت ضرور ہے۔ آئی ایم سوری۔"

صبح جب ہم پتھروں کے اندر سے برامد ہوئے تو موسم بڑا صاف اور ماحول بالکل

شفاف تھا۔ دھوپ نکل آئی تھی اور ہر طرف ایسا سکون تھا جیسے یہاں کچھ ہوا ہی نہ ہو۔

ہم پہاڑوں میں گھرے سبزے کی بنت سے مزین علاقے سے گزر رہے تھے۔ طالوت اور غلام نبی میرے آگے تھے اور اعظم اور احمد شاہ میرے پیچھے۔ راستہ بھر انہوں نے یہی التزام رکھا تھا۔ اتنا لمبا سفر پیدل طے کرنے سے میرے پاؤں متورم ہو گئے تھے اور تھکاوٹ کی وجہ سے میرے قدم ڈگمگانے لگے تھے۔ لیکن یہ عزت کا معاملہ اور محبت کا مظاہرہ تھا میں کسی طرح سے بھی اپنی ماندگی ان پر ظاہر نہیں ہونے دیتا تھا۔

کوئی ایک ڈیڑھ میل چلنے کے بعد طالوت نے کہا "آپ کے پیشوا ماسٹر باہلی سنگھ اس علاقے میں بہت مشہور تھے۔ لوگ انہیں "باجے والا جوگی" کہہ کر پکارتے تھے۔ وہ صبح ایک پہاڑی ٹیلے کی چونچ پر بیٹھ کر اپنے کلارنٹ پر کوئی مشکل سا راگ بجاتے تھے اور شام کے وقت کسی اور پہاڑی پر چڑھ کر ایسی سواگتی دھن بجاتے کہ تھکے ہارے کسان زخمی مجاہد اور بھوکے ڈھور ڈنگر بستی کی طرف آتے ہوئے شادمانی اور کامرانی سے بھر جاتے تھے...... میں نے ہوائی حملوں کے درمیان کئی مرتبہ ان کو اسی طرح پہاڑی پر بیٹھے تانیں اڑاتے اور بدن لہراتے دیکھا تھا جب کہ اردگرد کی عورتیں اور بچے پکار پکار کر ان کو اتر آنے کے لیے اور چھپ جانے کے لیے کہتے تھے۔ کئی مرتبہ بڑی عمر کی کوچی عورتیں انہیں پتھر مار مار کر اور گالیاں دے دے کر نیچے اتر آنے کو کہتی تھیں لیکن ان کو کچھ سنائی ہی نہ دیتا تھا۔ وہ اپنی توتی کا منہ اوپر اٹھا کر بم پھینکتے طیاروں کو منع کرتے جاتے تھے اور ان کی مناہی کی کڑک' دھڑک اور پھر عاجزی' بے بسی اور لاچاری کے بین پہاڑوں کے اندر اتنی شدت سے گونجنے لگتے تھے کہ طیاروں کے اندر گولہ پھینکنے والی مشینیں زنجک چاٹ جاتی تھیں۔

یہاں کے لوگ تو نہیں جانتے لیکن میں نے ہر مرتبہ بپھرے ہوئے جہازوں کو بڑی شرمندگی کے ساتھ واپس جاتے ہوئے دیکھا۔

میں نے کہا "لیکن ان کی ملاقات میں اب کتنی مسافت حائل ہے۔"

طالوت نے کہا "ابھی تو کچھ دیر ہے اور کچھ لمبا ہی فاصلہ ہے لیکن ان سے آپ کی ملاقات آج دوپہر سے پہلے پہلے ہو جائے گی۔"

"اور اگر وہ بستی میں نہ ہوئے...... پھر!" میں نے خوفزدہ ہو کر پوچھا۔

"انہیں کہیں اور کہاں جانا ہے" غلام نبی نے یقین سے کہا "بستی کے لوگ ان کو دور جانے ہی نہیں دیتے۔"

ہمارے دائیں ہاتھ پر ایک چھوٹا سا گاؤں بمباری سے زمین بوس ہو چکا تھا۔ کچے پکے گھر سب مسمار ہو چکے تھے۔ پہاڑ کی اوٹ پتھر کی ایک گرانڈیل دیوار کو سہارا دیئے کھڑی تھی۔ اس دیوار کے ساتھ ایک کمرہ اپنی نارمل صورت میں موجود تھا۔ جن لوگوں کے یہاں گھر تھے وہاں اب انہوں نے جھونپڑیاں اٹھالی تھیں۔ کچھ نحیف و نزار بکریاں اور دنبے ان جھونپڑیوں کے گرد بندھے تھے۔ عورتیں کھانے پکانے میں مصروف تھیں۔ لڑکے بالے قریب قریب کھیل رہے تھے اور سارے گاؤں پر مایوسی اور پژمردگی کی فضا مسلط تھی۔

طالوت نے وہاں رک کر ہاتھ کے اشارے سے کہا "یہ اس بستی کے سردار کا گھر تھا۔ اس کی خوبصورت بالکنی پر اخروٹ کا ایک گرانڈیل درخت چھایا ہوا تھا جس میں بے شمار پرندے شام کے وقت بسیرا لیتے تھے۔ بالاخانے کے آخر میں ایک صاف ستھری بیت الخلا تھی جو افغانستان کے دیہی علاقوں میں ایک کمیاب چیز ہے...... ہم اس پہاڑ کی اوٹ میں گھات لگا کر بیٹھے تھے۔ ہمیں اطلاع ملی تھی کہ سہ پہر کے قریب روسیوں کی ایک جیپ اس طرف ریکی کرنے آئے گی جس پر واپسی کے سارے راستے مسدود ہونے بہت ضروری ہیں کہ وہ یہاں سے کوئی اطلاع لے کر اپنے یونٹ تک نہ پہنچ سکیں۔ یہ کام کچھ ایسا مشکل نہیں تھا۔

تین بج کر کچھ منٹ پر یہ جیپ آئی۔ اس کے چاروں کناروں پر آٹو میٹک مشین گنیں لگی تھیں اور اس میں پانچ روسی سوار تھے۔

ہم اپنی اپنی کلاشنکوف سنبھال کر الرٹ ہو گئے۔

جیپ رکی اور اس میں سے تین روسی اتر کر اور اپنی آٹو میٹک بستی کی طرف تان کر آگے بڑھے۔ دو لڑکے خوفزدہ، متجسس، حیران ان کے سامنے آ گئے۔ ایک بڑا تھا کوئی دس گیارہ سال کا ایک چھوٹا پانچ ساڑھے پانچ سال کا۔ ایک روسی سپاہی نے چھوٹے کو کندھے سے پکڑ کر اپنی طرف اشارہ کیا اور پوچھا "دوست کہ دشمن؟"

چھوٹے بچے نے خوف سے کانپتے ہوئے کہا "دوست۔"

روسی نے اس کے کندھے پر تھپکی دی تو اس کے بڑے نے زمین پر نفرت سے تھوک کر کہا "دشمن دشمن!!" اور پھر سر اونچا کر کے کھڑا ہو گیا۔

دوسرے سپاہی نے آگے بڑھ کر زور سے اس کے منہ پر طمانچہ مارا اور زمین پر اپنا فل بوٹ مار کر کہا "دوست! دوست!!"

اس لڑکے نے پھر کہا "دشمن دشمن۔"

سپاہی نے اسے گریبان سے پکڑ کر زمین پر پٹخا اور اس کی پسلیوں میں زور کا ٹھڈا مارا۔ لڑکا درد سے چیخا اور چیختے ہوئے بولا ”دشمن دشمن!!“

چھوٹا لڑکا اونچے اونچے رونے لگا لیکن کوئی اس کی مدد کو نہ آیا۔ بستی کے اندر عورتیں زیادہ تھیں اور انہوں نے خوف کے مارے دروازے بھیڑ رکھے تھے۔ ہم لوگ پہاڑ کی اوٹ میں ایسے اینگل پر تھے کہ روسی سپاہی ہماری زد میں نہیں تھے۔

جب زمین پر پڑے لڑکے پر ایک سپاہی نے اپنا بوٹ رکھ کر اسے مسلا تو دوسرے نے آکر اس کے گھٹنے پر ہاتھ مارا اور پاؤں اٹھانے کے لیے کہا۔

پاؤں اٹھا تو لڑکا بھی اٹھ کر کھڑا ہو گیا۔ اس رحمدل سپاہی نے جس نے لڑکے پر سے ٹانگ اٹھوائی تھی لڑکے کو کان سے پکڑ کر اور دو تین مرتبہ اس کے سر کو جھٹکے دے کر اسے اخروٹ کے ایک درخت کے پاس لے گیا۔ اس نے لڑکے کا سر اخروٹ کے تنے سے لگا کر جیب سے ایک کیل نکالی اور اسے لڑکے کے کان پر رکھ کر اپنی آٹومیٹک کے دستے سے اسے تنے میں ٹھونک دیا۔ لڑکے کے کان سے خون کی دھار بہہ نکلی۔

روسی سپاہی نے ہنستے ہوئے پوچھا ”دوست کہ دشمن۔“

لڑکے نے ایک مرتبہ پھر تھوکا اور کہا ”دشمن دشمن۔“

جب ایک سپاہی نے لڑکے کی طرف اپنی نالی کا رخ کیا تو گھروں کے اندر چھپی ہوئی عورتوں نے نالہ و فریاد سے آسمان پر اٹھا لیا...... پھر پتہ نہیں کیا ہوا میرے پاس ایک ہیولا سا لپکا اس نے میرے ہاتھ سے میری کلاشنکوف چھین کر باہر چھلانگ ماری۔

مجھے تم پنجابی لوگوں کی ایک گندی سی گالی سنائی دی۔ اس کے ساتھ عین سامنے سے کلاشنکوف چلی اور تینوں روسی فوجی آن واحد میں ڈھیر ہو گئے۔ جیپ میں بیٹھے ہوئے دونوں روسیوں نے ہماری طرف فائر کھول دیا۔ میں بے ہتھیار ہونے کی وجہ سے اور اوٹ میں ہو گیا اور میرے چاروں ساتھی دشمن پر حملہ آور ہونے کی کوشش میں ایک ایک کر کے شہید ہو گئے۔

پھر میں نے گرنتھی کی آواز میں ”یا علی“ کا ایک دیوانہ وار نعرہ سنا اور جیپ کی طرف سے فائر بند ہو گیا۔ لڑکے نے درخت سے اپنا کان چھڑوانے کے لیے سر کو زور سے جھٹکا اور پھٹا ہوا لہولہان کان لے کر میرے پاس اوٹ میں پہنچ کر اونچے اونچے روتے ہوئے بولا ”دشمن فنا ہو گیا۔ ہمارے مجاہد بھی شہید ہو گئے۔ پانچوں کے پانچوں شہید۔ باجے والا جوگی بھی شہید

ہو گیا۔"

"میں تڑپ کر باہر نکلا۔ مختصر سی زمین لاشوں سے اٹی پڑی تھی۔ بھائی اقبال سنگھ گرنتھی نے میری کلاشنکوف کو مضبوطی کے ساتھ سینے سے لگایا ہوا تھا اور ان کی پگڑی کے دو تین بل کھل گئے تھے۔

جب ہم بستی کے قبرستان میں گئے تو طالوت نے ایک الگ تھلگ قبر کی طرف اشارہ کر کے کہا "لیجئے سر یہاں رہتے ہیں آپ کے مرشد۔ آپ انہیں ڈھونڈنے اتنی دور گوہاٹی جا رہے تھے۔"

میں نے طالوت کی بات کا کوئی جواب نہ دیا اور گم سم قبر کی طرف دیکھنے لگا۔ اس نے کہا "ہمیں معلوم ہے سکھ لوگ بھی اپنے مردوں کو ہندوں کی طرح جلاتے ہیں لیکن یہاں مشکل تھی، اس لیے ہم نے ان کو بھی مجبوراً دفن ہی کر دیا۔ انہی کپڑوں میں اور اسی لباس میں جو وہ پہنے ہوئے تھے...... اس علاقے کے لوگ اب ان کو پہلے سے بھی زیادہ یاد کرتے ہیں۔ بڑا ہی دلیر انسان تھا حالانکہ باجہ بجانے والا تھا۔"

جب میں نے اس کی کسی بات کا کوئی جواب نہ دیا تو اس نے مجھے تسلی دینے کی خاطر میرے کندھے پر ہاتھ رکھ کر کہا "ہم نے ان کا کلارنٹ بھی انہی کے ساتھ دفن کر دیا! ٹھیک ہے؟"

میں نے آہستہ سے اثبات میں سر ہلایا اور پھر ہم ہولے ہولے قدم اٹھاتے قبرستان سے باہر آ گئے۔